JN098773

SDGsの本質

本質

企業家と
金融による
サステナビリティの
追求

御友重希
横田浩一 [編著]
原　琴乃

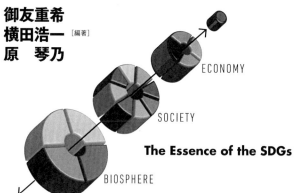

ECONOMY

SOCIETY

The Essence of the SDGs

BIOSPHERE

中央経済社

はじめに

　2015年9月の国連サミットで193加盟国が合意した，「Transforming Our World：2030 Agenda for Sustainable Development（世界を転換/変革する：持続可能な開発のための2030年アジェンダ）」に掲載された，世界共通目標「SDGs（Sustainable Development Goals：持続可能な開発目標）」は現在，企業経営の指針として急速に注目を集めている。日本でも2016年5月に政府がSDGs推進本部を設置し，中長期的な国家戦略としての『SDGs実施指針』と，具体的な政府の取り組みを盛り込んだ『SDGsアクションプラン』が策定された。また，経団連がSDGsの達成に向けて，革新技術を最大限活用することにより経済発展と社会的課題の解決の両立を目指すコンセプト「Society5.0注)」を提言するなど，デジタル変革の波とともに，国家のみならず産官学民金労言士などの社会の多様なステークホルダーが動き出している。さらには，教育を通じて家庭で子どもからSDGsについて聞くようにもなってきた。このように，世代や国境，職業等を超えて様々な取り組みが拡がってきている。

　加えて，新型コロナウイルス感染症（COVID-19）との戦いにおいて，命を守り，健康・福祉を維持・強化していくために，公衆衛生や創薬などにおいて各国・産官学民各セクターがパートナーシップによって英知を寄せ合い，経済や環境，他の社会課題のバランスを取りながら協働することが必要とされている。これらはSDGsの「環境（生物圏）」「社会」あってこその「経済」であり，「誰

　注）経団連ホームページ（https://www.keidanrensdgs.com/society-5-0-jp）では次のように説明している。
　　Society5.0とは，AIやIoT，ロボット，ビッグデータなどの革新技術をあらゆる産業や社会に取り入れることによりする実現する新たな未来社会の姿です。狩猟社会（Society1.0），農耕社会（Society2.0），工業社会（Society3.0），情報社会（Society4.0）に続く，人類社会発展の歴史における5番目の新しい社会の姿とも言えるでしょう。
　　この未来社会では，健康・医療，農業・食料，環境・気候変動，エネルギー，安全・防災，人やジェンダーの平等などの様々な社会的課題の解決とともに，国や人種，年齢，性別を越えて必要な人に，必要なモノ・サービスが，必要なだけ届く快適な暮らしが実現します。
　　これは決してAIやロボットに支配され，監視される未来ではありません。また，一部の先進国だけが成果を享受する社会でもありません。世界のあらゆるところで実現でき，誰もが快適で活力に満ちた質の高い生活を送ることができる新たな人間中心の社会です。

一人取り残さない」ようにし，「Sustainable：持続可能な」未来を共創するため「世界を転換/変革する」という，SDGsの掲げる達成すべき理念や目標と軌を一にしている。SDGsは17の側面から新たな国際・国内・地域「経済」「社会」「環境」の目指す姿を見せ，共通言語として，各人にコミットメントを求めてきているのだ。

　しかし，SDGsが国内外で注目されるにつれて，その解釈や受け止め方も千差万別となっている。残念ながらその中には本質を見誤っているものも散見されるように思う。そこで本書は，SDGsとはそもそも何か，SDGsの本質を正面から捉え，そこから共創につながるInnovationのツボを見出すことを目指した。

　まず，第1章1‐1ではSDGsの本質を簡潔に次の3つの側面で捉えた。

　すなわち，(1)SDGsという共通の目標を共通の言語で表現して目指し，世界も地域も，先進国も開発途上国も，政府も企業も，そして家族や個人まで異なる社会のアクター（ステークホルダー）がつながって協働・共創することにより，世界を変革すること。(2)ありたい未来や目標からの逆算し，その実現のために連携して克服すべき具体的な制約条件をとらえ，そこから現在の戦略を練ること。(3)それぞれのアクター（ステークホルダー）が「自分ごと」として捉え，自ら行動すること，の3つだ。

　その視座をもとに，第2章では上場企業から長寿企業，中小企業やスタートアップに至るまで「企業によるSDGs/ESGへの取組みと実践」を，第3章で主に地域の中小企業の「若き企業家の挑戦とサステナブル金融」を議論していく。

　第4章では「日本青年会議所の挑戦」として，「自分ごと」と捉えることで初めて使える「世界共通目標・言語」や，「ビジネス×ファイナンスのツボ」を紹介する。そしてこれらを駆使する主体となる「次世代リーダーたち」として日本青年会議所（JCI Japan：以下「日本JC」と称する）が，SDGs Innovation HUBやビジネス×ファイナンス支援制度の構築などに挑戦しつつ，エコシステム構築の軸として不可欠なSDGs評価を国際青年会議所（JCI：以下「JCI」と称する）に集う世界中の若きSMEs（スタートアップ含む中小企業）と共創する国際（プレ）ハッカソンへの挑戦を紹介する。

　第5章ではSDGsとサステナビリティを実現・達成していくために必要な，未来の社会を支え創発する全ての「次世代リーダー」を継続的に生み出すため

のしくみを考察している。すなわち，「SDGs 人材の育成」（5‐1）からはじめ，「JCI 国際ハッカソンを通じて，教育界・産業界の人材をグローバルにつなぐツールの活用」（5‐2），「地域のサステナビリティ」を実現・達成していくベストプラクティスを紹介し（5‐3），そして最後に再び「SDGs の本質と企業家と金融によるサステナビリティの追求」についてまとめている（5‐4）。

　本書で紹介した日本 JC では，石田全史会頭が SDGs への取組など深化させ，各所とパートナーシップを結んで運動を進めたい方針を示したほか，「好循環を起こす中小企業，次世代による SDGs 推進」と新金融・産業共創を2020年度の実施事業と定めている。その一環として2020年11月横浜で開催予定の JC 世界会議で，日本 JC IT 部会は SDGs Innovation HUB を創設する予定だ。

　この SDGs Innovation HUB は「つながる日本力」すなわち「SDGs でつながる・ハッカソンでビジネス×ファイナンスを創る」をテーマに，SDGs の17目標自体でなくそのビジネス×ファイナンスの社会的インパクトのツボを捉え，地域や世界の仲間と Innovation を起こす SDGs の HUB となることを目指している。

　SDGs Innovation HUB により，筆者のいる野村総合研究所や日本 JC IT 部会，JCI，そして筆者が G 7 時の立上げからお手伝いしている CePiC（みんなの地球公園国際コミュニティー）をはじめとする本プロジェクトの協働団体などと連携し，今後世界の先進 SMEs と連携・共創する国際ハッカソンが実施され，さらにその準備として，全国・世界で国際プレハッカソンをサイバーとリアルで実施される予定だ。

　こうした活動が，新型コロナウイルス感染症との戦いを含め，SDGs の直面する難題への挑戦で傷つき弱っている世界の同朋を連帯して助けることにつながるだろう。そして未来の国際・国内・地域「経済」「社会」「環境」を創発すべく，「つながる共創力」の発揮や，新結合イノベーション・ビジネスとこれらを持続可能にするファイナンス支援制度，市場・エコシステム及び HUB の構築も期待される。

　このような国際ハッカソンと各地・国で計画中の国際プレハッカソンにより，金融機関・企業は，業種や規模の大小を問わず，SDGs 時代のベストな国際テー

マやチームとの接点を見出すことが期待できる。また，SDGs の本質やそのツボを捉え，DX（デジタル変革）を推進する IT 技術を始め先端技術を駆使し，DX 生き残りの鍵となる CX（顧客体験）と従業員体験，すなわち地域や世界で生活し働く実感に合った SDGs 評価軸をつくり上げ，自らの強み，連携してさらに発揮する強みを可視化することができるだろう。さらに，何よりも「ビジネス×ファイナンス」のエコシステムを共創できる可能性がある。国際（プレ）ハッカソンについては，第 3 章や第 4 章で詳述している。国内外の先行企業や，テーマのご推薦・各種ご協賛・ご参加，共育「教育」から共創「起業」，連携「経営」まで一体となって夢や志の実現化を支援する日本発・世界初のワークシート・アンケートへのご回答・ご案内などで応援いただければ幸甚である。

　また，第 2 章や第 5 章で紹介した企業・自治体・金融機関等については，さらなる地域・広域連携や世界展開でのご支援など，次世代リーダーの挑戦を応援いただければ幸甚である。

（謝辞）
　筆者は現在，財務省から野村総合研究所に出向しているが，前職の金融庁で関わった G20 福岡・大阪での経験が強く印象に残っている。付随するセミナーで，日本 JC と JCI の若き企業家・経済人の活動として，多くの SDGs のツボを捉えたビジネスとファイナンスの共創テーマが提示されていたからである。世界の20〜30代の会員と世代を超えた仲間が協力・連携した新結合 Innovation で「ビジネス×ファイナンス」を共創し始める姿は，まさしく次世代リーダーであった。

　今後も日本 JC IT 部会が続ける世界の若き未来創発の挑戦について，JCI と連携する国内外の SMEs が直接つながる国際（プレ）ハッカソンやその実態調査・分析を通じてお手伝いしたいと考えている。

　ここにご協力いただいた石田全史会頭をはじめとする日本 JC，各地 JC の皆さま，今後10年は続けたい国際ハッカソンと SDGs Innovation HUB をリードいただく IT 部会の古本部会長，澤田直前部会長，そして塩沢顧問，米倉顧問はじめとした日本発デジタル変革をリードされる皆さま，JCI のイタイ会頭，ケビン事務総長はじめとする世界の SMEs 青年企業家・経済人の皆さま一人一人

に，そして世界の次世代リーダーを応援してくださっている地域や世界の産官学民金労言士などのマルチ・セクターの読者有志の皆さまに，世代や国境を越えた，文字通り有難き仕合せの奇跡として深謝申し上げたい。

　最後に，本書の共同編著者の横田浩一氏，原琴乃氏，編集者の浜田匡氏，寄稿者の藤原洋氏，小林孝明氏，落合千華氏，伏見崇宏氏，池田健三郎氏，柳沢富夫氏，木村京子氏，廣水及生氏，黒沢一樹氏，王村雅敏氏，森田晃世氏，そして様々な情報やご意見などをいただいた皆さんにも改めて厚く御礼申し上げる。

　そして，私個人が第3章3‐1の2(3)，第4章4‐2の4(4)，第5章の2にて取り上げられている「偉人伝」に書きたいと思い描いている父・重孝，母・敬子，弟・重吾とその家族，父親として，咲芳里，美由希，重志(かずゆき)，世界一やさしいひとになりたい花奏(かのん)，故・重冴，故・重克，志虹(しずく)，何より私と子どもたちをいつも支えてくれている妻・純子に，本書を贈りたい。

2020年（令和2年）4月復活祭
東京にて

野村総合研究所　未来創発センター

主席研究員　**御友重希**

目　次

第Ⅰ部　SDGs とは何か

第Ⅲ部　2030年のありたい姿・社会の実現に向けて

第 I 部

SDGs とは何か

第 1 章

SDGs を考える
――過性の流行で終わらないサステナブルなイノベーションを生む
SDGs の本質とは

　SDGs は，国際社会が一致して決定した世界のパブリックな共通目標・言語であるが，それを自分ごととして達成を目指し自分たちの持続可能な環境・社会・経済を実現する主体は，国（ナショナル）そして地域（ローカル），それを構成する企業や市民社会，そして一人ひとり（インディビジュアル）である。

　それらすべてのアクター（ステークホルダー）に共通する SDGs の本質について議論する。そして，SDGs の背景にある地球規模の環境・社会・経済的リスクと，SDGs の達成がアクターにもたらすチャンスをまずは整理した上で，日本政府が打ち出した「SDGs モデル」をはじめ，国の SDGs の達成に向けた取り組みの強化・拡充を紹介する。その上で，SDGs の本質を踏まえ「つながる日本力」ビジネス×ファイナンスのポイントである痛点「ツボ」を捉え，若き企業家による挑戦と具体的なアクションとして，SDGs Innovation HUB と新たな金融の構築，国際（プレ）ハッカソンなどの SDGs の評価と未来を共創する具体的なアクションを紹介する。

1-1　SDGsの本質とは

1　世界共通目標・言語としてのSDGs

　2019年9月，NYで初の首脳級会合「SDGサミット」が開催された。ここで過去4年間のSDGsへの取り組みのレビューが行われた。極度の貧困，子どもの死亡率，電気・水へのアクセスなどで進展が見られる一方，飢餓，ジェンダー，格差，生物多様性，環境破壊，海洋プラスチックごみ，気候変動，災害リスクへの対応に遅れが見られるとの現状分析となった。これを受け，世界のリーダーたちは，「取り組みは進展したが，達成状況に偏りや遅れがあり，あるべき姿からは程遠く，今の取り組みを拡大・加速しなければならない」と危機感を示し，2030年までを「SDGs達成に向けた『行動の10年』とする必要がある」と表明。もちろん取り組みは進展しているが，あるべき姿からは程遠いというのが現状だ。

　同サミットにおいて，全会一致で採択された政治宣言「Gearing up for a decade of action and delivery for sustainable development（持続可能な開発に向けた行動と遂行の10年に向けた態勢強化）」では，国連加盟国がSDGsを期限までに達成し，誰一人取り残さないために資金を動員し，国内での実施を拡充し，制度を強化していくことが約束された。必要なのは，コミットメントからインパクトへ，宣言から行動への移行だ。

　SDGsは国際社会が一致して決定したグローバルな共通目標であり，マルチ・ステークホルダーがつながり多様な未来ビジョンを語るための共通言語だ。その背景としては，グローバル化や技術革新により，貧困，国家間格差，国内の格差，労働・雇用を巡る問題，気候変動や環境の悪化などの世界共通の課題が国境を越えて多くの市民住民に影響を与え，企業活動に影響を及ぼしている。

　第二次世界大戦後，原因となった通貨の切下げ競争や金融危機，保護貿易を防ぐために基軸通貨ドルと自由貿易体制を確立し，戦争で破壊された先進国，そして独立を果たした開発途上国ともに経済成長を軸に生活水準を向上させることで，安定と繁栄を維持することが国際社会の大きなミッションであった。

そして，冷戦後は，貧困，感染症や環境の悪化など新たな課題が顕在化したことで，2000年に，主に社会課題に関するMDGs（ミレニアム開発目標）が国連の専門家によって策定され，国連加盟国で合意された。MDGsの達成年限である2015年以降の未来をどうしていくかという中で，MDGsに立脚しつつ策定されたのが，世界の「共通目標」としてのSDGsである。

　さらにSDGsには，国家，企業，個人というあらゆる主体にとっての「共通言語」としての役割がある。国境，地位，世代，性別，職業などを超えてテーマについては誰でも議論ができ，その内容を対外発信し，新たなアクションやビジネスを起こすことができる。企業や行政，NPOや市民などの様々なアクターが，地域の大地の記憶である自然の地誌，人間の記憶である歴史や文化などを十分踏まえながら，協業し，全く新しい時代に地域の課題や強みや特長などで未来ビジョンを描き，共創するバリューを測り，社会課題解決や未来創発という共通の目標に向かって，個人，家族や学校，地域などのコミュニティ，そして社会や世界を自分ごとのミッションとして掲げ，新たな行動を起こすことが，結果として新たなイノベーションを起こすのである。

2　SDGsの三つの本質とマルチ・ステークホルダー・アプローチ

　SDGsの経緯や特徴は次節で詳述するが，SDGsの本質の1つ目は「異なる社会のつながり」から生まれる「変革（Transformation）」だ。MDGsは内容が主に開発途上国が直面する社会課題であり，実施の手法も先進国による開発途上国への開発援助であった。先進国は援助してあげる国，開発途上国は援助される国という南北関係の中で，先進国にとって「自分ごと」として捉えにくかった。しかし，21世紀に入り，紛争やテロの多発や難民の増加，自然災害の激甚化，金融危機の連鎖など，国境を越える課題が，先進国を含む世界各国やグローバル企業に影響を与えると同時に，世界のGDPの6割をもともと開発途上国に属していた新興国が産出するようになり，非国家組織であるNGO/NPOの存在感も一層増しつつある。国際社会が直面する課題も，それを解決する能力のあるアクターも大きく拡がったのだ。例えば，リーマンショックに端を発する世界金融危機後を主導したのが，G7ではなく，新興国や途上国を擁し，閣僚級から首脳級に格上げされたG20であったこともその表れだ。このような流れ

の中で，2015年に採択された SDGs により，先進国，新興国，開発途上国における政府，大都市，農村，大企業，中小企業やスタートアップ，国際的な NGO/NPO，地域に根差した市民団体も，共通の課題解決や未来創発に向けたビジョンを共有することができた。彼らが対等の立場でつながりながら，SDGs の達成に向けた取り組みを推進することが大切である。

　これまでも，第二次世界大戦後は，工業化によって経済成長を果たすという成長パターンが当てはまる中，国際秩序を形成する「国際分業」「社会分業」とされた国家や企業のそれぞれの努力の総計が，世界や社会の繁栄と課題解決に寄与してきた。しかし，情報通信技術（ICT）をはじめとする急速な技術革新により，IoT，ビックデータ，ブロックチェーンや人工知能（AI）が生まれ，これを急速に活用した新興国の中国が，G7である欧州主要国や日本を超えて米中G2時代を席巻している今日，これまでの成長パターンにしたがって，国家や企業がばらばらに努力していても大きな結果は出ない。すなわち，国・地域，業種，専門分野ごとの「サイロ」，いわゆる「たこつぼ」で行動するのでは，国，地方，企業，市民社会，そして，これらを構成する一人ひとりの個人も，もはや持続可能でいられない。

　SDGs にはそもそも，ビジネスのベースにある自由な市場経済では解決できないパブリックな目標である。したがって，本来ならば国や自治体，国連など国際機関が責任を持って達成すべきものである。しかし，産業革命以降，企業活動は特にグローバル化が加速する中，「経済」的には，企業は国家を超え，金融取引は実態経済を超える力を持ち，サイバー情報はリアルな経済活動を超えつつある。「環境」的には，気候変動や生態系の変異など，地球の許容量を超える現象も起きている。そして，「社会」的には，富の偏在が新たな貧困・格差を生み出している。さらに，新型コロナウイルス感染症（COVID-19）が世界的大流行（パンデミック）となり，高齢者や，貧困に苦しむ国・地域・家族をはじめ，ぜい弱な人々の生命，健康・福祉を奪っている。利潤第一を人生の目標としていない世代も急増する中，国境や世代などを超えた人類の連帯が，誰一人取り残すまいと助け出そうとしている。経済，環境，社会の視点からみても，もはやパブリックセクターだけで，これらの目標や課題を解決し，持続可能な社会を創り上げることには限界があることは明らかである。そのような世界史

的な変化に直面している中で登場したのが，SDGs なのだ。

　言い換えれば，SDGs 達成に向けた取り組みの推進においては，これまで日本や世界を主導してきた大企業や大国・大規模自治体の学歴・職歴ある中高年男性だけでなく，中小企業や小国・小規模自治体，地域コミュニティや家庭等で日々働き生活する老若男女一人ひとりが主役である。そして，SDGs を世界共通の目標や言語として，国境・地位・世代・性別・職業を越えて彼らがつながり，それぞれが未来ビジョンを描き，議論し，発信し，行動することによって，SDGs が目指す「世界の変革（Transforming our world）」を実現することができる。SDGs で「つながる国家」「つながる個人」そして「つながる企業」が社会資本となって，持続可能な未来に向けた新たな国際秩序を形成していくのだ。世界も地域も，先進国も開発途上国も，政府も企業も，そして家族や個人まで異なる社会のアクターがつながって SDGs という共通の目標を目指して協働・共創することこそ，変革（Transformation）であるといえる（**第 2 章・第 3 章**）。

　SDGs の本質の 2 つ目が，ありたい未来からの「バックキャスティング」（目標からの逆算）と実現のため連携・克服すべき「具体的な制約条件」だ。2030年におけるありたい姿を考え，そこから現在の戦略を練ろうというものである。例えば企業にとって，SDGs は「機会」と「リスク」の両面をもたらす。自然環境や社会構造の変化とともに事業環境も変わっていくことで，ビジネスチャンスにつながることもあれば，ビジネスを継続できなくなるリスクもある。企業においても，2030年からバックキャスティングによる視点でコーポレート・ビジョンの見直しや，長期経営計画を作成するなど，経営や事業を見つめ直そうという動きが高まりつつある。長期の視点でサステナビリティを向上させ，企業価値を増大させる経営戦略だ。企業はどうしても既存の延長線上で戦略を描く。これにより，過去の成功体験がイノベーションを阻害する。バックキャスティングで考えることこそ，新たな価値やイノベーションを生み出すチャンスなのだ。高齢化が進み，人々の価値観が変わる時代において，サステナビリティの高い街を考えるにはバックキャスティングは必須である。

　SDGs はそもそも，わたし，われわれの「具体的な制約条件」リストで，自身の人生や社会・世界の目標達成に不可欠な Innovation の種である。そのような中，地球や人類，世界を持続可能にする鍵は，個人の起業や大企業内の新規事

業，CVC・インキュベーション部門，スタートアップ含むSMEs・中小企業が，職務命令や下請け，そしてデジタル含むMoonShot・最先端技術だけでなく，共通テーマのものとチームと共に行う「共創」や「新結合イノベーション」である。SDGsの17の目標自体は，市場原理に馴染まないパブリックなもので，ビジネスの目標には不適であるため，SDGsに対して持続的かつ最大のインパクトをもたらすような付加価値を実現する「ビジネス×ファイナンスのツボ（第3章3-2）」を目標にすることになる。5年後，10年後のありたい未来を「ビジョン」として設定し，それを実現するための「バックキャスティング」を基本として各人や各チームの付加価値「バリュー」や社訓・社是等「ミッション」を定めて，SDGsのツボを捉えたInnovationを起こしていくのである（**第3章・第4章**）。

　その際，第4章4-2の4(4)で黒沢氏が論じているように，現状の危機，問題，課題にネガティブが大きければ大きいほど，ポジティブにできた時の自他・内外のインパクトは大きいことである。新型コロナウイルス感染症との戦いに人類が勝利したとすると，人類の連帯や信頼，他国や他者/社へのインタレスト/リスペクトなどの「社会」的，創薬や公衆衛生だけでなくリスク対応能力やレジリエンス向上による「経済」的な果実は，日本での東京オリンピック・パラリンピックの開催と同じかそれ以上に大きいものになる可能性がある。

　SDGsの3つ目の本質は，「自分ごと」として捉え，自ら行動することだ。そして，1で述べたSDGsの「世界共通目標・言語」，3で述べる「つながる日本力」，4で述べる「ビジネス×ファイナンスのツボ」も，SDGsを「自分ごと」と捉えて初めて使える本質的特長である。また，5で述べる，これらを駆使する「次世代リーダーたち」となれるか否かは，国家や地方自治体，企業，市民社会，そしてそこに属する個人一人ひとり（インディビジュアル）がどう考え，共感する仲間とつながり，共に行動するかにかかっている。そもそも日本という国や，そこに属する自治体，企業や団体，個人には，古来より続く自然環境と調和・共生する価値観・文化が今も多様な形で息づいている。サステナビリティを始めとするSDGsの思想が，日本に長寿企業が多く，「三方よし」といった経営理念に表れているのもこのためである。同時に，日本は公害・省エネ対策を通じて，他国に例のない環境に対応する技術力を様々な分野で培ってきた。

個人，その属する企業や団体，国や自治体などが直面する地球規模の課題を解決するためや，新興国や開発途上国における経済発展と，環境や社会における公共の福祉の維持・向上を両立させるためにも，今こそ日本の価値感・文化力と，技術力を融合した「つながる日本力」を認識し，2030年のありたい姿（ビジョン）や社会（バリュー）の実現に向け，自分個人のミッション，家族・学校・地域などのコミュニティのミッション，そして社会や世界を自分ごととしたミッションを掲げて，新たな行動を起こすことが，結果としてイノベーションにつながっていくのである（第5章）。

　これら3つの本質を持つ SDGs のうち，その多くの目標は，企業や個人がビジネスや市場経済で解決できないパブリックな性質を有し，本来は国や自治体，国連などの国際機関が一義的には責任を持って達成すべきものでありながら，産官学民金労言などの未来のマルチ・ステークホルダーすべてに主体的な参画を求めるものである。なぜなら，1つの国家だけではもちろん，全世界の国家が連合しても解決不可能な地球の「環境」課題や人間の「社会」課題，大きな「経済」課題に直面しているからだ。したがって，SDGs は単に海外からやってきた新たな国家目標や ISO などのグローバルな基準ではなく，今ある手段や資金だけで解決できる次元のものでもないことは明らかである。

　MDGs に続く SDGs の策定に向けて，例えば新たに危機意識が高まりつつあった「環境」課題に対し，2012年ブラジル・リオデジャネイロで開催された「国連持続可能な開発会議」（「リオ＋20」）などで，具体的な数値や工程表を含む義務を国家に課すことについて，当時筆者（御友）も総理官邸から参加して議論が行われた。しかし，そのような義務を国際社会全体が合意することは困難を極めるものであり，解決すべき共通課題と目指す目標のみ掲げ，ステークホルダーそれぞれが未来ビジョン掲げ，それをモニタリングしていくことで何とか一致したのが SDGs である。したがって，具体的な解決策の考案と実施は，産官学金労言などの多様なセクターの創造力と実行力に委ねられているのだ。

3　SDGs に近づくイノベーション：
　　古くて新しい「つながる日本力」

　2015年に合意された SDGs の17の目標は，江戸の鎖国時代にも海外にアンテ

ナを張り，明治維新以降には海外の新しい物を取り入れようとした日本人にとって，当初は新たな国家目標やISOなどグローバルスタンダードのように受け取られた感も否めない。しかし，日本が議長国を務めた2016年のG7，2019年のG20などを通じて，SDGsの国内外における取り組みの推進に努める中で，自ら実施を検討していくと，SDGsと親和性の高い価値観や文化が息づいていることに気づいたとの声が多く聞かれる。もともと日本は，江戸時代から「三方よし」の経営理念が培われていたことから，SDGsの本質は「会社・地域・学校・家族など，上から下まで既に根付いていたもの」だが，ともすれば「開発が進む中で持続させる努力をしてきたが，忘れたり，失いつつあるもの」なのだ。そして，これを持続可能にする主体が，わが社，わが街，わが校，わが家，そしてわれわれ一人ひとりであるとの実感が湧いたことは，日本にとって想定を超えた果実となっている。

　また，日本にとってSDGsが活用し甲斐があるのは，国連関係をはじめとする国際会議や学会だけでなく，見本市から教育の現場に至るまで，世界共通言語として対外発信の手段となっていることである。日本にとって最大の課題のひとつは，言語的，地理的，歴史的な障壁などが伴って国際発信力に劣り，特に国際機関を中心とした国際世論やグローバルスタンダードを形成してきた大西洋地域ではニュースになりにくいことだ。しかし，まさに世界共通言語であるSDGsは，「日本にとって政策や経営の一丁目一番地の内容を分かりやすく対外発信できる千載一遇のチャンス」なのである。

　さらに，日本は世界に先駆けて高齢化する「課題先進国」である。日本は「失われた20〜30年」の間，起業家の成長エコシステムが弱いという致命的な経済の構造問題に直面してきた。その中で日本が地球や人類を持続可能にしていく鍵は，個人の起業や大企業内の新規事業，さらにはコーポレートベンチャーキャピタルやインキュベーション，スタートアップを含む中小企業が，国が主導する大型研究開発プロジェクトだけでなく，共通テーマにチームと共に取り組み，「新結合」によって生まれるイノベーションであるのだ。

　このように，SDGsは日本にとって古き価値観と文化に新しきを見出し，その強みを発信し，課題に先進的な解決策を提示していける。国家レベルでは，政府自身がSDGsの取り組みを拡充・強化するとともに，あらゆるステークホル

ダーによる SDGs の認知度を向上させてきた。企業レベルでは，上場企業において，PRI など機関投資家を中心に拡大する ESG 投資の影響が大きく，また非上場企業であっても，従業員や顧客の体験こそが新たな成長の源となっている。経団連から日本青年会議所（日本 JC）まで，幅広いビジネス関連団体や銀行・証券・保険などの金融関係団体，そこに所属する個別の企業が議論し，発信し，新たな価値とイノベーション，ビジネスとファイナンスを共創してきた。その過程で力を発揮したのが，「つながる日本力」，それを支える「つながる個人」なのだ。

4 SDGs 達成に最も貢献する Innovation の「ビジネス×ファイナンスのツボ」

SDGs が，わが社，わが街，わが校，わが家，われわれ，わたしの「具体的な制約条件」リストとして機能し，17の目標の達成に不可欠な Innovation の種であり，他方で SDGs 自体はビジネスの目標には不適である。その結果，SDGs を持続可能に実現する「SDGs ビジネス×ファイナンスのツボ」をテーマにした国際（プレ）ハッカソンを，10年間，地域の若き経済人の団体である日本青年会議所をリーダーとして実施し，国家100年の計として，持続可能な国民・国土・国富・国家を世界と共創できないか，という一大プロジェクト「SDGs のツボから Innovation できる SMART HUB」が始動したのである。

それらの観点から，金融も重要な役割を担う。そもそも，江戸から明治時代の産業革命で日本を一等国にしたのは国内各地域の金融機関と企業である。「失われた20-30年」を経て，日本と世界を持続可能にしていく上で，その役割への期待が改めて高まっている。デジタル変革（DX）や，SDGs をはじめ社会変革への対応なくして企業として持続可能でいられないのは，金融機関も例外ではない。むしろ情報通信技術などの革新で，金融以外の業種が FinTech やデジタル通貨などと総称して金融に参入し分散型意思決定システムが広がり，従来の成功モデルとしての間接金融，中央集権型の証券取引所で価格決定する金融システム，ビジネスモデルの維持が不可能となり，銀行，証券，保険業界とともに DX で最初に淘汰されるのは金融機関ではないかとの危機が，当局のみならず個々の金融機関に急速に広がっている。そのような中，自らの従業員と顧客

の体験・歴史などの組織の記憶を経営資源としてデジタル化し，金融機関自身が顧客の範囲や地域とのつながりを的確に把握しつつ，DX や SDGs へ積極的に取り組む姿も目立つ。例えば，社会インパクトなど重視する多様な価値観を持つ投資家に応え，DX や SDGs に取り組む事業者に対する金利優遇や融資を行ったり，顧客や従業員が活用するクラウドファンディングと連携したりしている。

5　デジタル革命時代における SDGs 新規事業の主体：「次世代リーダーたち」

　株主第一主義をはじめとして，資本主義の課題が顕著になってきており，上場企業において，PRI などの機関投資家を中心に拡大する ESG 投資の影響が大きくなっている。そして，世界に発信するデジタル変革（DX）時代において，非上場企業であっても，従業員や顧客の体験こそが新たな成長の源となり，「つながる個人」が SDGs に代表される世界の共通目標・言語で，「良い，悪い」「好き，嫌い」を直接発信している現代である。この環境下において SDGs に取り組まざるものは，もはや企業やビジネス自体を持続可能にできない一方，取り組むことが自らの成長に直結する状況になってきた。SDGs で「良い会社」とは何か，「サステナビリティ」とは何かを，創業者が若きスタートアップとして起業した際のアントレプレナーシップや社是・社訓などに立ち戻りながら，自社の社会的な存在意義やインパクトを考え，ビジョンやミッションの再確認や変更を行い，どのような事業に注力していくかを見直す企業が急増している。財務的な指標である利益と非財務情報である社会的インパクトは二項対立ではなく，新たな時代での持続可能性や，SDGs 以前からの人類共通の目標である幸福の追及にとって，両方とも必要なものであるとの理解が広がっている。教育においても SDGs が学習指導要領に掲げられ，生徒/学生などの若き仲間との共創を引き出す，新しい時代をリードする真の教育が始まろうとしている。

　このような潮流を牽引するのは，先に述べたとおり，国境・地位・世代・性別を超えて様々な人財を巻き込む全く新しい次世代リーダーである。日本におけるその優良事例の1つが，日本 JC だ。日本 JC は，SDGs 採択年の2015年以来，国際青年会議所の SDGs に関係した「金沢会議」を5年間連続開催し，

20～30代の若き企業家・経済人たちが，世界のカウンターパートたちと，SDGsという世界共通の言語で，承継した事業や地域の真の価値や意義を議論し，発信し，自らの事業に持ち帰って実践してきた。G20大阪サミット，G20財務大臣・中央銀行総裁会議（G20福岡）に付随するセミナーで，世界中の20～30代のJC会員が協力・連携して「つながる個人」の力を発揮し，共創を始める姿は，まさしくSDGs時代の次世代リーダーそのものだ。

　ここで，SDGsは将来世代に対してのものでもあり，現役世代は将来世代に対して責任を全うすることの重要性に触れたい。「2030アジェンダ」は，SDGsを列挙するに当たって次の言葉で結んでいる。「人類と地球の未来は我々の手の中にある。そしてまた，それは未来の世代にたいまつを受け渡す今日の若い世代の手の中にもある（パラグラフ53）」。今日の若い世代が松明を受け渡すことができるかは，世界と未来を変えるSDGsなどの共通の課題や，目標に取り組む真の次世代リーダーの育成にかかっている。そのためには，明治以降に行われてきた舶来ものの先進的な考え方を，「人間に他から意図を持って働きかけ，望ましい姿に変化させ，価値を実現する活動（広辞苑）」としての教育では充分ではない。教育（Educate）の語源であるラテン語の「EDUCATUS」は，「外へ」を意味する接頭語「E」と，「導く」を意味する「DUCERE」で構成されており，「能力を導き出す，引き出す」という意味を持つ。このような真のグローバルリーダーを育てる教育が，SDGsの達成において重要だ。第5章で詳述する教育においても，新学習指導要領において「持続可能な社会の創り手」となることへ全面的に掲げられたことを受けて，生徒や学生などの若き仲間との共創を引き出す，新しい時代をリードする教育が始まろうとしている。我々自身も若い世代に教えられながら，ともに潜在力を引き出し合って行動していく必要がある。

　その際にも，改めて忘れてならないのは，ネガティブが大きければ大きいほど，ポジティブにできた時の自他・内外のインパクトは大きいことである。イノベーション，そして，その総体であるトランスフォーメーション（変革）は，最も貧しく困難をかかえる人々，そして，自分自身が最も辛く困難を抱える場や，分野における痛点や社会課題についてICTを駆使して特定し，AIのパターン学習の知恵も参考にしつつ，痛点を解決するビジョンを描き，そこから価値

とミッションを得て，ファイナンスに裏付けされたプロジェクトを走らせることにより生み出される。このようなプロジェクトは，社会や世界により大きなインパクトを与え，SDGsの目標の多くを解決することができるのだ。したがって，SDGsが掲げる「誰一人取り残さない」という高い理念は，DX時代にこそ，社会や経済，環境の課題を解決し，全く新しい未来の種として，持続可能な繁栄の鍵になるのである。

（御友重希・横田浩一・原　琴乃）

1-2　SDGsの歩みとアプローチ： グローバル，ナショナル，ローカル，そしてインディビジュアルをつなぐことで，未来を変革する

1　グローバルな未来ビジョンとしてのSDGs

(1)　グローバルなリスクへの対応

　グローバル化は世界に多くの恩恵をもたらしたが，その影で数十億人の人々が依然として貧困の中にあり，国家間の格差がますます広がりつつある。その一方で，米国・フランス・イタリアなどの主要な先進国をはじめ政権交代が起きており，その要因として，国内の格差の拡大も挙げられている。さらに，人やモノ，資本が国境を越えて活発に移動するグローバル化の下では，一国の経済的な危機が瞬時に連鎖する。気候変動に起因し，砂漠化・干ばつや生物多様性の喪失を含めた環境の悪化や，自然災害の激甚化は，国境を越えて広範囲に影響を及ぼしている。同じく国境を越える感染症は各国の経済・社会に脅威を与えるとともに，抗菌薬の不適切な使用を背景として，薬剤耐性菌も世界的に増加している[1]。また，悪化する紛争やテロリズムの影響も受け，紛争や迫害で故郷を追われた人の数は戦後最大となっている[2]。これら国境を越える危機は，

---

[1]　厚生労働省『薬剤耐性（AMR）対策について』，https://www.mhlw.go.jp/stf/seisakunitsuite/bunya/0000120172.html

[2]　国連が定める「世界難民の日」に合わせて発表されたUNHCRの『グローバル・トレンズ・レポート2018』によれば，難民，庇護申請者，国内避難民（IDP）の数が初めて7,000万人を超えたと指摘されている。

先進国と途上国の区別なく，またグローバルに活動する企業に負の影響をおよぼしている。

　SDGs の前身であるミレニアム開発目標（MDGs）は，2015年を期限とする発展途上国向けの目標であり，2000年に採択された『国連ミレニアム宣言』と，1990年代の主要な国際会議で採択された国際開発目標を統合する形で，国連で専門家間の議論を経て策定され，2001年に加盟国で合意された。具体的には，「目標1：極度の貧困と飢餓の撲滅」，「目標2：初等教育の完全普及の達成」，「目標3：ジェンダー平等推進と女性の地位向上」，「目標4：乳幼児死亡率の削減」，「目標5：妊産婦の健康の改善」，「目標6：HIV/エイズ，マラリア，その他の疾病の蔓延の防止」，「目標7：環境の持続可能性確保」，「目標8：開発のためのグローバルなパートナーシップの推進」という，主に，社会課題に関する8つの目標が掲げられている。2015年の達成年限を迎え，目標1の極度の貧困の半減や，目標6の HIV・マラリア対策などにおいて一定の成果を達成したものの，目標4や目標5に関する乳幼児や妊産婦の死亡率の削減などの未達成の課題も残されるとともに，サブサハラアフリカなどの地域において達成に遅れが生じているとされている[3]。

　冒頭で述べたとおり，気候変動やそれに伴う自然災害の激甚化をはじめ，国境を越える新たな課題が顕在化したことを受けて，MDGs への取り組みに並行して，国連の下，いくつかの重要な枠組みが新たに創設されてきた。大気中の温室効果ガスの濃度を安定化させることを究極の目標とする「気候変動に関する国際連合枠組条約（United Nations Framework Convention on Climate Change）」が採択され，地球温暖化対策に世界全体で取り組んでいくことに合意した。同条約に基づき，1995年から毎年，気候変動枠組条約締約国会議（COP）が開催されており[4]，2015年12月には，2020年以降の温室効果ガス排出削減などのための新たな国際枠組み「パリ協定」が合意された。また，自然災害に対しては，国連総会が1990年代を「自然災害軽減のための国際的な10年」と定め，それに続くものとして，「兵庫行動枠組2005-2015：災害に強い国・コミュニティ

3　国際連合国際連合広報センター『ミレニアム開発目標の達成』，https://www.unic.or.jp/activities/economic_social_development/social_development/attain_mdgs/

4　環境省『気候変動の交渉』，http://www.env.go.jp/earth/ondanka/cop.html

の構築」が防災・減災に関する包括的な行動指針として採択され，同指針を中心に，各国は防災政策を推進してきた[5]。その後，2015年3月に仙台で開催された第3回国連防災世界会議では，『仙台宣言』と兵庫行動枠組の後継枠組である「仙台防災枠組2015-2030」が採択された。

　このように MDGs，気候変動や防災などに関する国際的な取り組みが推進される中，2012年に開催された「国連持続可能な開発会議」（「リオ＋20」）では，全体会議に国連に加盟する188か国と3オブザーバー（EU，パレスチナ，バチカン）から97名の首脳・閣僚級が参加するとともに，地方自治体，国際機関，企業や市民社会から合わせて約3万人もの人々が集結した。MDGs に立脚しつつ，SDGs を策定するプロセスを立ち上げること，国連ハイレベル政治フォーラム（HLPF）を創設することが決定され，翌2013年の国連総会で，30か国によるオープン・ワーキング・グループと持続可能な開発のためのファイナンシングに関する政府間委員会が立ち上がり，2014年夏には同委員会による報告書が発表された。同報告書を踏まえ，2015年1月より7回に及ぶ政府間交渉が行われた結果，同年8月に「持続可能な開発のための2030アジェンダ」（以下，2030アジェンダ）として実質合意され[6]，2015年9月25日から27日までニューヨーク・国連本部で開催された，潘基文国連事務総長の主催による「2030アジェンダ」を採択する国連サミットにおいて，全会一致で採択された。

　このように，複雑に絡まりあい国境を越える課題に直面する中，幅広いステークホルダーが熱意と知恵を寄せて議論し，国際社会が一致して決定した「2030アジェンダ」は，どのようなものだろうか。一言で表現すれば，「持続可能（sustainable）で誰一人取り残されない（no one will be left behind）世界」に向けた，あらゆる国・人々の「共通の未来ビジョン」であり，そのような世界を実現するための「グローバルな共通言語」といえるのではないか。具体的には，図表1－1のとおり，17の「持続可能な開発目標（SDGs）」と，それらを細分化した169のターゲットで構成されている。

　日本は，国際社会の議論が本格化する前から，MDGs フォローアップ会合の

5　国連防災機関（UNDRR）駐日事務所，https://www.unisdr.org/kobe/about
6　外務省『持続可能な開発のための2030アジェンダの策定』，https://www.mofa.go.jp/mofaj/gaiko/oda/doukou/mdgs/p_mdgs/index.html，2015年12月4日

[図表 1 − 1]　SDGs（持続可能な開発目標）のロゴ

出所：国際連合広報センターホームページ

　開催や非公式な政策対話（コンタクト・グループ）の主催，国連総会サイドイベントの開催などを通じて，新しいアジェンダが真に効果的なものとなるよう注力し，2015年 1 月からの政府間交渉にも積極的に参加してきた。その結果，アジェンダには，「人間中心（people-centered）」や「誰一人取り残されない」など，日本が重視する「人間の安全保障」の理念を反映した考え方や，グローバル・パートナーシップというアプローチ，保健・医療，教育，女性，防災，質の高いインフラなどの日本が重視してきた分野も盛り込まれた。その特徴は，「普遍性」，「包摂性」，「参画型」，「統合型」，「透明性」の 5 つである。

　まず第 1 に，「普遍性」，すなわち，途上国・先進国の区別なく全ての国が総力を挙げて，SDGs を実施するということである[7]。MDGs の時代よりも一層，経済も課題もグローバル化された世界においては，先進国が国内実施と国際協力の両面で，率先して SDGs に取り組むことが求められている。国内実施は，

7　「2030アジェンダ」のパラ 5 では，「このアジェンダは，各国の現実，能力及び発展段階の違いを考慮に入れ，かつ各国の政策及び優先度を尊重しつつ，すべての国に受け入れられ，すべての国に適用されるものである。これらは，先進国，開発途上国も同様に含む世界全体の普遍的な目標とターゲットである。」とされている。

先進国として国際目標の達成に対する責任を足元から果たしていく上で不可欠であり，国際協力は，この責任を国際社会で果たすとともに，自国の平和・安全と繁栄の確保にもつながるためだ。

第 2 に「包摂性」である。SDGs は，すべての個人を対象とし，「誰一人取り残さない」とのキーワードに基づいて女性，子供・若者，高齢者，障害者，移民・難民などへの取り組みを求めている。日本政府も，国内実施と国際協力におけるあらゆる課題への取り組みにおいて，これらの脆弱な立場におかれた人々にこそ最初に手が届くように焦点を当てるとしている[8]。

第 3 は，「参画型」だ。SDGs を実現するアクターは，各国政府や国際機関のみならず，地方自治体，企業，NPO・NGO，学会，そしてすべての人々である。これら様々なアクターが，当事者として主体的に参加し，持続可能な社会の実現のために行動すること，そのための障壁を取り除くことが重視されているのだ。ここで強調したい SDGs の 1 つ目のキーワードが，様々なアクターを，グローバルなレベルでつなげる「パートナーシップ」である[9]。国，地方，ビジネスの業種・職種，NPO・NGO や教育機関の組織などを越えて，バラバラに存在している情熱や良心，そして資源や能力を，SDGs という共通のビジョンと言語を通じてつないで，大きなうねりにしていけるのだ。

第 4 が，「統合型」である。SDGs の17のゴールには，**図表 1 − 1** のとおり，1 段目が主に MDGs 時代から引き継ぐ社会的な側面，2 段目が主に経済的な側面，そして 3 段目が特に環境的な側面が反映されているが，冒頭で見たとおり，グローバルな課題自体が相互に絡まり合っているため，これら17のゴールと169のターゲットも深い相互関連性をもつ不可分なものと認識し，統合的にアプローチする必要がある[10]。つまり，特定の行動を起こす際においては，その行動

8　SDGs 推進本部『SDGs 実施指針』，（2016年12月決定，2019年12月改定）参照。

9　「2030アジェンダ」のパラ39では，実施手段として，「新アジェンダの規模と野心は，その実施を確保するために活性化された「グローバル・パートナーシップ」を必要とする。（中略）それは，政府や民間セクター，市民社会，国連機関，その他の主体及び動員可能なあらゆる資源を動員して全ての目標とターゲットの実施のために地球規模レベルでの集中的な取組を促進する。」と掲げている。

10　「2030アジェンダ」のパラ 5 では，SDGs について，「統合され不可分のものであり，持続可能な開発の三側面をバランスするものである。」と定めている。

が，直接影響するゴール以外にもいずれのゴールと関連するのかを念頭に置きつつ，異なるゴールについて有機的に連動させつつ行動していくことが求められているのだ。

最後が「透明性」であり，SDGsの取り組みをやりっぱなしにするのではなく，その進捗について説明責任を果たしていくことだ。そのため，「リオ＋20」で立ち上げられたHLPFが，国連においてSDGsのフォローアップとレビューを行う中心的なプラットフォームとされ，国連総会主催会合（首脳級，4年に1回開催）と国連経済社会理事会主催会合（閣僚級，毎年開催）が開催されることとなった。閣僚級HLPFでは，毎年希望する国が2030アジェンダ実施の取り組み状況について自発的国家レビュー（VNR: Voluntary National Review）を実施することになっており，2016年から2019年までの4年間で約160カ国がレビューを行ってきている。また，SDGsの採択時に進捗を測定するための指標を国連統計委員会で検討することとされ，同委員会や国連統計委員会や関連会合（「SDG指標に関する機関間専門家グループ会合」など）での議論を経て，2017年7月の国連総会において，全244，重複を除くと232のグローバル指標が承認された[11]。

これまで見てきた5つの特徴を貫く，SDGsの第2のキーワードは，「変革（トランスフォーメーション）」といえる。「2030アジェンダ」の副題は，「我々の世界を変革する（Transforming our world）」であり，その前文において，「我々は，世界を持続的かつ強靱な道筋に移行させるために緊急に必要な，大胆かつ変革的な手段をとることを決意している」と述べられている。SDGsは，現在の取り組みの延長線上にある，容易に達成可能な目標ではない。むしろ，SDGsに示された2030年のあるべき姿から逆算（バックキャスティング）して，現在の政策や経営戦略を決定するとともに，その姿の実現に向けてイノベーションを起こしていくことが期待されているのだ[12]。

11　総務省『持続可能な開発目標（SDGs）』，https://www.soumu.go.jp/toukei_toukatsu/index/kokusai/02toukatsu01_04000212.html，2019年8月
12　経済産業省『SDGs経営ガイド』，https://www.meti.go.jp/press/2019/05/20190531003/20190531003-1.pdf，2019年3月

⑵　グローバルなチャンスとしてのSDGs

　前節で見たグローバルな課題への危機感は，国連に加盟する政府や，MDGs時代から主要なプレイヤーであった市民社会を大いに突き動かした。その一方で，企業を動かす原動力としては，このような危機感は必要条件ではあるものの，十分条件ではないかもしれない。確かに，国境を越えて活動する企業にとって，感染症，自然災害をはじめ越境するグローバル課題は自身の事業や従業員へ直接的なリスクをもたらす。したがって，課題に対処し，SDGsに取り組むことは，このようなリスクを回避することにつながるのだ。また，SDGs達成のために，国際社会や各国政府によって，新たなルール・規制，認証・標準などがつくられていく見通しであり，例えば，SDGsに複数のゴールが盛り込まれた環境分野の規制は，欧州を中心に厳格化が進んでいる。企業がこれらの変化に迅速に適応できなければ，コストの増大や競争力の低下をもたらすリスクがあるが，SDGsに取り組むことで，これら変化に先手を打って対応することができるだろう。また，国際分業体制が発展した今，事業は国内だけでは完結し得ず，調達先や発注元が外国企業であることは多々ある。このようなグローバル・バリューチェーンに身を置く日本の企業は，幅広い調達先でSDGsへの配慮が求められるようになった。まさに，企業が自らの経営戦略に基づいて選ぶ時代からSDGsに基づいて選ばれる時代の到来であり[13]，大企業・中小企業の別なく，SDGsに取り組むことはバリューチェーンにおける生存・活躍において重要である。

　このように，SDGsに取り組むことは企業にとってリスク回避の効果があるが，メリットはそれだけに限られない。SDGsは成長と利益というチャンスももたらすのである。「2030アジェンダ」において，「民間企業の活動・投資・イノベーションは，生産性及び包摂的な経済成長と雇用創出を生み出していく上での重要な鍵である。」とされている[14]。その認識をビジネス界に広めた重要な機会の１つが，2017年１月の世界経済フォーラムの年次総会（ダボス会議）であっ

13　JICA「SDGs時代のビジネス：企業の社会的責任と調達ビジネスチャンスを逃さないための責任ある調達セミナー」，https://www.jica.go.jp/kansai/topics/2018/180810_01.html，2018年8月10日

14　「2030アジェンダ」のパラ67参照。

た。同会議において，ビジネスと持続可能な開発委員会（BSDC）が，「2030年までに食品および農業，都市，エネルギーおよび原材料，健康及び福祉の4つの経済分野においてだけでも年間最大12兆ドルのビジネス価値を生み出し，3億8,000万人の雇用を創出する可能性がある」と発表[15]。それ以降，ダボス会議でのリーダーの議論において，持続可能性やそのためのイノベーションが主要な議題として継続的に取り上げられており，世界経済フォーラム自身も，クラウス・シュワブ会長がアントニオ・グテーレス国連事務総長との間で，2019年6月に，SDGsの実施を加速させるための戦略的パートナーシップを締結した[16]。

　BSDCの分析のとおり，SDGsは，企業に新たな市場や商品・サービスなどの具体的なビジネス・チャンスをもたらす。さらに，消費者・投資家・取引先がSDGsを企業の評価基準として一層活用するようになりつつあるため，SDGsに資する商品・サービスを提供することは企業価値の向上にもつながり，SDGsによる企業ブランディングという効果が期待できるのだ。したがって，企業にとって，CSR部門のみならずSGDsを経営戦略の中核に据え本業として取り込むこと，さらには，取引先も含めサプライチェーン全体でのSDGs実施を促すことが鍵となっている。

　また，消費者・投資家・取引先のような企業の外部との関係だけではなく，企業の内部においても，SDGsは前向きな作用を引き起こす。働き方改革，女性の活躍をはじめダイバーシティ，健康経営などの推進は，従業員の労働環境を改善し，彼らのモチベーションを向上するためだ。加えて，世界経済フォーラムの年度調査『グローバル・シェイパーズ・アニュアル・サーベイ2017』によれば[17]，SDGsの達成に取り組んでいるというミレニアル世代の若者は約82%

15　Business and Sustainable Development Commission, 'Better Business Better World,' "the report of the Business & Sustainable Development Commission", http://report.businesscommission.org/uploads/BetterBiz-BetterWorld.pdf, January, 2017

16　World Economic Forum, "World Economic Forum and UN Sign Strategic Partnership Framework," https://sustainablejapan.jp/2019/06/17/un-wef-SDGs-partnership/40259, June 13, 2019

　　なお，具体的な協働分野として，ファイナンス，気候変動，医療，デジタル協調，ジェンダー平等・女性のエンパワーメント，教育・スキルの6つを定めている。

17　World Economic Forum, "Global Shapers Community Annual Report 2017," http://www3.weforum.org/docs/WEF_Global_Shapers_Annual_Report_2017.pdf

に上り，うち約27％が直接的に，約55％が間接的に，SDGs達成のための活動を行っているそうだ。さらに，米コーン・コミュニケーションズが，ミレニアル世代の中でもZ世代（13〜19歳）である男女1,000人に対して行ったCSRに関する動向調査では，98％が地球の健康状態を懸念しており，94％の人がこうした深刻な問題に，企業が積極的に取り組むべきだと考えている[18]。したがって，次世代は，SDGsの感性を持ち，SDGsに関連する活動を行っている「SDGsネイティブ」であると言え，企業の経営理念や具体的な事業がSDGsに沿ったものであると打ち出すことは，優秀な若手人材を確保する上でも重要なのだ。

　このようなSDGsがもたらすメリットを踏まえ，グローバル企業は積極的にSDGsに着手している。国際商業会議所（ICC）は，100カ国，4,500万企業以上が参加する世界最大のビジネス団体であり，2015年9月に，企業のSDGs実施を支援する『持続可能な開発のためのビジネス憲章（the Business Charter for Sustainable Development）』を策定した[19]。個別の企業についても，SDGsについて先進的な社内外の取り組みを行う，消費財の英蘭ユニリーバの事例を見てみよう。同社によれば，ブランドの存在意義と製品の両方にサステナビリティを組み込んでいる「サステナブル・リビング・ブランド」は2015年，前年よりもさらに成長が加速し，その他のブランドよりも30％速く成長し，同企業全体の成長のほぼ半分をもたらしたとしている。同社CEO（当時）のポール・ポールマン氏は，「ビジネスとサステナビリティの間にトレードオフはありません。ユニリーバでは，サステナビリティが本当の価値を生み出しています」としつつ，同社は，そのバリューチェーンを通じて，10億人を健やかにし，環境負荷を半減すると明確に掲げ，数100万人の経済発展を支援するとしていえる[20]。これら

18　サステイナブル・ブランド・ジャパン，『ミレニアル世代とZ世代，社会・環境への関心高まる』，https://www.sustainablebrands.jp/article/story/detail/1189404_1534.html，2017年9月26日

19　International Chamber of Commerce, "ICC Business Charter for Sustainable Development−Business contributions to the UN Sustainable Development Goals," https://iccwbo.org/publication/icc-business-charter-for-sustainable-development-business-contributions-to-the-un-sustainable-development-goals/

20　ユニリーバ『国連の持続可能な開発目標（SDGs）』，https://www.unilever.co.jp/sustainable-living/SDGs/

の発言と方針は，企業による持続可能な社会への貢献と，企業の長期に限られない成長は両立する，さらには相互に強化し得ることを示している[21]。

　企業が SDGs の歩みを大きく進めている背景には，先に見た SDGs がもたらすビジネス・チャンスもさることながら，投資家による後押しも大きい。ESGを推進する国連責任投資原則（PRI）に署名する金融機関・投資家は年々増加し，2019年10月時点において，2,372機関と12年で10倍以上，3年毎の伸び率も最大になり，運用規模も85兆ドルを超えている[22]。例えば，世界最大の機関投資家である年金積立金管理運用独立行政法人（GPIF）は，ESG 投資と SDGs の関係について，民間企業が SDGs に取り組むことで共通価値創造（CSV）を実現し，企業価値の持続的な向上を図ることで，ESG 投資を行う投資家の長期的な投資リターンの拡充につながるものと分析している[23]。企業による SDGs への取り組みと，投資家による企業経営における環境・社会・ガバナンスを考慮する ESG（環境・社会・企業統治）投資は，コインの裏表のような関係にあるのだ。

2　ナショナル・レベルにおける SDGs の推進

⑴　SDGs 推進のための政府の「司令塔」の創設とその成果

　先ほど述べたとおり，日本は，国際社会における SDGs の議論が本格化する前から積極的に関与・貢献し，交渉過程においても日本が重視する「人間の安全保障」の理念を反映するように働きかけてきた。その結果，「人間中心」で「誰一人取り残さない」という SDGs の中核的な理念が打ち出され，具体的なゴールとして，保健・医療，教育，女性，防災，質の高いインフラなど，日本が重視する課題が盛り込まれた。その上で，SDGs が採択された2015年9月の国連サミットにおいて，日本としてその実施に最大限取り組む旨を表明している。

21　ユニリーバ『サステナビリティがユニリーバの成長をさらに加速』，https://www.unilever.co.jp/Images/uslp-5yr-j_tcm1291-485157_ja.pdf

22　田村怜/石本琢，「ESG 投資の動向と課題」，『ファイナンス』，2020年1月，https://www.mof.go.jp/public_relations/finance/202001/202001j.pdf

23　経済産業省『SDGs 経営ガイド』，https://www.meti.go.jp/press/2019/05/20190531003/20190531003-1.pdf，2019年5月

　SDGs 採択前から，日本は，上記に述べた重視する課題をはじめ，国際社会が直面する様々な課題について，国内的な取り組みと国際的な貢献を実践してきた。ただ，SDGs のような国際約束については通常，認知した上で，行動に移し，貢献につなげるという流れが想定されるものの，日本の場合は，行動・貢献はしていても，それが SDGs であると認知できていない傾向にあった。MDGs 時代から「自分ごと」であった途上国よりも，国内の SDGs への認知度は低く，「自分ごと化」する努力が必要であったのだ。実際，朝日新聞社による SDGs の認知度に関する調査によれば，2017年7月の第1回調査では12%，2018年2月の第2回目も同率，同年7月の第3回目は14%に留まっていた。

　日本政府は，政府自身が SDGs を実施し，地方・企業から個人に至るまで，あらゆるステークホルダーによる SDGs の認知度を向上させ，具体的な行動を後押しすべく，SDGs の主流化を図ってきた。まずは，2015年に SDGs が採択された後，2016年5月に総理大臣を本部長，官房長官・外務大臣を副本部長とし，全閣僚を構成員とする SDGs 推進本部を設置し，国内実施と国際協力の両面で政府の司令塔の役割を担ってきている。また，SDGs 推進本部の下に，行政，NGO・NPO，有識者，民間セクター，国際機関，各種団体などの幅広いステークホルダーが集まり意見交換を行う，SDGs 推進円卓会議も設置した。その上で，SDGs の国内実施と国際協力の両面で世界のロールモデルとなることを目指す，中長期的な国家戦略として，『SDGs 実施指針』を策定している。同『指針』は，円卓会議での意見交換とパブリック・コメントを踏まえた上で，2016年12月の SDGs 推進本部第2回会合にて決定された[24]。政府が，関係府省庁一体となって，あらゆる分野のステークホルダーと連携しつつ推進するため，現状の分析を踏まえ，ビジョン，8つの優先課題，実施原則，推進体制，フォローアップ及びレビューのあり方を定めたものである。SDGs の各ゴールやターゲットを踏まえて，**図表1－2**のとおり，日本の文脈を踏まえて8つの優先課題が特定されたが，これらは SDGs と同様，相互に不可分の課題であり，統合的な形で取り組むことが期待されている。

24　SDGs 推進本部『SDGs 実施指針』，http://www.kantei.go.jp/jp/singi/SDGs/dai2/siryou1.
　pdf, http://www.kantei.go.jp/jp/singi/SDGs/dai2/siryou2.pdf，2016年12月22日

[図表1-2]　「日本のSDGsモデル」と8つの優先課題

政府の主要方針：『骨太の方針』，『成長戦略』等

「日本のSDGsモデル」
国内実施・国際協力の両面において，
次の3本柱を中核とする「日本のSDGsモデル」の展開を加速化

| ビジネスとイノベーション〜SDGsと連動する「Society5.0」の推進〜 | SDGsを原動力とした地方創生，強靱かつ環境に優しい魅力的なまちづくり | SDGsの担い手としての次世代・女性のエンパワーメント |

『SDGs実施指針』における8つの優先課題
『SDGsアクションプラン』の策定・実施を通じて，更に具体化・拡充

| ①あらゆる人々の活躍の推進 | ②健康・長寿の達成 | ③成長市場の創出，地域活性化，科学技術イノベーション | ④持続可能で強靱な国土と質の高いインフラの整備 |
| ⑤省エネ・再エネ，気候変動対策，循環型社会 | ⑥生物多様性，森林，海洋等の環境の保全 | ⑦平和と安全・安心社会の実現 | ⑧SDGs実施推進の体制と手段 |

出所：「SDGsアクションプラン2018」に基づき，筆者作成

　また，これら国内的な取り組みに加え，国際社会においても，SDGs推進本部の設置直後に，日本が議長国を務めたG7伊勢志摩サミットでは，G7首脳として初めてSDGsの国内実施と国際協力を約束し[25]，SDGsの中でも日本がとりわけ重視する国際保健，女性，質の高いインフラを同サミットの優先課題として取り上げ，具体的なコミットメントを打ち出した。さらに，2017年7月の閣僚級HLPFでは，日本も自発的国家レビュー（VNR）を実施するとともに，閣僚級HLPFの創設以来，外務大臣をはじめ政務レベルが例年参加してきている[26]。

　このように，国内における体制の整備と国際社会におけるリーダーシップ発

---

[25]　外務省『G7伊勢志摩首脳宣言』，https://www.mofa.go.jp/mofaj/files/000160267.pdf，2016年5月27日

[26]　外務省「日本政府の取組」『Japan SDGsAction Platform』，https://www.mofa.go.jp/mofaj/gaiko/oda/SDGs/effort/index.html

揮，さらには『SDGs 実施指針』に掲げられた世界のロールモデルとなるとの決意などを礎に，2017年12月の SDGs 推進本部第 4 回会合では，少子高齢化やグローバル化の中で実現できる，「豊かで活力ある未来像」を世界に先駆けて示していくという意思が示されるとともに，日本の「SDGs モデル」が打ち出された。そして，同『指針』に立脚して，『SDGs アクションプラン』もはじめて策定された。日本の「SDGs モデル」と 8 つの優先課題に総力を挙げて取り組んでいくため，日本政府が行う具体的な取り組みやその予算額を見える化したものである。SDGs 推進円卓会議を始めとするステークホルダーの意見を踏まえつつ，推進本部によって策定・決定されたものである。**図表 1 - 2** のとおり，同『アクションプラン』において，「SDGs モデル」を特色づける大きな柱として，「ビジネスとイノベーション～SDGs と連動する「Society5.0」の推進～」，「SDGs を原動力とした地方創生」，「SDGs の担い手として次世代・女性のエンパワーメント」の 3 つが掲げられている。

(2)　日本の「SDGs モデル」と主要政策との連動

　これまで2017年12月の第 4 回会合で決定した『SDGs アクションプラン2018』，2018年 6 月の第 5 回会合で決定した『拡大版 SDGs アクションプラン2018』，2018年12月の第 6 回会合で決定した『SDGs アクションプラン2019』，2019年 6 月の第 7 回会合で決定した『拡大版 SDGs アクションプラン2019』，そして，2019年12月の第 8 回会合で決定した『SDGs アクションプラン2020』の計 5 つのアクションプランが策定されてきた。掲載される政府の取り組み数も，G20サミット議長国を迎えるまでの最初の 3 つのアクションプランで，70件から140件，そして300件へと毎回倍増するなど，政府の具体的な取り組みが着実に強化・拡充されてきているとともに，最新のアクションプランでは，初めて SDGs 関連の予算総額も打ち出された。

　政府の中で SDGs を主流化し，取り組みを強化・拡充していく上で，経済・財政に関する主要政策との連動も不可欠だ。『SDGs 実施指針』が策定された半年後の2017年 6 月に閣議決定された『経済財政運営と改革の基本方針2017』（いわゆる『骨太の方針』）では，「SDGs 実施指針に基づく国内施策や国際協力を含めた総合的な取組，…(中略)…など，グローバルな課題の解決に向けた取組を推

進する」旨を掲げられ，『骨太の方針』に初めて SDGs が盛り込まれたのだ。『拡大版アクションプラン2018』と同じ2018年 6 月に閣議決定された『骨太の方針』では，「積極的平和主義の旗の下，SDGs の実現に向け，貧困対策や保健衛生，教育，環境・気候変動対策，女性のエンパワーメント，法の支配など，人間の安全保障に関わるあらゆる課題の解決に，日本の「SDGs モデル」を示しつつ，国際社会での強いリーダーシップを発揮」するとされ，特に注力する具体的な分野を列挙しつつ，SDGs モデルについても言及された[27]。さらに，主要な外交行事の主催などを通じて日本が国際的なリーダーシップを発揮した2019年の『骨太の方針』では，「日本で開催される G20大阪サミットや第 7 回アフリカ開発会議を通じ，人間の安全保障の理念に基づき，SDGs の力強い担い手たる日本の姿を国際社会に示す。特に，質の高いインフラ，気候変動・エネルギー，海洋プラスチックごみ対策，保健といった分野での取組をリードする。この他，女性，防災，教育といった分野でも，SDGs の取組を進める。」旨を決定している[28]。

　また，政府の成長戦略も SDGs に光を当てつつあり，2018年 6 月に閣議決定された『未来投資戦略』において，初めて SDGs に言及された。「Society5.0」の国際的な展開は，世界における SDGs の達成に寄与するとし，企業による取り組みを支援し，国連 STI フォーラム，2019年に日本で開催する G20や，国連ハイレベル政治フォーラム（特に，首脳級会合）において，積極的に発信していくことが掲げられた。併せて，「Society5.0」を海外において実現する代表的な民間プロジェクトの組成を促し，各省庁の施策に支援していくことや，開発途上国などの課題解決に向け，技術協力プロジェクトなどの ODA 事業，国際協力機構（JICA）の民間連携事業や海外投融資などの枠組みを通じ，日本の企業が有する革新的な技術の社会実装を推進していくことなど，具体的な支援策も盛り込まれた[29]。

27　内閣府『経済財政運営と改革の基本方針2018について』，https://www5.cao.go.jp/keizai
　　-shimon/kaigi/cabinet/2018/2018_basicpolicies_ja.pdf，2018年 6 月15日
28　内閣府『経済財政運営と改革の基本方針2019について』，https://www5.cao.go.jp/keizai
　　-shimon/kaigi/cabinet/2019/2019_basicpolicies_ja.pdf，2019年 6 月21日
29　日本経済再生本部『未来投資戦略2018－「Society5.0」「データ駆動型社会」への変革－』，https://
　　www.kantei.go.jp/jp/singi/keizaisaisei/pdf/miraitousi2018_zentai.pdf，2018年 6 月15日

　さらに，SDGs 推進におけるイノベーションの重要性を踏まえ，『統合イノベーション戦略』および『知的財産戦略ビジョン』などにおいても，SDGs がハイライトされている。「Society5.0」を提唱した第5期科学技術基本計画（2016年1月閣議決定）の折り返し地点である2018年6月に初めて，幅広く科学技術イノベーションに関連する政策や経済社会システムを検証し，PDCA サイクルの「Action」（改善）として実行する『統合イノベーション戦略』が策定された[30]。その中で，「SDGs 達成のための科学技術イノベーション（STI for SDGs）の推進」について，単独のセクションが設けられた。これに呼応するように，同じタイミングで決定された『知的財産戦略ビジョン』では，SDGs の達成や中小企業支援による地域活性化といった，社会的課題の解決に資する多様な知的資産をサプライ・サイドおよびディマンド・サイドの双方から結集した「知的資産のプラットフォーム」を構築するとしている[31]。

　このように，政府自身の SDGs に関する取り組みを強化・拡充し，また政府の主要政策において SDGs を明確かつ重点的に盛り込みつつ，様々なステークホルダーによる取り組みと積極的に連携し，後押し・支援することで，SDGs の主流化を図ってきた。後述する地方や企業などによる取り組みとの相乗効果もあり，前出の朝日新聞社の調査によれば，SDGs の認知度は，2019年2月の第4回目では19％，同年8月に行われた最新の調査では27％と飛躍的に上がってきている。また，最新の調査結果を世代別で見ると，60代は23％，50代は24％，40代は28％，30代は29％と年代が上がるほど認知度が高くなっており，15〜29歳が一番高い31％となっている。

(3)　グローバル・レベルの SDGs を牽引した2019年

　SDGs が採択されてから4年という節目の2019年は，日本が SDGs についてリーダーシップを発揮する1年でもあった。2018年および2019年の『骨太の方針』や2018年の『成長戦略』で掲げたとおり，世界の注目が日本に集まる2019

30　内閣府『統合イノベーション戦略』，https://www8.cao.go.jp/cstp/tougosenryaku/tougo_honbun.pdf，2018年6月15日
31　知的財産戦略本部，『知的財産戦略ビジョン〜「価値デザイン社会」を目指して〜』，https://www.kantei.go.jp/jp/singi/titeki2/kettei/chizai_vision.pdf，2018年6月12日

年のG20大阪サミット，第7回アフリカ会議（TICAD 7）や，2020年の東京オリンピック・パラリンピック大会などの機会も最大限活用し，日本の「SDGsモデル」をはじめ，日本の取り組みを世界に向けて発信していくこととした。その一環として，G20サミットの1週間前にSDGs推進本部で決定された『拡大版アクションプラン2019』では，豊かで活力のある「誰一人取り残さない」社会を実現するべく，一人ひとりの保護と能力強化に焦点を当てた「人間の安全保障」の理念に基づき，世界の「国づくり」と「人づくり」に貢献していくとの決意が表明された[32]。

　G20は，国際経済協調の第一のフォーラムとして，これまでもSDGsにおいて積極的な役割を果たしてきた。2015年のG20アンタルヤ・サミットで「G20の作業を2030アジェンダと更に整合的なものにする」と表明したことを受けて，2016年のG20杭州サミットでは政策枠組みとして『持続可能な開発のための2030アジェンダに関するG20行動計画』が策定された。同『行動計画』に基づき，2017年のG20ハンブルク・サミットおよび2018年のG20ブエノスアイレス・サミットにおいては，議長国の優先課題に合わせて，『行動計画』に基づく取り組みのフォローアップと更なる取り組みの推進が，それぞれ『ハンブルグ・アップデート』および『ブエノスアイレス・アップデート』として取りまとめられた。2019年のG20大阪サミットでは，主たる成果文書『大阪首脳宣言』において，G20としてSDGsの実施に主導的な役割を果たすことに合意するとともに，開発途上国のSDGsに向けた努力を支援していくことにコミットし，9月に初開催されるHLPF首脳級会合，いわゆるSDGサミットで，議長国として報告することも約束された[33]。また，同『宣言』の附属文書として，『持続可能な開発のための2030アジェンダに関するG20行動計画に基づく大阪アップデート』[34]も策定されている。

32　SDGs推進本部『拡大版SDGsアクションプラン2019』，https://www.kantei.go.jp/jp/singi/SDGs/dai7/siryou1.pdf，2019年6月21日

33　外務省『G20大阪首脳宣言』，https://www.mofa.go.jp/mofaj/gaiko/g20/osaka19/jp/documents/final_g20_osaka_leaders_declaration.html，2019年6月28・29日

34　外務省『持続可能な開発のための2030アジェンダに関するG20行動計画に基づく大阪アップデート（骨子）』，https://www.mofa.go.jp/mofaj/gaiko/g20/osaka19/pdf/documents/jp/annex_11.pdf，2019年6月28・29日

　さらに，国際社会の優先課題，日本の経験・強み，および，国内主要政策との連動を踏まえつつ，先に述べた「国づくり」に関連して質の高いインフラ，防災，海洋プラスチックごみ，気候変動の 4 分野，そして「人づくり」に関連して女性，保健・医療，教育の 3 分野において，G20 としての具体的なコミットメントや，議長国としての支援策を打ち出している。例えば，質の高いインフラについては，包摂的かつ強靱なインフラの構築を目指す『質の高いインフラ投資に関する G20 原則』の合意を主導し，防災については，議長国独自に『仙台防災イニシアティブ・フェーズ 2』を打ち出し，少なくとも 500 万人に対する防災関連の支援などを表明した。海洋プラスチックごみ対策については，2050年までに海洋プラスチックごみによる追加的な汚染をゼロにすることを目指す『大阪ブルー・オーシャン・ビジョン』の合意を牽引し，議長国としても，日本の知見・技術を活かし，途上国での海洋プラスチックごみの効果的な流出防止に貢献するため，特に廃棄物管理，海洋ごみの回収，イノベーションに関する能力強化を支援していくこととしている。保健・医療については，G20 として約束したユニバーサル・ヘルス・カバレッジ（UHC）の実現に向け，議長国として約 100 万人のエイズ，結核，マラリア患者の命を救い，約 130 万人の子供達に予防接種を届けることを表明した。教育については，G20 として，「持続可能な開発のための教育（ESD）の推進」と，途上国の女性のエンパワーメントとして，3 年間で 400 万人へ質の高い教育の機会の提供することにコミットするとともに，議長国として 900 万人の子供・若者たちへの支援を打ち出した[35]。

　また，各分野を横断する課題として，SDGs の達成における科学技術イノベーション（STI）に関する成果も特筆したい。SDGs のための STI に関するマルチステークホルダーのフォーラム「国連 STI フォーラム」では[36]，早い段階から

35　SDGs 推進本部『拡大版 SDGs アクションプラン 2019』，https://www.kantei.go.jp/jp/singi/SDGs/dai7/siryou1.pdf，2019 年 6 月 21 日

36　「2030 アジェンダ」の実施を促進するために立ち上げられた「技術円滑化メカニズム（TFM：Technology Facilitation Mechanism）」は，①SDGs のための STI に関する国連機関間タスクチーム（IATT），②SDGs のための STI に関するマルチステークホルダーのフォーラム（STI フォーラム）および③オンライン・プラットフォームの 3 つから構成されている。国連 STI フォーラムは，年 1 回，政府・科学者・イノベーター・起業家・市民社会等の様々なステークホルダーが，SDGs の実施を巡る STI について議論する場であり，2018 年は 6 月に開催された第 3 回フォー

多様なステークホルダーが整合的に連携し，様々な政策と制度を組み合わせ，進捗状況をモニタリングしていくための「ロードマップ（STI for SDGs Road-maps）」が重要との認識で一致していた。その中で，2018年6月に開催された第3回 STI フォーラムの共同議長に日本が任命されるなど，国際社会から日本のリーダーシップへの期待も高まってきていた。日本が積極的な役割を果たしながら，国連 IATT を中心に議論が重ねられ，G20大阪サミット直前の2019年5月に開催された国連 STI フォーラムで，『STI for SDGs ロードマップ策定のためのガイドブック』（案）が発表された。これらの積み重ねに立脚して，G20大阪サミットでは，その『首脳宣言』において SDGs の達成における STI の重要性が認識され，附属文書として『SDGs 達成のための STI ロードマップ策定の基本的考え方』が承認されるに至った[37]。

　先に述べた G20大阪サミットでの約束を踏まえ，2019年9月にニューヨーク国連本部に開催された初の SDG サミットにおいて，安倍総理から，SDGs 推進本部をはじめ，オールジャパンで SDGs を推進してきたことを紹介し，G20大阪サミットや TICAD 7 における成果が発信された。その上で，2016年に策定された『SDGs 実施指針』において，「最初の見直しを2019年までを目処に実施する」とされていたことも踏まえ，12月までに『実施指針』を改定し，進化した日本の「SDGs モデル」を示すとの方針が示された[38]。

　SDGs を巡って国際社会が協力しつつ，その中で各国がしのぎを削る中，このようなリーダーシップとプレゼンスの発揮は，官民が力を併せて日本の外交力

ラムでは，星野俊也国際連合日本政府代表部大使・次席常駐代表が共同議長を務めた。また，「10人委員会」（市民社会・民間セクター・科学界から，国連事務総長により任命された有識者委員会，任期は2年）は，IATT に対して，見解・指導・助言を与えるものであり，2018年4月に中村道治科学技術振興機構（JST）顧問が任命されている。

37　外務省『G20大阪首脳宣言にて「持続可能な開発目標達成のための科学技術イノベーション（STI for SDGs）ロードマップ策定の基本的考え方」が承認』，https://www.mofa.go.jp/mofaj/dns/isc/page23_003024.html，2019年7月16日

38　外務省『安倍総理のSDGsサミット出席』，https://www.mofa.go.jp/mofaj/ic/gic/page6_000390.html，2019年9月24日
　なお，『SDGs 実施指針』において，「最初の取組状況の確認及び見直しは，2019年に開催される次回の首脳級の HLPF を見据え，2019年までを目処に実施し，また，その後も首脳級の HLPF のサイクルに合わせ，少なくとも4年ごとに取組状況の確認及び見直しを実施することを検討する」旨が定められている。

を強化し，SDGs がもたらすチャンスを獲得していくことにもつながっており，ひいては官民の両方にその果実をもたらしている。例えば，ドイツ系のベルテルスマン財団と持続可能な開発ソリューション・ネットワーク（SDSN）は2016年から毎年，各国の SDGs 達成状況を分析したレポート『SDG インデックスとダッシュボード報告書』を発行しており，2019年6月の最新版では，日本は162カ国中で第15位である[39]。持続可能性という概念が比較的浸透している北欧諸国や欧州の G 7 諸国が上位に並んでいるものの，日本は人口1億人以上の国としても，アジア諸国としても1位を維持している。また，途上国における SDGs 実施に中心的な役割を担う国連開発計画（UNDP）のアヒム・シュタイナー総裁は，総裁に就任後の初外遊先として日本を訪問し，「（日本は）政府が主導力を発揮して，SDGs を推進している模範例だと述べている。

　SDGs サミットに前後して，2019年9月上旬に，「『SDGs 実施指針』改定に向けたステークホルダー会議」が，幅広いステークホルダーの意見や考えを集めることを目的に，SDGs 推進円卓会議構成員の有志のほか，企業，市民社会，メディア関係者，学生などを含め150名程の参加を得て開催された。数日後の SDGs 推進円卓会議において，構成員の有志から政府に対して「ステークホルダー会議」の成果に基づく提言が提出され，これらも踏まえつつ政府によって策定された『SDGs 実施指針改定案（骨子）』について，300件を超えるパブリック・コメントが寄せられた。このように，様々なステークホルダーが参加したプロセスを経て，『SDGs 実施指針改定版』が，2019年12月の第8回 SDGs 推進本部において決定された[40]。改定のポイントとしては，まず，『実施指針』の現状分析のところで，2015年に『仙台防災枠組2015-2030』および国連気候変動枠組条約締約国会議による『パリ協定』が採択されたことや，『生物多様性条約による生物多様性戦略計画・愛知目標』の後継となる2020年以降の生物多様性に関する世界目標が検討されていることをはじめ，SDGs に係る国内外における

39　Sachs, J., Schmidt-Traub, G., Kroll, C., Lafortune, G., Fuller, G, "Sustainable Development Report 2019," New York : Bertelsmann Stiftung and Sustainable Development Solutions Network (SDSN), https://sdgindex.org/, 2019

40　SDGs 推進本部『実施指針改定版』，https://www.kantei.go.jp/jp/singi/SDGs/pdf/jisshi_shishin_r011220.pdf，2019年12月20日

最新の動向を踏まえつつ，大幅に改定されたことだ。また，今後の推進体制についても，推進本部の機能強化や，新たに盛り込まれたファイナンスを含め，各ステークホルダーの役割がより一層明確に示されている。

3　ローカルとインディビジュアル・レベルにおける SDGs の推進

　日本の「SDGs モデル」の大きな柱は，17のゴールを分類するものではなく，SDGs 推進の重要なアプローチとそれにおけるアクターを掲げたものと言える。本書が取り上げる地方，企業とイノベーション，SDGs 人材への育成は，それぞれ「SDGs モデル」の柱に該当するものであり，本書が後述する具体的な取り組みを推進することは，このモデルの具体化に大きく資するものである。ここでは，図表 1 - 3 に沿って，3 つのアクターによる SDGs の取り組みの意義や現状について概観する。

[図表 1 - 3]　SDGs のアクター

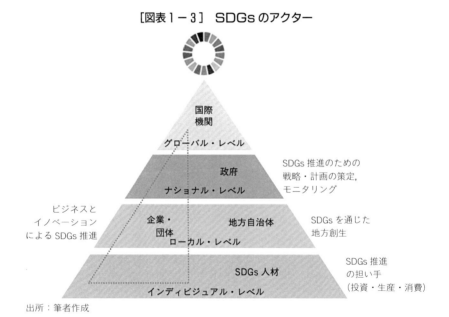

出所：筆者作成

(1)　SDGs 推進を原動力とした地方創生

　1つ目の柱は，SDGs を原動力に，地方の創生と強靱かつ環境にやさしい魅力的なまちづくりを推進していくことだ。わが国の人口は2008年をピークに減少局面に入って以降，人口減少が加速的に進行している。SDGs 達成年限の2030年には 1 億2,000万人を下回った後も減少を続け，2053年には 1 億人を割って9,924万人となり，2065年には8,808万人になると推計されている[41]。また，65歳以上の高齢者人口は約3,558万人となり，総人口に占める割合（高齢化率）も28.1％と最高を記録した。我が国の高齢化は世界的に見ても空前の速度と規模で進行している。さらに，2045年には東京都を除いた全ての道府県で2015年を下回ると推計されている[42]。

　政府は，「地方の未来なくして，日本の未来はない」という考えのもと，地方やその中小企業による SDGs 推進を後押ししている。地方による SDGs の推進は，17のゴールを共通言語として，地方の特性を再認識・差別化した上で，文化・伝統技術・風土・コミュニティなどの様々な地域資源と先端技術の融合により新たな価値を生み出すことを可能とし，ひいては，地方の創生と，強靱な循環共生型社会の構築に資するものだからだ。

　政府は，先進的モデルとなる自治体を支援し，成功事例を普及展開していくことで，都道府県および市区町村における SDGs の達成に向けた取り組みの割合を2020年度には30％とする目標を掲げている。そのため，関係省庁がタスクフォースを形成して連携しつつ，優れた SDGs の取り組みを提案する約30の自治体を「SDGs 未来都市」に，うち10の自治体を「自治体 SDGs モデル事業」に選定し，地方創生の関連支援策と総合的に運用する支援策を立ち上げた。SDGsの理念に沿った統合的取り組みを通じて，経済・社会・環境の三側面における新しい価値を創出することにより，持続可能な地方創生を実現できる自治体，さらには，多様なステークホルダーとの連携を通し，地域における自律的好循

41　内閣府「1 高齢化の現状と将来像」，『令和元年版高齢社会白書（全体版）』，https://www8.cao.go.jp/kourei/whitepaper/w-2019/html/zenbun/s1_1_1.html

42　小池司朗，「2040年頃までの全国人口見通しと近年の地域間人口移動傾向」，『総務省自治行政局・地方制度調査会ヒアリング』，https://www.soumu.go.jp/main_content/000573853.pdf，2018年 9月12日

環が見込める自治体を対象とするものだ。

　具体的には，部局を横断する推進組織の設置や実施体制の整備を推進すること，様々な計画にSDGsの要素を反映し，進捗を管理するガバナンス手法を確立し，ローカル指標を設定すること，「地方創生SDGs官民連携プラットフォーム」をはじめ地域内外のマルチステークホルダーによる連携を通じて，ビジネス創出を拡大する枠組みを構築することなどが期待されている。加えて，各地域の優良事例を国内外に一層積極的に発信，共有していくため，『SDGs日本モデル宣言』[43]や「SDGs全国フォーラム」などのように，全国的・国際的なイベントを開催することも重視されている。さらに，「地方創生SDGs金融」を通じた自律的な好循環を形成するために，地域事業者などを対象にした登録・認証制度の構築も目指している[44]。

　2019年10月から11月に自治体SDGs推進評価・調査委員会が実施した『令和元年度SDGsに関する全国アンケート調査』によれば[45]，「SDGsについてどの程度ご存知ですか」との質問に対し，「（SDGsの）存在を知らない」と回答した自治体は0.1％（前年度5％）に留まっており，ほとんどの自治体が何等かの形で認知している。他方で，「SDGs達成について取り組みを推進されていますか」との質問に対し，19.5％が「推進している」，22.4％が「今後推進していく予定がある」，43.4％が「今後推進を検討していく予定がある」としており，「推進しておらず，今後推進していく予定もない」は14.7％（前年度は49％）に留まった。政府による後押しも相まって，SDGsを推進する自治体の増加が年々，飛躍的に増加しており，SDGsを通じた地方創生が全国津々浦々に行きわたることが期待される。

43　神奈川県『「SDGs日本モデル」宣言について』，https://www.pref.kanagawa.jp/docs/bs5/SDGs/SDGsjapanmodel.html，2019年10月24日

44　内閣府では，地方創生に向けた地域のSDGs推進に資するビジネスに一層の民間資金が充当され，地域における自律的好循環が形成されるよう，平成30年度に「地方創生SDGs・ESG金融調査・研究会（座長：一般財団法人建築環境・省エネルギー機構理事長　村上周三氏）」を設置し，『地方創生に向けたSDGs金融の推進のための基本的な考え方』をとりまとめた。

45　自治体SDGs推進評価・調査検討会『令和元年度SDGsに関する全国アンケート調査結果』，https://www.kantei.go.jp/jp/singi/tiiki/kankyo/kaigi/dai20/SDGs_hyoka20_shiryo6-1.pdf，2019年12月10日

⑵　ビジネスの中核としてのSDGs

　2つ目の柱は，SDGs が掲げる社会課題などに効果的に対応できるよう，ビジネスとイノベーションを後押しすることだ。特に，サイバー空間（仮想空間）とフィジカル空間（現実空間）を高度に融合させたシステムにより，経済発展と社会的課題の解決を両立し，人間中心の社会を目指す「Society5.0」を実現することによって[46]，SDGs の達成に寄与しようとしている。日本のビジネス界でも，前節で述べた SDGs に取り組むことによるチャンス，取り組まないことによるリスクを考慮し，コストというより投資，社会貢献活動（CSR）のみならず本業ととらえる動きが高まってきた。より一層多くの企業が，SDGs を経営戦略の中核に据えるようになってきているのだ。

　団体レベルでは，2017年後半より，投資家も企業も，SDGs の推進に関する体制の整備やコミットメントを積極的に行ってきた。このように，業界全体を巻き込んだ大きな機運づくりにおいて，日本は世界に先んじているといえ，その盛り上がりを紹介したい。率先して行動した団体の1つが，国連グローバル・コンパクト（UNGC）の傘下にある，グローバル・コンパクト・ネットワーク・ジャパン（GCNJ）である。2000年7月に発足した UNGC は，各企業・団体が責任ある創造的なリーダーシップを発揮することによって，社会の良き一員として自発的に行動し，持続可能な成長を実現するための世界的な枠組み作りに参加するものだ。UNGC に署名する企業・団体は，人権の保護，不当な労働の排除，環境への対応，そして腐敗の防止に関わる10の原則に賛同し，その実現に向けて努力を継続することとなっており，現在，世界約160カ国で1万3,000を超える団体（そのうち企業が約8,300）が署名している。GCNJ は，いち早くSDGs タスクフォースを設置し，UNGC などが作成した企業による SDGs 推進のガイダンス『SDGs コンパス：SDGs の企業行動指針』[47]の翻訳版の作成をはじめ，企業啓発も積極的に行ってきた。

　また，2017年7月に，年金積立金管理運用独立法人（GPIF）が環境対応や企

46　内閣府『Society5.0とは』，https://www8.cao.go.jp/cstp/society5_0/society5_0.pdf

47　国連グローバルコンパクト『SDGs Compass：SDGs の企業行動指針－SDGs を企業はどう活用するか－』，https://sdgcompass.org/wp-content/uploads/2016/04/SDG_Compass_Japanese.pdf

業統治に優れた企業を選別して投資する「ESG投資」に乗り出し，これに呼応するように，9月に日本証券業協会もSDGsに関連する懇談会を設置し，投資を通じて企業の動きを後押ししている。さらに，同年11月に，経団連が7年振りに『企業行動憲章』を改定し，サブタイトルを「持続可能な社会の実現のために」へ変更しつつ，SDGsの推進を前面に打ち出した。例えば，イノベーションを発揮して，持続可能な経済成長と社会的課題の解決を図ることや人権を尊重することを新たに追加するとともに，働き方改革の実現に向けた表現ぶりも追記し，自社・グループ企業に加えてサプライチェーンにも行動変革を促すようになった[48]。併せて，『実行の手引き』も改定し，SDGs特設サイトも設置することで，具体的な実行方法やその参考となる豊富な事例も提供している[49]。

　一般社団法人全国銀行協会も，2018年3月に，同協会の企画委員会の傘下に，新たに「SDGs/ESG推進検討部会」を設置し，関連する検討部会と連携しつつ，SDGsの推進に関する全体施策の推進を行うことを決定した[50]。併せて，『主な取組項目』をSDGsのゴールを踏まえつつ定め，年度毎にPDCAサイクルによるフォローアップを行い，取り組み状況を公表している[51]。また，生命保険協会では，SDGsに掲げられている課題に対する取り組みを強化するため，「SDGs推進PT」を設置し，『生命保険業界におけるSDGs達成に向けた重点取組項目』を策定するとともに，「ESG投融資推進WG」を設置し，生命保険業界のESG投融資のレベルアップに向けた取り組みを実施している[52]。

　これらを受けて，個別企業の認知度も，着実に向上しつつある。前出のGCNJが2015年から毎年継続している『SDGs実態調査』[53]によれば，2018年の最大の

48　経団連『企業行動憲章の主な改定ポイントと関連するSDGsの目標の例』，https://www.keidanren.or.jp/policy/cgcb/2017shiryo1.pdf

49　経団連『経団連SDGs特設サイト開設のお知らせ』，https://www.keidanren.or.jp/announce/2018/0717.html，2018年7月17日

50　全国銀行協会『全国銀行協会におけるSDGsの推進体制，及び主な取組項目について』，https://www.zenginkyo.or.jp/news/2018/n9108/，2018年3月15日

51　全国銀行協会『全銀協のSDGsに関する取組み』，https://www.zenginkyo.or.jp/abstract/efforts/contribution/SDGs/

52　生命保険協会『SDGs推進に向けた取組み』，https://www.seiho.or.jp/activity/SDGs/

53　4回目となる今回の調査（実施期間は2018年9月1日～10月22日）では，287の企業と団体で構成されるGCNJ会員を対象に（回答は180企業・団体，回収率62.7%），SDGsの認識，取り組み状況と，取り組み上の課題ならびに今後の方向性についての設問を設けた。

特徴とも言えるのが，経営陣の認知度が前年の36％から59％まで上昇したことである。また，中間管理職と従業員の認知度も，まだ20％以下ではあるものの，前年比で約2倍増加した。SDGsに影響力を持つセクターについても，SDGsが採択された2015年時点では，政府の影響力が大きいと捉えていた回答が約60％あったのに対し，2018年は24％まで減少するとともに，企業，株主，顧客・消費者，全セクターを選択する回答も増加した。GCJNは，SDGsは政府だけが取り組むものではなく，企業・団体も重要なアクターの1つであるという自覚が生まれてきていると分析している。

　このように，徐々に企業にもSDGsが浸透しつつあるが，振り返ってみれば，日本企業の伝統的な経営理念が実はSDGsそのものだった。100年以上続く長寿企業は，日本に2万5,000社以上あり，200年，300年，500年企業も，いずれも世界最多となっている[54]。日本企業には，企業自身の存続を追求するにあたり，売り手，買い手，世間が満足する「三方よし」の考え方がそのDNAに組み込まれており，「世間よし」という社会との共生を長年実践してきたのだ。SDGsを経営戦略に位置づけることで，ノルマの達成に追われる日々の従業員，特に中間管理職に対し，自身と会社の活動が，人の役に立ち，世の中を良くしているという「三方よし」を改めて認識させる効果も期待できる。グローバル化・少子高齢化時代には，これに地平線を広げて地球規模で考える「地球よし」，時間軸を広げて将来世代を犠牲にしない「未来よし」の考え方が重要になってきているといえる。

　したがって，日本企業の経営においてSDGsは極めて親和性の高いものであるが，日本企業の9割以上を占め，地方の社会と経済を支える中小企業のSDGs認知度は，まだ低いのが実情だ。関東経済産業局と日本立地センターが2018年12月に発表した『中小企業のSDGs認知度・実態等調査』によれば，SDGsの認知度を聞いた質問において，「SDGsについて全く知らない」が84.2％，「聞いたことがあるが，内容は詳しく知らない」が8.0％となっており，SDGsへの理解が定着している中小企業経営者は10％にも満たないことが分かった。また，上

54　後藤俊夫『長寿企業のリスクマネジメント－生き残るためのDNA－』，第一法規株式会社，2017年3月17日

記2つの回答もしくは「SDGsの内容を知っているが，特に対応は検討していない」と答えた経営者に対して「SDGsの印象」について聞いた質問では，「（国連が採択したものであり／大企業が取り組むべきもので）自社には関係ない」，「優先度は下がる」と回答した企業の割合が43.9％，「取り組む必要性は理解するが，（方法がわからない／余裕がない）」が52.7％となっている。このことから，多くの中小企業経営者にとって，SDGsは遠い存在であるか，分かりにくいものであるのだ。ただし，SDGs関連の社会課題解決などに資する取り組みを既に行っている企業が，SDGsへの認識の有無は別として50％弱いたことから，調査結果において，「企業の既存の取り組みとSDGs（社会課題）との関係性の気付きを与える」ことの必要性が指摘されている。中小企業が，いかにSDGsを意識的に経営に取り込めるかが次のチャレンジであろう。この点については，政府および地方自治体のSDGs関連の戦略や事業に積極的に関与することが，地域に根差す中小企業にとって，ビジネス・チャンスにもなることを周知する必要があるといえる[55]。

　政府としても，SDGs推進の流れを大企業から中小企業にも広げることにより，全国にSDGsの活力を行きわたらせるとしている。そのため，先に述べた『未来投資戦略』に盛り込まれた具体的な支援策に加えて，ベンチャーを含む企業支援に関する「SDGs経営推進イニシアティブ」を打ち出し，その一環として，企業がいかに「SDGs経営」に取り組むべきか，投資家はどのような視座でそのような取り組みを評価するのかなどを整理した『SDGs経営ガイド』の策定を行ってきている[56]。

⑶　SDGs達成に向けた変革をもたらす一人ひとりのチカラ

　3つ目の柱は，SDGsの担い手として，発信力・創造力が豊かな次世代や，SDGsのゴールでもある女性をエンパワーすることだ。女性については，働き方

55　経済産業省関東経済産業局・日本立地センター『中小企業のSDGs認知度・実態等調査結果（WEBアンケート調査）』，http://www.kanto.meti.go.jp/seisaku/seichou/data/20181213SDGs_chosa_houkoku_syosai.pdf，2018年12月

56　経済産業省『「SDGs経営ガイド」を取りまとめました』，https://www.meti.go.jp/press/2019/05/20190531003/20190531003.html，2019年5月31日

改革の着実な実施や，あらゆる分野における女性の活躍推進を行うとともに，官民が連携して「女性が輝く社会」を国内外で実現するための「国際女性会議（World Assembly for Women，通称「WAW!」）」も毎年開催してきている。また，次世代については，子供の貧困対策や次世代の教育振興に関する取り組みを一層推進するとともに，国内外における SDGs の達成を担う人材育成を強化することとしている。特に，第 6 章で詳述するが，新学習指導要領において，全体の内容に係る前文および総則において「持続可能な社会の創り手」となることが掲げられたことを受けて，令和 2 年度以降の全面実施に向け，趣旨の周知や「持続可能な開発のための教育（ESD）」の推進など，必要な取り組みを着実に進めることとしている。さらに，2018年12月に「次世代の SDGs 推進プラットフォーム」が立ち上げられ，同プラットフォームを通じて，次世代が，自分たちが主役となる時代をどのような社会に変革していくかを考え，多様な人々と協働しながら行動し，国内外に対して提言・発信していくことが期待されている。国際協力においては，日本ブランドであるユニバーサル・ヘルス・カバレッジ（UHC）を始めとする保健・医療や，教育，防災，女性分野などにおける国際協力も主導していくとしている[57]。

　先に見たとおり，SDGs は目指すビジョンを提示しつつ，その達成のための手法を具体的に定めてはいないため，インディビジュアル・レベルの取り組みを広げていく上で，ビジネスや次世代を含め，幅広いステークホルダーによるSDGs 推進の優良事例を示し，同様の取り組みを広げていくことが効果的だ。その狙いの下，2017年 6 月に開催された SDGs 推進本部第 3 回会合で，優れた取り組みを行う企業・団体などを表彰する「ジャパン SDGs アワード」が創設された。以降毎年，広く公募を行い，円卓会議構成員による審査を経て，12月に表彰が行われてきた。これまでも，**図表 1 － 4** のとおり，ビジネス界についてはグローバルに活躍する企業から地方に根差した中小企業まで，教育界については，国立大学から小学校，さらには保育園まで，市民社会についても，国際貢献から被災地支援まで，様々な企業・団体が受賞してきている。

57　SDGs 推進本部『実施指針改定版』，https://www.kantei.go.jp/jp/singi/SDGs/pdf/jisshi_shishin_r011220.pdf，2019年12月20日

［図表1－4］　「ジャパンSDGsアワード」受賞団体

第1回 （2017年12月）	第2回 （2018年12月）	第3回 （2019年12月）

【SDGs推進本部長（内閣総理大臣）表彰】

北海道下川町	株式会社日本フードエコロジー センター	魚町商店街振興組合

【SDGs推進副本部長（内閣官房長官）表彰】

特定非営利法人しんせい	日本生活協同組合連合会	大阪府
パルシステム生活協同組合連合会	鹿児島県大崎町	「九州力作野菜」「果物」
金沢工業大学	一般社団法人ラ・バルカグループ	プロジェクト共同体 （代表：イオン九州株式会社）

【SDGs推進副本部長（外務大臣）表彰】

サラヤ株式会社	株式会社LIXIL	特定非営利活動法人
住友化学株式会社	特定非営利活動法人 エイズ孤児支援NGO・PLAS 会宝産業株式会社	TABLE FOR TWO International 株式会社富士メガネ

【特別賞「SDGsパートナーシップ賞」】

吉本興業株式会社	株式会社虎屋本舗	日本リユースシステム株式会社
株式会社伊藤園	株式会社大川印刷	徳島県上板町立高志小学校
江東区立八名川小学校	SUNSHOW GROUP	大牟田市教育委員会
国立大学法人岡山大学	株式会社滋賀銀行	公益社団法人日本青年会議所
公益財団法人ジョイセフ	山陽女子中学校・高等学校地歴部	株式会社大和ネクスト銀行
福岡県北九州市	株式会社ヤクルト本社	そらのまちほいくえん
	産科婦人科舘出張　佐藤病院	
	株式会社フジテレビジョン	

（写真：内閣広報室）

出所：筆者作成

　先に述べた地方の中小企業によるSDGs推進において，自身も会員企業もそれぞれ第3回・第2回SDGsアワードの受賞団体でもある，青年会議所の果たす役割は大きい[58]。本書で詳しく見ていくが，日本全国に多くの拠点と幅広いネットワークおよび組織力・行動力を持つ日本青年会議所は，中小企業はじめ，

---

[58]　「ジャパンSDGsアワード」第2回受賞団体である会宝産業株式会社は，自動車リサイクルを通して，「持続可能な消費と生産」「すべての人々に働きがいのある人間らしい雇用」を促進するため，各国政府，現地企業家とのグローバル・パートナーシップを形成し，地球規模での資源循環型社会構築を目的に活動している。例えば，ブラジル・インド・マレーシア・ケニアにおいて，自動車リサイクル政策の立案サポートや，現地リサイクル工場設立による環境に配慮した自動車リサイクルのバリューチェーン構築と現地雇用の創出に取り組んでいる。これらの取り組みを通じ，使用済み自動車の処理が適切に行われないことによる土壌汚染，廃プラスチック，タイヤなどの投棄・野焼きによる環境汚染の防止に貢献している。

全国津々浦々のあらゆる世代に SDGs を浸透させる強力なアクターたり得るためだ。その強みを踏まえ，日本青年会議所は，外務省との間で，『SDGs 推進におけるタイアップ宣言』に署名し，中小企業や自治体における SDGs 推進，次世代の子ども達への SDGs 推進，SDGs 達成に向けたプロジェクトの全国実施などの取り組みを，同会議所が外務省と協働して推進することにコミットしている。

4 これからの SDGs 推進はコミットメントからインパクトへ

本章で見てきたとおり，各国政府だけではなく，地方やビジネス界から個人に至るまで，様々なステークホルダーの間で SDGs 推進の機運が盛り上がってきた。そのような中，採択から4年経った2019年9月，NY で初の SDG サミットが開催された。今回のサミットにおいて，過去4年間の取り組みのレビューが行われ，極度の貧困，子どもの死亡率，電気・水へのアクセスなどで進展が見られる一方，飢餓，ジェンダー，格差，生物多様性，境破壊，海洋プラスチックごみ，気候変動，災害リスクへの対応に遅れが見られるとの現状分析が行われた[59]。これを受け，世界のリーダーたちから，「取り組みは進展したが，達成状況に偏りや遅れがあり，あるべき姿からは程遠く，今の取り組みを拡大・加速しなければならない」との危機感が示され，2030年までを SDGs 達成に向けた「行動の10年」とすることが表明された。同サミットにおいて，全会一致で採択された政治宣言『持続可能な開発に向けた行動と遂行の10年に向けた態勢強化（Gearing up for a decade of action and delivery for sustainable development）』では，国連加盟国が，SDGs を期限までに達成し，誰一人取り残さないために，資金を動員し，国内での実施を拡充し，制度を強化していくことが約束されている[60]。

これから必要なのは，コミットメントからインパクトへ，宣言から行動への

---

59 United Nations "The Sustainable Development Goals Report 2019," https://unstats.un.org/SDGs/report/2019/The-Sustainable-Development-Goals-Report-2019.pdf

60 国連広報センター「SDG サミット，人々と地球に資する野心的な行動に勢いをつける（プレスリリース日本語訳）」，『プレスリリース19-087-J』，https://www.unic.or.jp/news_press/info/34911/，2019年9月27日

移行である。この4年間，政府も民間も，大局観から具体性のあるものまで，様々なコミットメントを積極的に発出してきた。2019年12月に改定された『SDGs実施指針』においても，「採択から4年が経過し，SDGs推進は，浸透から具体的な成果を出す第二段階へ移行する時期を迎えており，今次会合の結果を踏まえ，2030年までの残り10年間を，コミットメントだけではなく，成果を生み出す10年間とすべく，努力していく。」とされている[61]。具体的な行動分野としては，SDGsの理念に立ち返り，そして，「Society5.0」というコンセプトにも投影された日本の信念と強みである「人間中心」の考えとイノベーションの力に立脚し，G20大阪サミットで光を当てた7分野をはじめ，「くに・社会づくり」「ひとづくり」を行っていくのが，日本らしいSDGs推進のアプローチかもしれない。

　もう1つが，SDGsの裾野を一層拡大するべく，SDGsの主流化を加速させることである。マーケティング理論によれば，認知度が16％を超えると，加速度的に認知が広まるとされており，前出の朝日新聞社の最新調査でSDGsの認知度が27％を超えた今，「誰もが知るSDGs」となる可能性が高まってきた。SNSの更なる活用や，様々なメディアおよび公共交通機関との連携強化に加え，SDGsを感覚的により分かりやすい言葉にすることなどの試みが求められている[62]。加えて，認知度を高めるだけではなく具体的な行動へと掻き立てるためには，日本人の精神や感性に直接訴え，価値観の変容につながるような，文化や芸術，建築，スポーツなどとの連携も効果的だと考える。例えば，洋の東西や世代を問わず，伝統を持続可能にしながら，世界をより良くしたいという情熱をもつ文化人や芸術家，スポーツ選手が集結し，SDGsをテーマとした芸術祭，展示会，茶会，コンサート，大会などを開催することも一案だろう。

　グテーレス国連事務総長は，ジャパンSDGsアワードの第1回表彰式に寄せたメッセージの中で，受賞者や応募者のことを，各々の専門性に立脚し，自身の業界や地域において，SDGs達成の機運を高めるための，率先した「チェン

61　SDGs推進本部『実施指針改定版』，https://www.kantei.go.jp/jp/singi/SDGs/pdf/jisshi_shishin_r011220.pdf，2019年12月20日

62　SDGs推進本部『実施指針改定版』，https://www.kantei.go.jp/jp/singi/SDGs/pdf/jisshi_shishin_r011220.pdf，2019年12月20日

ジ・エージェント（変革をもたらす主体）」であると称賛し，安倍総理も，第3回表彰式において，「誰でも決意すればSDGs達成のために貢献ができる」と述べている。SDGsはグローバルなビジョンであるが，本章で見てきたとおり，それを実現するのは，ローカル，更にはインディビジュアルの革新的な行動をつないでいくことだ。「2030アジェンダ」の最後で，「これは，人々の，人々による，人々のためのアジェンダであり，そのことこそが，このアジェンダを成功に導くと信じる。」とされている。日本は，ナショナル，ローカル，そしてインディビジュアル・レベルが力を合わせながら，2020年東京オリンピック・パラリンピック競技大会，2025年大阪・関西万博と，2030年達成年までの10年，5年ごとにグローバルな未来ビジョンの実現に向けたマイルストーンを刻んでいける立場にある。SDGsのための「行動の10年」を通じて，国は持続可能な成長と外交力を強化し，地方はその創生を実現し，企業は価値を創造するチャンスをつかみ取っていくべきだ。

（原　琴乃）

1-3 「つながる日本力」と新結合イノベーションによる未来の共創

1 SDGsの本質と「つながる日本力」ビジネス×ファイナンスのツボ

　SDGs（持続可能な開発目標）の本質（**第1章**）は，ビジネスのベースにある自由な市場経済では解決できないパブリックな目標であることだ。本来ならば国や自治体，国連など国際機関が責任を持って達成すべきものである。しかし，SDGsは持続可能な開発のための2030アジェンダを議論する「Transforming Our World」をテーマとした2015年の国連総会で，国家だけでなく産官学民の全ステークホルダーと議論され，全会一致で採択。「Transforming Our World」とは，さなぎが蝶になるように世界の人も自然も全体が大きく変容・変革することを表す。ここに，国や自治体，国連など国際機関だけでなく社会を構成する全ての個人・法人のビジネスが大きく変わっていく世界的な流れが始動した

のだ。

　産業革命以降，企業活動は特にグローバル化が加速する中，「経済」的には，企業は国家を超えて金融取引は実態経済を超える力を持ち，サイバー情報はリアルな経済活動を超えつつある。「環境」的には，気候変動や生態系の変異などの地球の許容量を超える現象も起きている。そして，新型コロナウイルス感染症（COVID-19）が世界的大流行（パンデミック）となると，「社会」的には，健康・福祉を害することになり，富の偏在が新たな貧困・格差を生み出される中，貧しい国や地域・家族の人，お年寄りなど社会的弱者の命を多く奪うこととなる。利潤第一を人生の目標としていない世代も急増する中，国境や世代を超えた人類の連帯が，それらの人々を助けるようになっている。このように，経済，環境，社会の視点から見てもパブリックセクターだけで，それらをマネージし，持続可能な社会を創り上げることには限界があることは明らかで，プライベートを含むマルチ・セクターに連帯を求めたのが SDGs だ。

　そのキーワードが「SDGs」の「S」でもある「Sustainability（持続可能性）の実現」である。つまりビジネスも生活も世界とともに「Sustainability（持続可能性）の実現」を目指して「Transform（変容）」していく訳で，それを実現するのが「Innovation（革新）」であり，「Innovation（革新）」は，「Vision（将来像）」と「具体的な制約条件」によって生まれてくる。この「具体的な制約条件」を，2030年までの解決を目指して17の世界共通課題ごとに整理した目標が，まさに「SDGs」なのである。その「SDGs」を共通目標・言語などとして活用し，人類が共感して「つながり」，共同・協働して「Innovation」共創するサイバー＆リアルな「HUB」が，本書で紹介する「SDGs Innovation HUB」だ。

　昨年末，改定された政府の SDGs 実施指針において示されたように，企業経営や金融などのプライベートな経済社会活動や投融資などが不可欠となっている（第2章）。これを呼び込む鍵が「つながる日本力」ともいうべき「SDGs ビジネス×ファイナンスのツボ[63]」である。このツボは SDGs の17の目標自身でな

---

[63] DX（デジタル変革）の時代，経済や国富を持続可能な成長を支える新規事業のアイデアの鍵は，顧客と従業員の体験にある中，顧客などがお金を払ってでも解決したい課題や痛みのツボ（Pain Point：針灸のツボ同様，指圧すると痛いが解れる快感も伴う）にあたる。

［図表1-5］ SDGs ウエディングケーキ

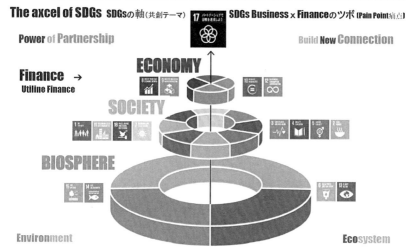

出所：SDGs Innovation HUB 事務局

く，「SDGs ウエディングケーキ[64]」（**図表1-5**）の自然資本，社会関係資本を含む諸資本を総動員して，地域，家庭，学校，会社や社会で，今の制度や業務等を越えた最もインパクトある付加価値を産む「共創テーマ[65]」と言い換えてもいいだろう。

世界史の流れで見ると，国際秩序の中において形成力のある主体が，「つながる国家」から「つながる企業」へ，そしてDX デジタル変革でその体験が鍵と

64　SDGs の17の目標を「環境」「社会」「経済」の3層に分類して，総合的に捉える図表。ヒト・モノ・カネなど諸資本が直面する「経済」課題の解決の前提として，人と人との絆など社会関係資本の直面する「社会」課題，それら課題の前提として，自然資本の直面する「環境」課題があることなどを示す。

65　ここでの共創（co-creation）は，SDGs など世界共通の目標/課題/言語を念頭におく。特にマイケル・E・ポーター教授の提唱する，共通価値の創造（CSV, Creating Shared Value）を世代や国境を越え（cross-border）ながら，産官学民などの既存の組織・分野の横断的（cross-sectoral）な個人・法人が集って連携・共同して実行すること。そして，技術革新に止まらないヨーゼフ・A・シュンペーター教授の新結合（neue Kombination）のイノベーションで最もインパクトある付加価値を産み出す協働（collaboration）をすることを指す。

なる従業員や顧客である「つながる個人」へ急速にシフトしている。パブリックな目標であるSDGsが，日本で急速に企業経営や金融取引などのビジネスの重要な指針として受け入れられた。それは，戦後の英米型の民主主義により，日本もアジア初の民主主義の歴史に立脚したように，SDGsもISOのような新たな舶来の標準化ビジネスではなく，江戸時代以前の日本に息づいていたが，明治の産業革命以降の150年余の間に忘れてしまっていた「つながる日本力[66]」として再構築していくべきものだ。いずれにせよ重要なのは，これらのテーマに共感して集い，持続可能な成長を支える新規事業を実行していく主体である。

　共創のアイデアの源は，DX（デジタル変革）の鍵となるCX（顧客体験）と従業員体験から産まれてくる。米国では株主利益第一主義から転換した企業やスタートアップ，英国ではBrexitさえ国富の持続的成長に利用しようとするSMEs[67]や，EUやアジア・アフリカ各国では加盟国の違いを超え地域や企業・大学・市民がSDGsのツボを押さえて「つながる」Innovationが多く見られているのである。

　世界初の産業革命とインフラ整備を始めた英国では，累増する公的債務と拡大する財政赤字から，持続可能な管理・運営のためPFI（Private Finance Initiative）やEBPM（Evidence-based Policy Making）が国や地域で進められ，地域の産官学民連携拠点WWC（What Works Centre）とIGL（Innovation Growth Lab）が連携した「つながる」Innovationが経済社会を牽引している。

　そこで活躍しているリーダーは，これまで世界を主導してきた大企業や大国の学歴・職歴ある中高年男性人財だけでなく，SMEsや小国・地域，学校・家族等で仕事し生活する老若男女の人財，世代や国境を越え潜在する人財を巻き

66　日本は，公害・省エネ対策を通じて，他国に例のない環境対応技術力を様々な分野で培ってきた。同時に，日本には古来より続く自然環境と調和・共生する価値観・文化が，今も多様な形で息づいている。

　　世界が直面する地球規模の課題を解決するためにも，そして新興国の発展と地球環境の維持・向上の両立を実現するためにも，今こそ，そうした日本の技術力と文化力を融合し，新しい「日本力」を再構築することによって，真のグローバルリーダーシップを発揮しなければならない時代であると考える（ガイア・イニシアティブ代表理事：野中ともよ氏「日本力」より引用。ガイア・イニシアティブホームページ「ガイアの思想」「ミッション」（http://www.gaiainitiative.org/gaia/gaia.html））。

67　Small and Medium-sized Enterprises：スタートアップ含む中小企業

込む，全く新しい次世代リーダーなのである。

2　若き企業家の SDGs のツボ新結合 Innovation の挑戦

　筆者（御友）は現在，官民交流で財務省から野村総研に出向しているが，昨年，前職の金融庁で関わった G20 福岡・大阪での経験が強く印象に残っている。付随するセミナーでは，日本青年会議所（JCI Japan：日本 JC）と国際青年会議所（JCI, Junior Chamber International：JCI）の若き企業家・経済人の活動が，Moonshot な先端技術 Innovation だけでなく，多くの SDGs のツボを捉えたテーマが提示されていたのである。世界の20～30代の会員と世代を超えた仲間が協力・連携した新結合 Innovation で「ビジネス×ファイナンス」を共創し始める姿は，まさしく次世代リーダーであった。

　現在，日本 JC に対し，「SDGs と Innovation の主体 JC 若き経済人の取組実態アンケート調査」をお願いしている。調査後は，分析だけに終わらず，世界の仲間との活動加速に活用したいとの声を受け，①事業評価，②SDGs 評価，③尊敬する家族や仲間の「偉人伝」，④地域連携，⑤広域連携・展開の５ステップのワークシート・アンケートを和英の教育システムである moodle[68]によって世界に提供し，小中高の青少年の総合教育向け，投資・起業教育・実践向け，日本 JC など企業家・経済人向けの３層の SDGs Innovation HUB を皆さんと構築したいと考えている（第５章）。

　さらに，「つながる日本力」の再構築で真のグローバルリーダーシップを発揮しようとしている世界の JCI 会員を，SDGs でビジネスマッチングしたり，次世代が評価したりするシステムとも連携し，日本 JC IT 部会，JCI と連携する SMEs が国境を越え直接つながる国際（プレ）ハッカソンと実態調査・分析で世界の若き未来創発の挑戦をお手伝いしたいと考えている（第４章）。

　2020年の日本 JC の活動は，１月の京都会議に始まり，SDGs が採択された2015年から毎年５年間，金沢で開催されてきた JCI 金沢会議の最後の会議が２月に開催され，日本 JC の各会議や委員会，全国の各地 JC が地域ごと独自の

68　内外の主要大学・中高が導入している，世界で最も普及し，産官学民の研修・教育等で使われている教育・評価システム。

テーマでワークショップやイベントを開催。人類の新型コロナウイルス感染症との戦い次第でオンラインなどの大幅な変更があると思われるが，7月に通常はサマーコンファレンスを開催して活動の節目とし，9月に全国大会北海道札幌大会，10月に福岡でJCI国際アカデミーの開催が予定されている。さらに，2015年以来の世界会議が11月に横浜でJCI世界会議として開催。2020年度，石田全史会頭は京都会議で「真実一路，軌跡を紡ぎ，奇跡を起こそう！」と，昨年末の「ジャパンSDGsアワード」特別賞（パートナーシップ賞）受賞などを受け，SDGsへの取り組みなど深化させて運動を広めたいと，外務省に加え野村総合研究所などともパートナーシップを結んで進めたい方針を示された。

3　新金融と国際（プレ）ハッカソンで共創する評価と未来

これからの時代，SDGsなどの世界共通目標に向けグローバルにリードする「つながる個人」の新結合イノベーションを，日本から起こす「つながる日本力」，「SDGsビジネス×ファイナンスのツボ」と捉え，地域から社会を再興させるのは，若きSMEsの有志達だけではない。振り返れば，明治の産業革命で日本を一等国にしたのは地域の金融機関であった。

失われた20〜30年を経た日本再興の鍵として，政府のSDGs実施指針や日本の産官学民金労言士などの各所，とりわけ地域の若きSMEs有志達が，DX，そしてSDGs時代の全く新しい金融に期待するところは極めて大きい（第3章）。

日本JCは，「好循環を起こす中小企業，次世代によるSDGs推進」と新金融共創を2020年度の実施事業と定め，11月の横浜の世界会議で「つながる日本力」，「SDGsビジネス×ファイナンスのツボ」をテーマに，世界の先進SMEsと連携・共創する国際（プレ）ハッカソンを実施する（第4章）。石田会頭もSDGsへの取り組みなどを深化させ，各所とパートナーシップを結んで運動を進めたい方針を示している。新結合イノベーション・ビジネスと，これらを持続可能にするファイナンス支援制度，市場・エコシステム，そしてこれを10年は続けるSDGs Innovation HUBの構築が期待される。

（御友重希）

第2章

企業による SDGs/ESG への
取り組みと実践

　SDGs を推進するにあたって，企業は重要なアクターだ。企業の SDGs や ESG に対する取り組みは進んできているが，その考え方や取り組みについては会社ごとに多様だ。ここでは，企業にとっての機会とリスクをどのように考えたらよいか，どの視座，視点から考え行動しているのかについて，大企業，中小企業を取り上げ具体的な事例を挙げて実践から学び，考えたい。

2-1　SDGs，ESG の取り組みが進む企業

　企業において，SDGs の取り組みが進んでいる。SDGs，ESG を経営の柱として標ぼうし，取り組む企業が大企業を中心に増えてきた。ESG とは，環境（Environment），社会（Social），ガバナンス（Governance）の頭文字だ。2006年に国連のアナン事務総長（当時）が提唱した PRI（責任投資原則：Principles for Responsible Investment）に署名した投資家は，投資行動に ESG の考え方を取り入れる。PRI に署名する投資家は増加しており，世界最大級の機関投資家である日本の GPIF（年金積立金管理運用独立行政法人）も2015年5月に署名，ESG 投資を開始した。ESG 投資は企業の SDGs の取り組みを参考に実施される。非財務情報である SDGs の取り組みを開示し，自社の事業にどれだけの社会的インパクトがあるか，そして自社がいかに環境や社会に配慮しながら事業を行っているかについて投資家や金融機関に対して開示，説明することが必要であり，かつそれが企業価値を向上させる。

ESG に取り組んだ結果の利益と，取り組んでいない場合の利益とでは，たとえ額が同じでも投資家にとっては意味が異なる。そして，連結対象企業はもとより取引先や調達先にも同様の開示が求められる。取引先，調達先も上場企業と同じように法令順守はもちろん，社会や環境に対し配慮をしなければならない。こうなると上場企業と取引をする中小企業も SDGs，ESG と無関係ではいられないのである。

その範囲は，CO_2排出や脱プラスチックなど環境分野はもちろんのこと，ダイバーシティや働き方改革などの雇用やコンプライアンスなど広い。自社の利益だけを求める時代は終わり，ステークホルダーと共に社会の課題に向き合った企業行動を考えないかぎり，国際社会や変化の激しい時代において生き残れないとの危機感も共有されはじめている。事業機会としては，SDGs が新たに創出する新市場は世界で12兆ドル，3億8,000万人の雇用を創出するという試算もある[1]。

ビジネスでもその潮流は顕著だ。環境分野においては，プラスチックによる海洋汚染の進行が問題になっている世界的な世論を受け，日本では，2019年6月に開催された G20サミットにおいて『大阪ブルー・オーシャン・ビジョン』を発表した。その内容とは，2050年までに海洋プラスチックごみの流出をゼロにするという目標である。

このような流れの影響を受け，スイスに本社を置くネスレはグローバルの取り組みとして2025年までに，包装などにつかう素材についてエコフレンドリーなものに切り替えると発表している。ネスレ日本においては，2019年夏，海に流れ込むプラスチックゴミを減らすことを目的にいち早くチョコレート菓子「キットカットミニ」などの外装をプラスチック製フィルムから紙包装に切り替えた。これによるプラスチック削減量は年間約380トンになる。当然，これによりフィルムメーカーはビジネスを失い，紙メーカーはビジネスを獲得した。このように見ると，ESG や SDGs はビジネスに直結していることがわかる。

ドイツに本社を置くアディダスは，2024年までに靴と衣類製品で使用するポリエステルを全てリサイクル素材に切り替えると発表している。アディダスはすでにリサイクル・ポリエステルの活用を2016年に開始し，2019年時点では全

---

1 世界経済人会議2017

体の売上の3％を占める。それを2024年までに100％まで高める目標だ。同社製品のうち約半分がポリエステル素材によるものである。ポリエステルが100％再生素材になることのインパクトは非常に大きい。今後，使用済プラスチックの回収・清掃フローの確立についても検討していく。素材メーカー各社はリサイクル・ポリエステルの素材開発にしのぎを削っている。

　サントリーは，容器包装の分野でペットボトルリサイクルの一部工程を省くことによって，環境負荷低減と再生効率化を同時に実現する「FtoP ダイレクトリサイクル技術」を世界で初めて開発した。中期目標として2025年までに国内清涼飲料事業における全ペットボトル重量の半数以上に再生ペット素材を使用していくことを掲げ，2030年までにグローバルで使用するすべてのペットボトルにリサイクル素材あるいは植物由来素材のみを使用し，化石由来原料の新規使用をゼロにすることで，サステナビリティを向上させている。

　リサイクル素材は開発競争だ。東レとユニクロがサステナビリティに貢献する新たな協業を開始，リサイクル・ダウンおよびリサイクル・ポリエステルの製品化への取り組みを行っている。また，中国，台湾のメーカーなども開発競争にしのぎを削っている。そして，東レはサトウキビなど植物由来の原料によるポリエステルの開発・供給にも力を入れる。

　このように環境側面だけでも各社にとって大きなリスクと機会が同時に訪れており，その流れが戻ることはない。企業の間では，これを異なる義務や負担と捉えるか，これを他社との差別化の機会（チャンス）と捉え積極的に投資するかが大きな分かれ目となる。

　ダボス会議が掲げた地球環境や社会問題にも配慮する「ステークホルダー（利害関係者）資本主義」が議論され，パラダイムシフトが起きている中で，旧来の延長線上で戦略を立てると戦略の大きな選択ミスをする可能性がある。

2-2　SDGs，ESG のインパクト

1　2030年，ありたい社会からのバックキャスティングで戦略を

　SDGs の特徴の1つがバックキャスティングだ。将来のありたい姿を考えて，

そこから現在の戦略を練ろうというものである。企業も，SDGs 達成の重要な担い手だ。企業にとっては SDGs のそれぞれの項目に関して，「機会」と「リスク」の両面がある。事業環境が変われば，事業にとってビジネスチャンスが訪れることもあるだろうし，ビジネスを失ったり継続できなくなるリスクもあるのだ。企業においても2030年からバックキャスティングによる視点で経営や事業を見直そうという動きがある。

　日立製作所は，東原敏昭社長のリーダーシップにより，2017年4月にサステナビリティ戦略会議をはじめて実施した。参加者は経営会議のメンバーに加え，各ビジネスユニットの CEO など約40名だ。SDGs の考え方では，2030年のありたい姿を考え，そこからのバックキャスティングをふまえて戦略を立て，アクションプランを考える。日立製作所は，多くの企業と同じようにそれまで3年の中期経営計画はあったが，それ以上に全社における長期の非財務面での経営計画は当時まだ十分に確立されておらず，このような長期ビジョンについて社内で議論をする場もなかったため会議体を設置した。最初の会議では，SDGs の目標達成に貢献するための施策や推進体制などについて議論された。そして，SDGs で解決すべき問題とされている169項目においては，すべての部門，主要会社のメインである事業の中から，それぞれ文章でコメントをとった。内容は，事業そのものが SDGs のどの項目を解決するのか，そして自社の事業が社会に与える機会とリスク，また社会の変化による自社事業に対する機会とリスクについてである。

　2019年からはじまった中期経営計画では社会的価値，環境的価値を盛り込んだ。事業が創出する価値を経済価値だけで測るのではなく，いわゆるトリプルボトムライン[2]でいうところの，社会価値・環境価値を検討し，定量化できるところはできるだけ定量化して企業価値増大を目指している。

　従来の中計では，事業をどれだけ成長させることができるか，今ある商品やサービスで海外などの新しい顧客を開拓できないか，あるいは現在の事業の成長が難しければ，現在の顧客に別の商品・サービスを提供することはできない

2　経済的側面・環境的側面・社会的側面の3つの軸で組織を評価をすることを指す。ジョン・エルキントンが提唱。

かという戦略を立てることが普通であった。しかし，日立製作所では2030年の
ありたい社会を一度考え，その時までの課題を解決するために，今，自社のリ
ソースを活用して，どのような事業戦略が必要かを考えている。それを，顧客
の価値＝アウトプット，顧客の顧客に対する価値＝アウトカム，社会に対する
価値＝インパクトと定義し，それぞれを考えて事業選択をしていく。

　つまり，経済的価値はもちろんのこと，社会的価値，環境的価値の側面も考
慮してどのような事業に経営資源を投入するのかを決定するのだ。

　この結果は，事業起点からの積み上げでは得られない。あるべき社会像，そ
して社会課題起点からでないと描けない戦略である。

　企業にとっては，事業機会には当然リスクも伴う。社会の変化による自社事
業に対する機会とリスクは通常考えるが，自社の事業が社会に与えるリスクは，
軽んじられることが多い。しかし，それをしっかり考えることで，よりサステ
ナブルな事業にしていくことができるのだ。また，通常の事業の延長線上で戦
略を立てると，どうしても今までの成功体験により，イノベーションを起こす
ことができない。バックキャスティングで考えることにより，イノベーション
を起こすことでのチャンスが生まれるのだ。

　もちろん，社会課題を解決する事業は時間がかかり，事業部としてすぐ儲か
るということは多くないかもしれない。社会課題解決には，企業だけでなく，
政府や自治体，非営利団体やコミュニティなどステークホルダーが多く存在す
る。課題をもとに多くのステークホルダーの共通価値を醸成し，それからそれ
らを解決するモデルを考えてアクションを起こす。時間もかかれば，難易度も
高いだろう。しかし，難しい故に同業他社はなかなか参入せず，その市場はブ
ルーオーシャンだと考えることもできる。

　「社会イノベーション」を経営視点で見れば，「ありたい将来の社会を見据え，
明後日の飯のタネを考える」とともに，今の事業を存続させるべきか再度検討
するということだ。これまで実行している社会的な活動，事業をSDGsの視点
から整理して，さらに強みを生かし，リスクを考え減らしていかなければなら
ない。日本企業は，本来社会的視点をもって活動をしてきた企業が多い。ただ
し，最近では市場のプレッシャーや四半期開示，人事評価の視点から短期志向
になりつつある。本来の良さを生かすといった意味からも，SDGsに取り組むこ

とは，社会的視点，長期視点で事業を続けるため事業機会やリスクを考えるいい機会だ。また，短期的に儲からなくてもやらなければならないこともある。その取り組みがサステナビリティを向上させ，結果として企業価値を大きくする。

　丸井グループでは2030年ではなく，2050年のありたい姿を考えビジョンを設定している。2050年に向けて，将来世代を顧客や社員と同じようにステークホルダーと位置付け，その世代に対する持続可能な社会と地球環境などの，ビジョンの実現に向けて全力を尽くす。丸井グループの青井社長はオーナー社長である。日本にはファミリー経営の長寿企業が多く，そうした企業の社長は，20年，30年を見据えて経営を行う。自分の代で会社が倒産してしまったら，先祖に顔向けができないという思いから，常にサステナビリティを考えて経営を行っている。こういった長期での経営の視点はもともと日本にあった考え方なのだ。

　繰り返しになるが，このような考え方は，既存事業からの積み重ね，すなわち過去の延長線上のプランでは描きにくい。そこはイノベーションのジレンマでどうしても過去の成功体験や既存事業の拡大・成長型の思考から抜け出せないからだ。既存のやり方の延長では閉塞感を感じている経営者やビジネスパーソンも多いはずである。今までの延長線上には明るい未来がないこともわかっているが，それが現在の利益の源泉であるため，それを続けている，あるいは続けざるを得ない組織は多い。既存の思考では短期の損得にとらわれ，長期的な持続可能性を後回しにする発想の枠組みから抜け出せないのだ。思い切って，まずは社会のありたい姿や未来像を描く。その中で自社のリソースを活用して課題解決できる分野を探し，そのための事業戦略を描く。もしリソースが必要であれば買収や提携する。もし将来必要でないリソースをもっていたら売却するなど，ビッグピクチャーを描くことができるのだ。

2　異なる社会のつながりから生まれる変革

　SDGsの本質の１つは「異なる社会のつながりから生まれる変革」だ。MDGsは先進国による開発途上国への開発援助だった。ところが，これでは先進国は環境問題などを自分ごとには捉えない。どうしても先進国は援助してあげる国，開発途上国は援助される国として上下の関係になってしまうのだ。MDGsがあ

まり効果をあげることができなかった理由の1つである。これに対し，SDGsにより，先進国も含めてすべての国が共通の課題解決の目標をもつことができた。先進国と開発途上国，大企業と中小企業，NGO，NPOと市民などが対等の立場でSDGsを推進することが大切なのである。

　今までも，それぞれの国，業種ごとにそれぞれの社会課題に対して努力をしてきた。しかし，各セクターや企業がばらばらにやっていても大きな結果は出ない。「サイロ」，いわゆる「たこつぼ」ではだめで，それを解消するためにSDGsがあるのだ。先進国も開発途上国も，政府も企業も，異なる行政，社会，セクター，アクターがつながってSDGsという共通の目標を解決することこそ，変革であるのだ。世界は「ソーシャル＝つながりのネットワーク」のなかで形成されている。社会課題は，この「つながり」が上手く機能していないことから起こることが多いのである。

　ビジネスセクターでもその試みは進む。ヤマトホールディングスの「まごころ宅急便」は高齢者の見守り，買い物支援を組み合わせたサービスである。高知県大豊町などで生涯生活支援サービスとして展開をしており，運転免許を返上した高齢者へ向けて，買い物支援や病気などの見守り支援も兼ね，商店と住民をつなぐサービスとなっている。行政は見守りサービスの代行を，店主/従業員が高齢化する商店は配達をしなくても済み，高齢者の住民達もタクシーを使わず買い物ができるなど三方よしのモデルだ。

　サラヤのアフリカ・ウガンダでのユニセフ手洗い促進活動への支援活動では，村での手洗いの普及活動だけでなく，劣悪な状態にある医療機関の衛生環境の改善にも取り組む。病院内での病気の感染を防げば乳幼児死亡率や妊産婦死亡率をさらに下げられることから，2011年に現地法人SARAYA EAST AFRICAを設立。アルコール手指消毒剤を現地生産し，医療従事者に普及させていくことを目指す，ソーシャルビジネスをスタートした。WHO（世界保健機関）は医療従事者の手指衛生を徹底し院内感染予防を目指す「Clean Care is Safer Care」キャンペーンを世界中の医療現場で推進している。ウガンダの医療機関へのアルコール手指消毒剤の普及はこの世界的な潮流を汲んだもので，政府の協力を得ている。現地生産することで，原料を極力地元で調達し，原料を生産する農家の収入向上に貢献するとともに，生産・物流のためのスタッフを雇う

ことで雇用を創出し，ウガンダの一般消費者にも購入しやすい価格を達成することを目的としている。サラヤ，WHO，政府，病院などが連携して社会課題解決を行う好事例だ。

　サラヤは自社の活動を社会インフラとして位置付けており，インフラであるからには当然，行政や市民と共創して活動していくことになる。このように，社会課題起点で，行政や NGO，NPO などと連携し，ありたい姿を考え「異なる社会のつながりから生まれる変革」を実現している。

3　2030年のありたい姿

　こうなると，2030年のありたい姿を考えることが必要だ。日本においては人口減少が進み，国民の3分の1近くを65歳以上の高齢者が占める。社会保障においては約1.8人の現役世代が1人の高齢者を支えるという構図になる。生産労働人口の減少は深刻になり，女性・シニア・障がい者の活躍は必然だ。日本国内における外国人労働者は増えるであろう。当然，ダイバーシティ，インクルージョンは進む。そして働き方改革も進めなければ，良い人材を獲得できない時代になるため，オンライン会議の進化によってどこでも働ける時代になるだろう。日本は終身雇用の価値観や労働観が衰退し，転職を前提とした若者が働き活躍する社会になりつつあり，この変化は今後も進む。

　日本人だけで働く社会ではなくなるであろう。既にコンビニエンスストアなどの流通業や介護の現場は外国人無しでは成り立たない。日本経済新聞社が実施した調査では「職場や外国人が増えることをどう思うか？」について，69%の人が「良いことだと思う」，26%の人が「良くないことだと思う」と回答している[3]。このように制度面だけでなく，理解や感情の議論をベースにした多文化共生活動を推進することは大切だ。北海道東川町には町立の日本語学校がある。元小学校の校舎を活用し，元教員だった方が留学生に日本語を教える。短期から長期までアジア人を中心にした常時数百人の留学生が滞在する。セブン銀行と東川町は多文化共生プロジェクトを東川町で実施している。セブン銀行は在日外国人の海外送金のシェアが高く，コールセンターでは，10カ国以上の言語

3　日本経済新聞電子版日経郵送世論調査2020年1月10日

対応をする。多文化共生を CSR の柱の1つに位置付けているのだ。

　AI など技術も進化する。その時に活躍する人材とは。そのための教育の形はどうなるのか。日本にはイノベーションが必要だ。主な担い手であるスタートアップに関して，上位の大学では起業する若者が増えている。これ自体は素晴らしいことであるが，その結果として起業などで勝ち組が出る一方，中流層が減り下流だと感じる人が増えていることも課題だ。また，7人に1人といわれる子供の貧困問題も大きな課題だ。

　環境，エネルギー，自然保護，自然災害に対しての対策など社会課題は尽きない。日本国内だけでもこれだけの課題があり，グローバルではもっと深刻な課題も横たわる。こう考えると企業のチャンスとリスクは無数にあるということになる。

　目の前のことだけをみて動いていても状況を変えることは難しい。将来を見据えて考える視点を持つことが重要だ。2030年でも企業が対策を打つには時間がないかもしれない。もっと長期にわたる未来予測からのバックキャスティングが必要になり，そのうち自社でできることを考える時代になったのだ。

　2030年の未来予測は，日本であれば高齢化率が高い人口1万人以下の町にいくとよい。例えば高齢化率（65歳以上の比率）が半数を超えた町は，社会課題が顕在化している。人口減少，介護，コミュニティの断絶，免許を返上した後期高齢者の交通手段，医療費や町の財政などだ。いずれ東京などの都会でも起こる問題である。そして，高齢社会は台湾，韓国，中国でもももうすぐ起きる。台湾では現在「地方創生」が流行語だ。高齢化率が高いエリアで，ビジネスによって社会課題を解決することができれば，それぞれのビジネスの利益率は低くてもマーケットは広がるのだ。そしてそれは，マイノリティのマーケットであるため，他社があまり参入しないブルーオーシャン市場なのである。

4　ESG 投資の普及・拡大

　資本市場のひずみにより行き過ぎた地球温暖化や森林資源，水資源など環境破壊や，人権，貧困問題などが課題になっている。そこで，環境や社会に対し，きちんと取り組んでいる企業に対して投資しようという動きが ESG 投資だ。これまで市場の拡大により，利益や ROE だけを目指していた企業にとって，

ESG や SDGs の取り組みを前提とした利益の説明を求められる環境になってきたのである。

　持続可能な開発目標（SDGs）は，将来の世代がそのニーズを充足する能力を損なわずに，現世代のニーズを充足する開発と定義されている。そして，人々と地球にとって包摂的，持続可能かつ強靱な未来に向けた取り組みを必要としている。持続可能な開発を達成するためには，経済成長，社会的包摂性，環境保護という 3 つの主要素を調和させることが欠かせない。

　PRI[4] は，2006年国連のコフィー・アナン事務総長が金融業界に対して提唱したイニシアティブである。機関投資家の投資の意思決定プロセスに ESG 課題を受託者責任の範囲内で反映させるべきとした世界共通のガイドラインである。国連環境計画（UNEP）並びに国連グローバル・コンパクトが推進する。

5　ESG とエンゲージメント

　PRI に署名する投資家は年々，団体数，運用残高ともに増加していて，現在では世界の ESG 投資残高は約31兆ドル（約3,400兆円，2018年）と2014年比で約 7 割拡大しており，欧州では半分を超えるといわれている。こうなるとこれは単なる流行ではない。GPIF（年金積立金管理運用独立行政法人）は ESG 投資をはじめ，環境問題に積極的に取り組む企業に投資するファンド，社会に女性活躍を支援するファンドを選択し「ESG 活動報告書」を公表している（**図表 2－1**）。

　企業において ESG に関する IR 体制も整いつつあり，非財務情報である ESG についてオムロンのように積極的に開示をはじめている。これは定性，定量両方のデータだ。定量データも金銭的価値，非金銭的価値に分けられる。また，ESG に特化した投資家やステークホルダーミーティングを持つ企業も現れている。

　例えば，あるメーカーは，ESG に関して投資家の関心の高い事項を Hot Issue として定義し，統合報告書のマテリアリティではこれを項目として押さえることを重要なポイントとしている。持続的に成長するための機会とリスクを分け，

4　PRI（責任投資原則）https://www.unpri.org/download?ac=6300

［図表2-1］　ESG投資とSDGsの関係

注：国連等よりGPIF作成
出所：GPIFホームページ https://www.gpif.go.jp/investment/esg/#b

　例えば，機会としては，高齢者市場への対応，ダイバーシティへの取り組み，エシカル市場への対応，リスクとしては気候変動，生物多様性によるパーム油の調達，環境保護，法令順守，欧州規制への対応などを挙げている。

　さらに役員報酬制度，リスクとして社外取締役の独立性や社外取締役と監査役による監督機能などガバナンス項目も投資家に対して説明している。将来にわたっての機会やリスクについてどのように認識しているか，そして，その対策はどのように考えているかという長期視点での考え方や戦略が問われる時代になっているのだ。

　このように，ESGにおける投資家への非財務情報は単なる開示に留まらず，エンゲージメントすなわち積極的な対話によって投資家の考えと背景，会社の考えとその背景をお互いに共有することにより，ESGの取り組みのうち，何に妥当性があるか，妥当性がないのであれば実施しない理由を説明することにより，投資家は必要とする情報を得ることができ，企業は投資家の考え方を知ることができる。これによって企業価値が飛躍的に向上するのだ。よって今後は企業，投資家ともに「対話力」が問われることになる。

　投資家の藤野英人氏（レオス・キャピタルワークス社長）は「インターネッ

トの普及もあり，企業が継続的に売り上げと利益を出すためには，顧客，環境，従業員などに細かく目配りしなければいけない。ESG を意識して経営を行わない企業は成長できない社会だ。諸外国に比べ日本企業に競争力がないのは，ESG の弱さだという議論がある。特にソーシャルの S（社会）。障害者雇用比率や女性管理職比率は世界的にみても低水準だ。逆にいえば，これらを改善すれば，もっと伸びしろがある」[5]と日本企業の社会に対する取り組みの弱さを指摘している。

6　気候変動への取り組みの必要性

　気候変動に向き合う国際的な枠組み「パリ協定」が2015年に採択された。温室効果ガス削減を進め，世界の平均気温上昇を産業革命以前に比べて 2℃ 低く保ち，1.5℃ に抑えることが目標だ。

　TCFD（気候関連財務情報開示タスクフォース）は，各政府や中央銀行が参加する FSB（金融安定理事会）により設立され，2017年には企業の財務に影響する気候関連情報の自主的な開示を示す報告書を発表している。

　また，世界の中央銀行でつくる国際決済銀行（BIS）が，2020年に発表した「グリーンスワン」報告書[6]に影響を与えている。予測は難しいが，顕在化した場合の被害が甚大なリスクである「ブラックスワン」にちなんだ命名で，気候変動によるリスクが経済に与える影響の大きさを指摘した。「気候変動リスクの複雑さは『ブラックスワン』の比ではない」とも述べ，国際社会が団結してできる対策をすべて実施するよう求めている。これも TCFD の活動を後押ししている。

　日本においては2019年 5 月に TCFD コンソーシアムが民間を中心に設立され，参加する企業は200社を超えている。2019年10月には「グリーン投資の促進に向けた気候関連情報活用ガイダンス（グリーン投資ガイダンス）」が発表されている。これは TCFD に沿った情報開示を評価する際のポイントを解説しており，気候変動が企業活動における「機会」と「リスク」の開示や対応シナリオ

5　日経ソーシャルビジネスコンテストシンポジウム2018年 3 月

6　https://www.bis.org/publ/othp31.htm

の取り組みと情報開示を推進するものである。

　欧州委員会が投資に資することを目的に気候変動に向き合った持続可能な経済活動を整理している。いわゆるタクソノミー（分類法）といわれていて，経済活動のグリーンリストだ。

　さらに，欧州では BIS[7]が環境と銀行の自己資本比率規制の関係に言及した。脱炭素に資する事業への投融資を「グリーン」，環境破壊に結びつきかねない事業への投融資を「ブラウン」とし，銀行の投融資を環境事業に誘導する考え方である。

　このように，企業が気候変動に向き合うことは投資を呼び込み，事業の持続性を担保する上で重要となっている。

7　インタンジブルアセット（無形資産）の重要性

　伊藤レポート2.0[8]，では無形資産の重要性，特に ESG など非財務情報の開示と投資家との対話の重要性を指摘している。そのレポートの中で，企業と投資家の対話・情報開示のあり方を示す「価値協創ガイダンス」を提案。非財務情報を含めた経営情報の積極開示や ESG の戦略の組み込みを求めている。

　ESG/SDGs の活動は，非財務情報であり，無形資産だ。P/L（損益計算書）や B/S（貸借対照表）には載らない。代表的な無形資産としては，ブランド，人的資産，顧客とのつながり，特許などがよく知られているが，ESG/SDG への取り組みも大きな無形資産だ。高度成長期は優良な有形資産が企業価値を形成してきたが，現在は無形資産が企業価値の重要な役割を担う。SDGs や ESG への取り組みはまさに企業の無形資産となるのだ。

　無形資産の多くを占めるのはブランドである。SDGs や ESG の取り組みをどのように外部に発信してブランド化していくかは重要だ。SNS 時代，共感を呼ぶ良い活動や取り組みはシェアされやすい。それも，個人の顔が見えることが重要だ。そしてその原点となるインターナルブランディング（従業員向けブラ

7　Bank for International Settlements
8　2017年10月に経済産業省が公開した「持続的成長に向けた長期投資（ESG・無形資産投資）報告書～企業と投資家の望ましい関係構築～」。伊藤邦雄一橋大学特任教授が座長を務めたことから伊藤レポートといわれている。

ンディング）が重要になる。

　社員がきちんと自社の SDGs，ESG 戦略を理解し，それを行動することが基本だ。また，協業する NPO や NGO の情報発信力も重要だ。その上で，PR 戦略などを行うことになる。

　日本企業や日本人にはもともと陰徳の文化がある。良いことをしたら世間にはそのことは言わないということが美徳だ。しかし，SDGs は企業のリソースを使って活動しているので，どこかでそれを企業価値に変換していなかければ株主に説明がつかない。ブランディングを通して企業価値にしていくことは重要だ。アナリストや投資家へはもちろん，個人投資家，顧客などステークホルダーに対して自社のサステナビリティを理解してもらう活動は企業の根幹であり，かつ企業価値に直結する活動なのだ。

　今後，第三者による評価や表彰制度，見える化のためのフレームワークの整備などが進むことが予想される。それももちろん重要であるが，ブランドはあくまで差別化が大切だ。どのようにして社会インパクトを大きくするか，そしていかに他社と差別化していくかの競争がスタートしている。

2-3　企業・企業家の実践から学ぶ SDGs

1　バックキャスティングから考える企業戦略

　先ほどバックキャスティングから考える企業戦略の重要性を指摘した。日立製作所やオムロン，丸井グループなどの取り組みからもう少し詳しく論じる。

⑴　非財務情報の評価を中計に入れた日立製作所の取り組み

　日立製作所は東原敏昭社長のリーダーシップにより，2017年 4 月にサステナビリティ戦略会議をはじめて実施した。参加者は経営会議のメンバーに加え，各ビジネスユニットの CEO など約40名だ。SDGs の考え方では，2030年のありたい姿を考え，そこからのバックキャスティングを行い，アクションプランを考える。日立製作所において， 3 年の中期経営計画はあるが，それ以上の全社における非財務情報の長期の経営計画は十分には確立されていなかった。その

ため，長期のビジョンについて社内で議論をする会議体を設置し，サステナビリティについて考え，決定していくことがこの会議の目的だ。第1回会議では，SDGsの目標達成に貢献するための施策や推進体制などについて議論された。

その会議を受けて，事業戦略とSDGsの整理を約1年かけて行った。サステナビリティ会議の下部組織として，各事業部の企画部長クラスからなるサステナビリティ推進委員会が実行部隊となり，SDGsで解決すべき問題とされている169項目について，すべての部門，主要会社のメインの事業について，それぞれ文章でコメントをもらった。内容は，SDGsのどの項目を解決する事業か，そして自社の事業が社会に与える機会とリスク，また社会の変化による自社事業に対する機会とリスクについてである。

このような整理をし，毎年欧州で開催されているサステナビリティダイヤログに参加している社外のメンバーの意見を聞いた。このような行程を経て，日立製作所としてSDGsの17の目標のうち，企業活動全体で貢献する目標6つ及びヘルスケアや水ビジネス，風力発電など事業戦略で貢献する目標5つの合計11個に絞った。

企業活動全体を通して貢献する目標は「4．質の高い教育をみんなに」「5．ジェンダー平等を実現しよう」「8．働きがいも経済成長も」「12．つくる責任，つかう責任」「13．気候変動に具体的な対策を」「17．パートナーシップで目標を達成しよう」だ。事業戦略を通して貢献する目標としては「3．すべての人に健康と福祉を」「6．安全な水とトイレを世界中に」「7．エネルギーをみんなにそしてクリーンに」「9．産業と技術革新の基盤をつくろう」「11．住み続けられるまちづくりを」が，選択された。

例えば「7．エネルギーをみんなにそしてクリーンに」の解決には，持続可能な社会を支えるエネルギー事業を通して貢献することをテーマに挙げた。まず「世界で起きていること」について，世界中で10億人の人々が電気を利用できていないという現実，および供給されるエネルギーの多くはCO_2排出量の多い炭素資源によるものであり，労働力への依存度が高いのが現状であるという課題認識を行った。それに対し，「日立がめざす姿」としてエネルギー事業に関して発電と発送電があるが，発送電で安定的かつ効率的に電力を供給することが，より豊かで持続可能な未来をつくる上で重要なことであるとだとまとめた。

　そして「日立の取り組み」としては，IT，IOT を活用したスマートグリッドで社会に貢献する。

　このように目標としたテーマに関してそれぞれ「世界で起きていること」「日立がめざす姿」「日立の取り組み」「事業事例」についてまとめているのだ。

　SDGs の推進は，サステナビリティ推進本部が担っており，企画部，CSR 部，環境部，ディスクロージャー推進部から構成される。ディスクロージャー推進部はサステナビリティに関するディスクロージャーを担当する新設部署で，IR は広報・IR 部が担当している。

　中期経営計画は2019年5月に発表された。社会課題，ESG を起点に事業のありようを考え，中計に組み込んだ。事業が創出する価値を経済価値だけで測るのではなく，いわゆるトリプルボトムラインで言うところの，社会価値・環境価値の観点からも検討し，定量化できるところはできるだけ定量化して企業価値増大を目指していく。見える化の目的は次の3つだ。

　1つ目は顧客に対しての差別化だ。例えば ICT などの部門などは，年々競合他社に対してスペックや価格での差が見えづらくなっている。その中で日立製作所のソリューションは，顧客と，顧客の顧客や社会に対してこのようなバリューを出すことを通して，商品，サービスを差別化することである。

　2つ目は事業戦略だ。社会価値，環境価値は，将来どのような事業を中心に推し進めるのかの戦略を審議する場合のものさしとなる。

　そして3つ目は，新規事業の投資の判断基準だ。M&A や新規事業投資の判断基準として ESG の視点からどうかという判断基準をもつことになる。

　見える化のプロセスとしては各事業部の中で，主要な事業やこれから成長するであろう事業をピックアップする。次にその経済価値はもちろん，社会価値や環境価値について，ポジティブインパクト，ネガティブインパクトを書き出す。これは社会であれば「健康」「安心安全」「文化」「調達」など，環境であれば「GHG（温室効果ガス）削減」「資源循環」など8つのキーワードが挙げられている。そしてステークホルダーに対してどのような価値を提供できるかを考える。日立製作所にとっての直接の顧客へはアウトプット，顧客の顧客に対してはアウトカム，社会に対してはインパクトと分別し，その価値を書きだす。

　結果としてはロジックモデル（ロジックツリー）のような図になる。ロジッ

クモデルとは，事業や組織が最終的に目指すゴールに対して，その実現に向けた道筋を体系的に図に表したもので，アウトカム，アウトプット，インパクトなどを矢印でつなげたツリー型のものだ。日立製作所では2019年夏にフィジビリティスタディを行い，このロジックモデルを社内で使える目途がついた。

　これの良いところはインタンジブルアセット（無形資産）の価値の整理になることだ。そして，自社リソースや現在の事業起点ではなく，社会課題解決やどのような社会にしたいかを起点に考えて組み立てなければできないことがポイントだ。

　企業にとっては，事業機会には当然リスクも伴う。そして，社会の変化による自社事業に対する機会とリスクは通常考えるが，自社の事業が社会に与えるリスクは，軽んじられることが多い。それをしっかり考えることで，よりサステナブルな事業にしていくことができるのだ。

　2019年9月には社長や社外取締役が出席してESGに特化した説明会を開いた。

　そもそも日立製作所の歴史には，創業者の小平浪平による「優れた自主技術・製品の開発を通じて社会に貢献する」という企業理念がある。そして日立製作所が「社会イノベーション」を掲げ始めたのは2010年頃だ。2000年代後半からの川村改革のあと，そのあとを継いだ中西宏明会長が事業を整理，統合していった過程の中で，「社会イノベーション」を標ぼうし，結果として社会課題を解決する事業が残ったという。

　この社会イノベーション事業を積極的に推進し，また，製品やサービスを提供することを通じて，多くの人々の「Quality of Life」向上への貢献を目指す一方で，近年は製品やサービスを通じて生み出される価値が社会にどのように受け入れられ，どのようなインパクト（影響）を与えているのかを考えることが企業に求められてきている。

　このように，バックキャスティングから事業を考えるということを本格的に取り入れると企業の戦略は変化する。日頃はどうしても目先の売り上げや利益に頭がいっぱいだ。これは数字に責任をもっている現場の長は仕方がない。しかし，リソースの1割でも長期，あるいはバックキャスティングからの思考を使うことで視野が広がりビッグピクチャーを描くことができるのだ。

(2) 2050年に向けての経営を柱にした丸井グループの取り組み

　共創サステナビリティ経営を進める丸井グループでは，2019年2月，2050年に向けた長期ビジョンと目標を公表した。2050年に向けて将来世代を顧客や社員と同じようにステークホルダーと位置付け，その世代に対する持続可能な社会と地球環境などの，ビジョンの実現に全力を尽くす（図表2－2）。

　丸井グループでは2016年ごろからESGへの取り組みを加速させた。契機は2000年代後半，業績が大きく落ち込み，深刻な経営危機に陥ったことであった。青井浩社長はその打ち手として，企業風土改革に取り組む。一人ひとりの社員が「自ら手を挙げて」主体的にプロジェクトなどに取り組むようにしたのだ。その社員によって事業戦略が立てられ，LTV（生涯利益）などの考え方やプロジェクトを生み出した。

　長期ビジョンの策定にあたっては，1年間かけて役員や社員と議論した。2050年に向けて掲げたビジョンは「ビジネスを通じてあらゆる二項対立を乗り越える世界を創る」というものだ。

［図表2－2］　丸井グループが考える企業価値　6ステークホルダーガバナンス

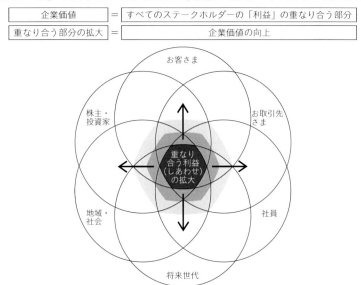

出所：丸井グループホームページ

　グローバルの対立，先進国と発展途上国，所得格差，気候変動，など様々な社会課題があり，一部の人が「しあわせ」になってもそれは社会全体の「しあわせ」ではない。すべての人が「しあわせ」を感じて，豊かな社会になる。そのために「インクルージョン（包摂）」を掲げた。これは，これまで見過ごされてきたものを包含するという意味だ。インクルージョンは理念であるとともに経営戦略そのもので，二項対立を乗り越えて，社会課題の解決と企業価値の向上を同時に実現していくためのキーワードであるとしている。

　具体的には下記の３つが挙げられる。まず１つ目は，ダイバーシティ推進により高齢者，LGBT，外国人や障がい者などすべての人が「私らしさ」を追求し，マイノリティがなくなる社会となる一方，国や人種を超越したつながりを楽しむ世界になるという「私らしさを求めながらも，つながりを重視する世界」。２つ目は，格差が広がり超富裕層と中間・低所得者層という構図になり，世界中の中間・低所得者層に共通した社会的ニーズや課題など様々な機会があふれる「世界中の中間・低所得者に応えるグローバルな巨大新市場が出現する世界」。そして３つ目に，自然環境はこれまでの大量生産と消費を支えきれなくなり，地球環境と共存するビジネスだけが生き残れる世界が訪れ，レスポンシブル・コンシューマーが主流となる「地球環境と共存するビジネスが主流となる世界」である。

　これらのテーマに対し，共創を基盤とした「共創ビジネス」「フィナンシャル・インクルージョン」「世代間をつなぐビジネス」の３つのビジネスを設定している。そしてそれぞれは互いに重なりあっているものだ。

　通常，小売業マーケティングでは，人数が多いマジョリティの部分しかターゲットにしない。サイズが大きかったり，小さかったり，あるいは少数しかない品ぞろえをしておくことは，小売業にとってはコストだ。しかし，丸井グループはインクルージョンを掲げて，マイノリティも含めて「すべての人」をターゲットとした。この方針により，売り場で見てもらい，ECサイトで購入するといったネット戦略や，一人の顧客と長く付き合うといった戦略が立てられるのだ。

　そして，重要なステークホルダーとして，顧客，社員，株主，社会などと共に「将来世代」を設定した。将来世代に向けて，経営をしていくという意思の

表れだ。

　丸井グループは青井社長が創業家出身ということもあり，経営そのものが長期視点だ。ESGも長期視点なのでもともと短期で評価してほしくないという想いがある。またESGは一朝一夕でできるものではない。

　企業風土改革やインクルージョンの浸透など社会との関わりがビジネスやソーシャルインパクトとして表れてきているのだ。ESGに取り組んでいるからこそ，業績が良くなってきている。

　丸井グループの労働組合は研修旅行として2018年から徳島県上勝町を訪れている。ここでは，料亭などで使う料理に添えられる「つま＝葉っぱ」を高齢者が集めて出荷する「葉っぱビジネス」として有名な企業，株式会社いろどり[9]がある。地域づくりとは何か，どのようにしてビジネスモデルをつくったか，どのようにして人や地域を巻き込んでいったのかなどについて，いろどりの横石知二社長に話を伺い，小さな町のサステナビリティを学ぶことで，自分の仕事に役立てる。

[写真２−１]　インクルージョンフェス in 有楽町マルイ2019

9　徳島県上勝町は，徳島市中心部から車で約一時間程の場所に位置しており，人口は1,525名（令和元年7月1日現在），高齢者比率が52.39％。葉っぱ（つまもの）を中心にした新しい地域資源を軸に地域ビジネスを展開し，20年以上にわたり農商工連携への取り組みを町ぐるみで行っている。いろどり横石知二社長は葉っぱビジネスの仕掛け人。上勝町は2018年「SDGs未来都市」に選定された。

(3) 非財務情報の開示が進んでいるオムロン

　オムロンのサステナビリティについて2015年の企業理念改定から説明する。

　2014年1月に取締役，執行役員が集まり「持続可能性」についての議論があった。創業者の精神にも直結する「ソーシャルニーズの創造」が以前ほど活性化されていないことが問題となっていた。

　そして議論の中で，企業理念の「正しくあれ」という部分だけが偏って伝わり，事業活動を制約するものと解釈されていることから，社員の行動の判断基準になっていないとの課題提起があり，企業理念を見直そうという結論に至った。

　そこで，現在のサステナビリティ推進室が事務局となり，理念改定のプロジェクトがスタートした。その後，執行会議では企業理念について一語一句議論し，最終的に取締役会の承認を得た。改定の目的は，グローバル社員一人ひとりがオムロンの存在意義・大切にする価値観を理解し行動すること，つまり事業を通じて社会的課題を解決し「よりよい社会」をつくることがオムロンの使命であることを再確認し，企業理念が持続的な発展の原動力であり求心力であることを明確化することにあった。

Our Mission
(社憲)

われわれの働きで われわれの生活を向上し よりよい社会をつくりましょう

Our Values
私たちが大切にする価値観

- **・ソーシャルニーズの創造**
  私たちは，世に先駆けて新たな価値を創造し続けます。

- **・絶えざるチャレンジ**
  私たちは，失敗を恐れず情熱をもって挑戦し続けます。

- **・人間性の尊重**
  私たちは，誠実であることを誇りとし，人間の可能性を信じ続けます。

オムロン企業理念　　　　　　　　　　　　　　　　　　　2015年5月改定

　このように Our Values では，「ソーシャルニーズの創造」を最初に掲げ，そ
れを実現するために「絶えざるチャレンジ」が必要であるとした。そして「人
間性の尊重」がすべての行動の基本にあるということを明確にした。

　企業理念の実践強化に向けグローバルで様々な活動を展開している。会長に
よる企業理念ダイヤログの実施，社長によるトップメッセージの発信，そして
2012年にはじめた，社員一人ひとりの仕事を通した企業理念実践を後押しする
表彰制度「The OMRON Global Awards（TOGA）」。2015年11月には，企業理
念の実践を加速する，「サステナビリティ・プロジェクト」がスタートした。こ
のプロジェクトは，オムロンとして取り組むべきサステナビリティ課題と目標
を明確にするプロジェクトで，具体的内容と目標は，2017年2月に取締役会で
承認されており，2017年よりサステナビリティ目標の達成に向けた全社でのマ
ネジメントが開始された。

　約1年半の「サステナビリティ・プロジェクト」では，まずオムロンが取り
組むべきサステナビリティ重要課題は何かが議論された。事業を通じて解決す
る課題とステークホルダーの期待に応える課題の二軸で15のマテリアリティを
特定した。具体的には，2017年度からの中計（4年間）に事業を通じて解決す
るサステナビリティの取り組みを入れ込んだ。2030年の社会からバックキャス
ティングし，各事業ドメインで解決する社会的課題を特定し，非財務の目標を
設定した。社会的課題を解決することが事業機会となり，事業成長と業績目標
達成につながるという考え方だ。

　事業を通じて解決するサステナビリティ課題の2020目標は，例えばヘルスケ
アドメインでは血圧計販売台数2,500万台（1年）や血圧変動を連続的に把握で
きる解析技術の確立を挙げている。またエネルギーマネジメントドメインでは
太陽光発電・蓄電システム累積出荷容量11.2GW および太陽光・蓄電を活用し
た電力アグリゲーション市場の構築（国内）を挙げている。

　一方，ステークホルダーの期待に応えるサステナビリティ課題も抽出した。
環境やものづくりの分野では温室効果ガス排出削減，製品安全・品質，化学物
質の適正な管理と削減，サプライチェーンマネジメント。人財マネジメント分
野では，人財アトラクションと育成，ダイバーシティ＆インクルージョン，従
業員の健康，労働安全衛生，人権の尊重と労働慣行。リスクマネジメント分野

では，誠実で公正な事業活動，情報セキュリティ・個人情報保護である。決定内容を各主管部門の中期方針に組み込み，グローバルでPDCAをまわして進捗結果を開示していく。KPIの考え方としては中期経営目標と整合した定量・定性目標であること，社会からみて重要で，社会的価値の拡大につながるもの，グローバルの共通目標，オムロンユニークな取り組みであることにこだわった。結果指標でなく，プロセス目標でもよいことになっている。特に社員にとってわかりやすく，ポジティブでモチベーション向上につながる目標であること，社員のやる気やイノベーションの創出につなげようという意思が見られることが特徴だ。

　サステナビリティ推進のための全社マネジメント構造にオムロンの特徴がある。2017年度4月から取締役会直下にサステナビリティ推進室を設置。

　取締役会がサステナビリティ方針を設定し，サステナビリティ課題に対する取り組みへの監視・監督が機能しており，役員の中長期業績連動報酬を決定するKPIの1つに第三者機関のサステナビリティ指標に基づく評価を採用している。つまり役員報酬がサステナビリティの取り組み状況で変わるのだ。これはサステナビリティを推進する大きな原動力になっている。

　よって，取締役会はステークホルダーの立場を代表して，執行側の取り組みを監視・監督することを通じて，サステナビリティの推進や，非財務情報の開示に主体的に関わることになる。オムロンのサステナビリティのホームページには，非財務情報の定量，定性データが多く開示されており，これもその影響の1つであるのだ。

　サステナビリティについての取り組みを実行する事業部，本社機能部門は年度計画を立て，重要課題の実行，推進をし，進捗モニタリング，年度成果というPDCAをまわす。そして，その成果はステークホルダー・エンゲージメントを通じて，情報開示され，ステークホルダーからの評価を取り組みの進化につなげていく。

　オムロンは1990年から10年の長期ビジョンを策定しており，それを3年，3年，4年と分けて中期経営計画として実行している。最初に作られた10年ビジョンは，1990年からで，すでに30年近く長期ビジョンを掲げて経営を行っている。そもそもは創業者立石一真氏が1970年に京都で開催された「国際未来学会」で

[図表２－３]　オムロン　サステナビリティ推進のための全社マネジメント構造

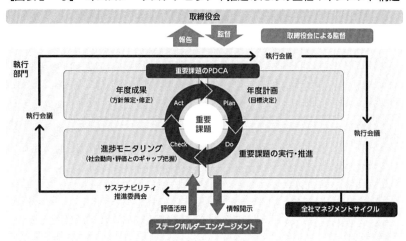

出所：オムロンホームページ（https://sustainability.omron.com/jp/omron_csr/sustainability_management/）

発表した「SINIC 理論（Seed-innovation to Need-impetus Cyclic Evolution）」と呼ばれる科学と技術と社会の間には円環的な関係があり，相互に刺激しあって社会を変貌させるという一種の未来シナリオの考え方がベースになって長期ビジョンを策定している。

　このように，オムロンはもともと長期を見据えて経営を行ってきていること，そして役員の報酬にサステナビリティ指標を入れることによって経営がサステナビリティの取り組みにコミットし，取締役会の要請により，ESG, SDGs への取り組みが推進されていることが特徴だ。

2　ビジョンと SDGs

　経営者の重要な役割は，事業の未来を描くことである。ビジョンやミッションの定義やその従業員への浸透は重要な経営者の責務だ。

　日立製作所や丸井グループの事例のように，SDGs への取り組みを始めてから，将来のバックキャスティングによって事業戦略を決定する企業が現れた。すなわち，SDGs は企業の長期経営計画や長期ビジョンを策定するきっかけになるのだ。そこで重要になるのが，起業のビジョンやミッション，社是だ。そ

もそもなぜその会社が設立されたのか，存在意義はなんだったのか。

　事業を未来へと方向付ける「正しいこと」には，「利」と「義」の2つがある。この「利」と「義」がビジネスモデルとビジョンである[10]。SDGsの戦略策定では，「義」を再度問われることになる。東京海上グループのケースから見ていこう。

(1)　東京海上グループの取り組み

　東京海上グループは1879年，航海に伴う難破などのリスクを保険でカバーする海上保険会社として創業している。創業当時から顧客や社会の「いざ」という時を支える，すなわち社会課題解決を支えるのが事業の目的だ。社会のニーズの変化により，現在は自動車保険や火災保険が収益の源泉となっているが，これから保険会社が直面する課題として，地球温暖化に起因する自然災害の多発や巨大化，デジタル技術の進展，長寿社会による健康・医療・介護対応，地方経済の人口減少や衰退などの問題が考えられる。

　最近ではやはり東日本大震災での経験が大きかった。「お客様への迅速な保険金の支払いを最優先する」会社方針のもと，延べ約9,000人の社員を現地に応援派遣。約21万件の地震保険の保険金請求に対して3カ月以内に90%以上の支払いを完了した。

　課題解決の取り組みとしては，ドライブレコーダーを活用した交通事故時における事故対応支援など「ドライブエージェントパーソナル」の取り組み，顧客にWEBでの約款などを選択してもらった場合に紙の使用量が削減されることから，その分でマングローブ植林を行う環境負荷削減・保全活動（6年連続カーボンニュートラル，20年間の植林で累計約1,185億円の経済価値創出），地方創生や健康経営支援などを行っている。

　地方創生では訪日外国人の受け入れ態勢強化や集客向上をサポートするインバウンド対応，国際ネットワークを活用した地域企業の海外展開支援，農業事業支援者向けリスクコンサルティングなど農業の成長支援，企業規模に応じたBCP策定支援などに取り組んでいる。

10　石井淳蔵・栗木契・横田浩一『明日はビジョンで拓かれる』2015において栗木が指摘。

　健康経営支援については，1 日8,000歩以上歩くと達成状況に応じて健康増進還付金を受け取ることができる「あるく保険」を活用した従業員の健康増進や健康経営推進の支援，健康経営銘柄や健康経営優良法人を目指す企業の認定支援，実効性の高い健康増進策の策定と健康に関するリスク軽減や生産性向上を支援することなどを行っている。

　永野毅会長は「Profit is like air」という言葉を使って社会性と利益の関係を説明する。すなわち「人間にとって空気は生きていくにはなくてはならないものだが，人間は空気を吸うために生きているわけではない。会社と利益の関係も同じ」（シリコンバレーの投資家）という。そしてそれは「To Be a Good Company」というコアアイデンティティに表れている。

　また，サステナビリティへの取り組みとして東日本大震災で得た教訓から，社員・代理店のボランティアによる「ぼうさい授業」と名付けた小学生向けの防災啓発プログラムを実施している。東京海上日動リスクコンサルティングの社員有志が教材を開発，授業の中では，地震や津波が発生するメカニズムを学習したり，クイズやグループディスカッションを交えながら，地震発生時に身を守る方法や，非常持ち出し品などの事前の備えについて考える。2012年度から開始した「ぼうさい授業」は，2019年 3 月末までに，延べ約540校の小学校，特別支援学校などで実施され，環境啓発プログラム「みどりの授業」と合わせ，2020年 1 月に延べ受講者数が10万人を突破した。

　東京海上日動は2020年の東京オリンピック・パラリンピック競技大会のゴールド損害保険パートナーとなり，グループ全体でも障がい者スポーツ支援にも力をいれる。元サッカー日本代表の北澤豪氏を講師として，スピーチや障がい者のサッカー体験などを実施。健常者と障がい者のまじりあうインクルーシブ・フットボール体験による理解促進などを推進している。

　自動車が大きく変化していく時代において，自動車保険も変化していくだろう。それを，デジタル技術などを活用し対応していく。また，自然災害が激甚化するにつれて，保険の重要性も高まっている。変化の大きい時代ではあるが，ビジネスの主軸が海上保険から自動車保険に変化したように，社会課題解決という使命をきちんと理解し商品開発につなげていくことが，ビジネスそのもののサステナビリティを高めることにつながるのである。

(2)　エーザイの取り組み

　エーザイは自社の理念として「患者様とそのご家族の喜怒哀楽を第一義に考え，そのベネフィット向上に貢献することを企業理念と定め，この企業理念のもとヒューマン・ヘルスケア（hhc）企業をめざす」ことを定款に入れている。これを実行するために，知創部を設けて様々な活動を行っている。

　例えば，患者と「喜怒哀楽」を共にするための活動を一定期間行う。ある研究者は小児がんのAくんに寄り添った。Aくんに「アンパンマンに会いたい」と言われ，後日，それに変装して行ったところ，Aくんは既に集中治療室に入っていたという。その研究者は泣きながら会社に帰り，仕事に没頭したそうである。このように，企業において従業員が患者（顧客）に寄り添い，現場で経験をともにすることに対し，石井淳蔵氏[11]は，顧客に本当に寄り添っているのか[12]と問い，マーケッターの仕事は，その人と同じ視点に立ち，その人のために自分はなにができるか考えるところからスタートすることが重要だと指摘している。

　このように，社会課題解決を理念やビジョンにすることによって，会社の方向性や戦略が定まってくるのである。

3　長期ビジョンの策定

　ケースとして取り上げた丸井グループ及びオムロンは長期ビジョンを作成している。

　オムロンは1990年から長期ビジョンの策定をはじめた。現在の長期ビジョンVG2020は3回目の長期ビジョンだ。10年先のゴールを定めて，それを3年3年4年の中期計画に割って，その中計をさらに年次計画の短計に落とし込む。つまり毎年の事業計画を達成することが10年後に目指す未来をつくることにつながっている。

　丸井グループが2050年に向けて掲げたビジョンは「ビジネスを通じてあらゆる二項対立を乗り越える世界を創る」というユニークなものだ。グローバルの

11　神戸大学名誉教授
12　石井淳蔵「寄り添う力」碩学舎

対立，先進国と発展途上国，所得格差，気候変動，などさまざまな課題があり，一部の人が「しあわせ」になってもそれは社会全体の「しあわせ」ではない。すべての人が「しあわせ」を感じて，豊かな社会になる。そのために「インクルージョン（包摂）」を掲げた。これは，今まで見過ごされてきたものを包含するという意味だ。インクルージョンは理念であるとともに経営戦略そのものであり，二項対立を乗り越えて，社会課題の解決と企業価値の向上を同時に実現していくキーワードとしている[13]。

　社会課題の行方は，現状の延長では予測できない。人口予測など確実性の高い未来予測もあるが，他の事柄の予測は難しい。それよりもどのような社会が良いか，SDGsのどこに貢献していくのかの「義」の部分，すなわちビジョンを大切にし，それによって事業を取捨選択していくということだろう。自社の未来予想図を社員で議論していくと，社員はビジョンや将来像が自分ごとになる。その過程が大切なのだ。

4　中小企業によるSDGsの取り組み

　SDGsを前向きに捉え，社会課題をビジネスの力で解決することを経営に生かそうとしている中小企業が増えている。社会課題発のビジネスを軌道に乗せるにはどのような視点が必要なのか。目標が壮大なだけに，一見，国や大企業に求められる「行動規範」に写り，中小企業にとっては無縁な話と受け止められかねないが，そうではない。むしろ中小企業にとってこそ社会課題の解決は成長のチャンスなのだ。このような意識改革は着実に広がっている。経営理念や経営計画の中にSDGsの目標を取り入れる中小企業も多い。また，従来から社会や環境を意識して経営している企業が再び注目を集めている。

(1)　注目される環境産業

　自動車リサイクル業の会宝産業（金沢市）も，SDGsを上手に経営に取り入れているケースだろう。同社は2017年に国連開発計画（UNDP）が主導する「ビジネス行動要請（BCtA）」に，日本の中小企業として初めて加盟が承認されたこと

13　VISION BOOK 2050 MARUI GROUP

で知られる。BCtAは長期的な視点で商業目的と開発目的を同時に達成するビジネスモデルを構築し，SDGs達成を促すことを目的とした世界的な取り組みである。2022年までにブラジルで年間10万台の使用済み自動車を環境に優しい手法でリサイクルし，1万5,000人のエンジニアの養成など現地の雇用創出にも貢献する計画などが評価された。

このほか，解体した車両1台あたりの収益性を分析できる独自システムを開発して同業他社に開放したり，国内に国際リサイクル教育センターを開設し，国内外の研修生に対してリサイクル技術のノウハウを提供したりするなど，社会課題解決の貢献へさまざまな取り組みを展開している。同社が発行したレポートには，こうしたSDGsに絡んだ活動を，廃車の調達から，生産・販売・品質管理・営業販売といった自社活動のバリューチェーンのそれぞれの段階に合わせ，わかりやすくマッピングしている（図表2−4）。

例えば，同社はアラブ首長国連邦(UAE)に中古自動車部品のオークション会

[図表2−4]　会宝産業のバリューチェーンと関連するSDGs

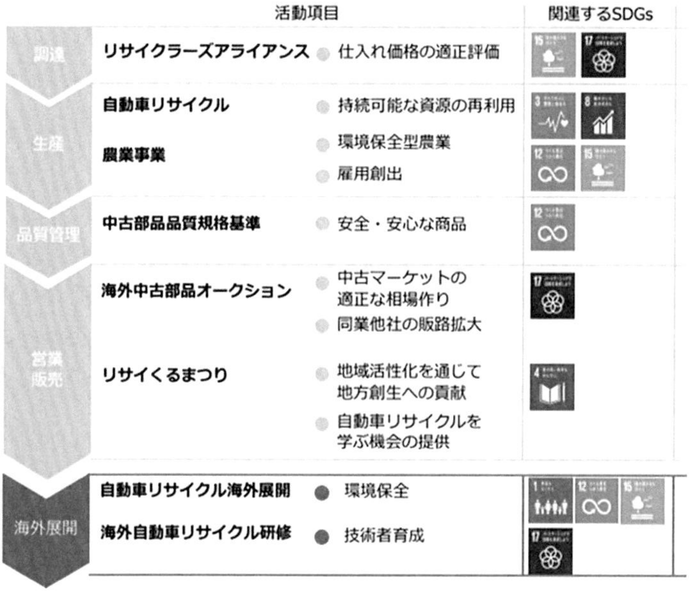

出所：KAIHO SDGs REPORT Vol.2〜循環型社会への挑戦〜より筆者作成

場を開設した。公平でオープンなオークションで買いたたきを防ぎ，適正な価格取引につなげる狙いだ。オークション会場は日本のほかのリサイクル事業者にも活用を促している。こうした取り組みを**図表 2 − 4** のマッピングの「活動項目」の中で「海外中古品部品オークション」（中古マーケットの適正な相場作り・同業他社の販路拡大）と具体的に示したうえで，「目標17：パートナシップで目標を達成しよう」に紐付けている。

　自社活動を「見える化」し，社内外に情報発信する効果も挙がっている。近藤典彦会長は「SDGsへの貢献が外から評価されるようになって取引機会が増え，社員の意識も変わった」と話す。「解体屋」と呼ばれていた昔とは様変わりし，「途上国に興味のある優秀な若者を採用できるようになった」という。SDGsネイティブと呼ばれる若い人たちの目は，中小企業にも向けられてきており，人手不足に悩む中小企業は採用の面からもSDGsへの意識を高めていくことが必要になりそうだ。

　産業廃棄物処分業のナカダイ（群馬県前橋市）は，関連会社モノ・ファクトリー（東京都品川区）を通じて，リユース，リサイクルのコンサルティング業に進出している。産業廃棄物の徹底分別と中古リユース市場の創出により，物の循環を前提とした社会の構築を目指している。デザインなどの力を使い，廃棄物を価値の高い素材に替えていくプロジェクトや，親子で行うパソコンの解体ワークショップなどを実施。捨て方，再利用の方法を考え，リユースとリサイクルを組み合わせることで企業にコンサルティングを行う。「この業界にとって，SDGsはとても大きな追い風です。多くの大企業が，今のままではまずいと危機感を持っています」と代表取締役の中台澄之氏は語る。特に2018年の中国の廃棄プラスチック輸入禁止，翌2019年のインドネシアなど東南アジア諸国の廃棄プラスチック輸入禁止により，この課題は日本国内において深刻化している。

　このように，リユースや，リサイクルするための産業や技術はこれからさらに脚光を浴びることが予想される。

(2)　社会的価値でブランド化した IKEUCHI ORGANIC の取り組み

　IKEUCHI ORGANIC 株式会社の前身である，池内タオル株式会社は1953年

に創業，1983年に現在の社長である池内計司が社長に就任した。当時は，BtoB
向けにタオルを製造する会社であったが，1994年ジャガードのタオルハンカチ
を開発，販売したことをきっかけに，1999年自社ブランド「IKT」を設立。BtoC
事業を開始した。以降，自社ブランドを育てることに挑戦をしていく。

　当時，タオルの材料であるコットンは枯葉剤を撒いて収穫することが主だっ
た。当然枯葉剤は体にいい訳がない。そう感じていた池内社長は，コストは高
くなるが，枯葉剤を使わず手で摘むオーガニックコットンを消費者に届けたい
という想いを実現させた。「母親が自分の命を大切にする赤ちゃんには安全なタ
オルを届けたい」をテーマに発売した。そして業界初 ISO14001に認定をとり，
着実にファンを増やしていった。2000年には米国進出，2001年，2002年には，
オーガニックをテーマにしている工場での電力もエコロジーにしようと日本初
の風力発電100%の工場として稼働，東京白金台にも直営タオルショップを出店
し，2002年の1月には，小泉純一郎首相（当時）が取り組みを施政方針演説に
紹介された。このように BtoC のブランディングを高めて順調に事業を展開し
ていた。

　しかし，想定外のことが起きた。2003年，主要取引会社であったハンカチ問
屋の倒産により，連鎖倒産が起こったのだ。民事再生法の適用となった。

　2004年2月には民事再生計画が認可され，事業を再開。池内社長は倒産に負
けずその後も，オーガニック路線を突き進む。その翌月にはバンブータオルを
アナハイム・ナチュラルプロダクトショーで発表。NY ホームテキスタイル
ショーで再び FINALIST AWARD を受賞した。2008年には，第12回「新エネ
ルギー大賞」を受賞。このように自社ブランド展開を少しずつであるが着実に
伸ばしていった。

　2011年3月には，その年稔のコットンを楽しむ「コットンヌーボー2011」を
発売開始。2014年には，ついに IKEUCHI ORGANIC と社名を変更し，オーガ
ニック製品に専念する決断を行った。IKEUCHI ORGANIC の考えとして，「最
大限の安全と最小限の環境負荷でテキスタイルをつくるトータルオーガニック
テキスタイルカンパニーです。生活のために織り編まれたファブリックだけで
なく，社会の組織をも織物（Fabric）と見立て，Life Fabric－豊かな生活のファ
ブリックを提案し，より自然にピュアになっていく未来を目指しています。」と

記された。そして、「最大限の安全と最小限の環境負荷」、「すべての人を感じ、考えながらつくる」、「エコロジーを考えた精密さ」を行動指針にしている。同時に、アンテナショップであるSTOREを東京・表参道にオープン、9月には京都ストア店、その後、福岡ストアを開店した。

　2015年には京都センチュリーホテルのリネンに採用され、2016年には全室に採用された。タンザニアでは、コットンを摘む労働者のために、毎年1本の井戸を掘り、織布工場から食布工場へとFOOD FABRIC FACTORYの審査を通っている。創業120周年（2073年）までに乳幼児が食べることができるタオルをつくることを目標としている。このように徹底してオーガニックにこだわって活動している。ある女性社員にインタビューすると「私は池内代表よりこのタオルを愛しています。だからIKEUCHI ORGANICに転職したんです」と代表の前で言うくらい、従業員が自社製品やその方針に誇りをもっている会社である。このように、環境と安全というテーマを掲げ、BtoB企業が見事にBtoCのブランドに変化した。

　池内代表にお伺いしたころ「ビジネスを追求したらこの形になった」という。社会貢献や環境に良いことをしようという部分も大きいが、個人向けのブランドを追求したら今の形になった。つまり社会に良いこととビジネスが一致している好事例である。

⑶　長寿企業からサステナビリティを学ぶ

　そもそもSDGsは持続可能性を高めることが目標だ。日本には創業から100年以上続く長寿企業が約3万3,000社存在し、海外と比較して圧倒的に多い。この長寿企業には企業、社会の持続可能性を高めるヒントがたくさんあるはずである。長寿企業のトップから、そのポイントを学んでみよう。

　日本には創業100年以上の企業が約3万3,000社ある。これは、世界の創業100年以上の企業の内の約70％にあたる。長寿トップ10のうち、金剛組（大阪市）を筆頭に日本企業が9社もランクインしており、日本の強みでもある。

　長寿企業のほとんどはファミリービジネスだ。業種としては、日本酒や醤油、味噌、和菓子などの食品加工業、旅館などが多い。もともと近江商人の、売り手よし・買い手よし・世間よしという三方よしの精神をもった日本型経営は、

サステナビリティの高い商売の形態である[14]。

①　八丁味噌を支える２軒の老舗

岡崎城から西に八丁（870m）の位置に，まるや八丁味噌（愛知県岡崎市）がある。数百年にわたって八丁味噌をつくり続けている。創業は延元２（1337）年。もう一軒と併せて，八丁味噌と呼ばれ，木桶仕込み，天然醸造で２年以上時間をかけることなど，その品質の高さから全国的に有名になった。

「当時から守られている製法を淡々と受け継ぐことが当社の事業のすべてであり，それをそのまま次へとつないでいくこと。それが，社長に就いて20年弱にわたり私がやっていることです」と，浅井信太郎社長は語る。江戸時代には大名貸（武家にお金を貸すこと）も事業として行っていたが，時代が明治になったことで大名がお金を返さなくなり，大正，昭和と時代が移るにつれて事業が衰退した。1931年には遂に経営が行き詰まり，隣に建つ，同業他社のカクキュー八丁味噌に，「社員とともに蔵を引き受けてほしい」と依頼した。しかし，カクキューはライバルでありながら依頼を断った。東海道の真向かいで事業を続けてほしいと言われ，今のように会社を乗っ取ってしまうことをしなかった。そのおかげで，２つの蔵が今日までライバルとして切磋琢磨してこられた。この関係は，八丁味噌の普及に大きく寄与したのだ。

②　新幹線開通を前に事業縮小したトップの決断

中村酒造（金沢市）の中村太郎氏は８代目の社長だ。大学卒業後，大手広告会社を経て自社を継いだ。2015年，北陸新幹線の長野－金沢間が開通した。新幹線開通は一大商機ともなりうるものであり，近隣の経営者は，千載一遇のチャンスと捉えて業績の拡大に期待を込めたのではないだろうか。しかし，この時の中村社長は逆の事業戦略を取った。新幹線が開通する前に会社を小さくしようとしたのである。「大きく目立たなくても小じっかりと利益を出し続ける，そういう会社が本当にいい会社なのだろう」と考えた中村社長。体質改善をするにはこの時期しかないと感じ，利益率の悪いアイテムは製造をやめ，会社の土地は一部売却した。「中村さんのところは経営が大変なんじゃないか」と言われるのではないかと心配もした。しかし，低採算な商品をやめてコンパクトになっ

14　横田浩一「100年企業が大切にする長生きのヒント」2018/8/29　日経BizGate

た分，利益率は上がり，結果的に新幹線開業の影響もあって売り上げも減らなかった。

中村社長の根底にあったのは，長い目で経営を見たいという意識だ。「景気や業績は循環するものであり，そのトップとボトムをどう回していくかというのが日本型の経営だ」。それはつまり，業績の良い時には資産を蓄え，悪い時にも一定の利益を出し続けられるという商売の基本に徹しているということだ。それができているからこそ，日本には長く残っている会社が多いのである。

③　世界最古の企業で大切なこと

建設会社の金剛組。創業は578年で，現存する世界最古の企業である。聖徳太子の命で百済から来た3人の宮大工のうちの一人，金剛重光をルーツに，四天王寺及びその関連寺院の建立，改修に従事してきた。明治以降はより幅広く社寺建築に携わったが，2000年前後に経営が不調になり，2006年に高松建設傘下に入った。現在は新体制で経営再建をして事業を継続している。現在の社長，刀根健一氏は，新生金剛組における2代目のトップ。高松コンストラクショングループ会社である高松建設及び青木あすなろ建設出身だ。

刀根社長は「技術という意味でいえば，昔のままをいかに継承するかですね。日進月歩で新しいことに取り組めなければ置いていかれる建築業界の中にあって，社寺は様式の変化が非常に少なく，昔からのことを守っていかなくてはいけない部分が多くある。それはそれで難しさもありますが，それこそが当社の守るべきものだと思います」と語る。

社寺を建てる際，上棟式の時に棟札というものを屋根裏に祀る。その棟札には工事の由緒や施工者，棟梁，大工の名前などが書いてある。建物が建ってしまえば誰かに見られるものではないが，何百年か後に改修することになれば，その時の大工が目にすることになる。つまり，時代を超えて人に見られる仕事だ。だから，見えるところはもちろん，普段見えないところまで丁寧に作業する。300年後に「この大工さん，いい仕事をしたな」と思われることが目標という。変えないということが大切なのだ。

④　少しずつチャレンジする酒蔵

関谷醸造（愛知県設楽町）は154年続く酒蔵だ。代表取締役社長の関谷健氏は，1998年に関谷醸造へ入社。蔵で実際の製造工程に従事し，営業も経験した。

真面目にきちんとお酒をつくること，これぞ関谷醸造のクオリティーだと納得してもらえるものを作ることが目標だ。日本酒業界には少し前に吟醸ブームという流れがあり，多くの酒蔵が拡大路線に走った。しかし，拡大すると原料米や製品のクオリティーを維持するのが難しくなり，蔵人の負担も大きくなる。当時，関谷醸造の先代は，無理に増やすことはせず，増やしても前年比＋5％までという指示を出して，その代わりにいい酒をきちんと造ることを徹底してきた。

　関谷社長が新しくチャレンジしたのは，原料をきちんと自分の手でコントロールするということだ。関谷醸造では，全体の55％程度の米を地元産で調達しているが，高齢化が進み地元の農家が引退してしまうとそれが難しくなる。そこで，自分たちで米をつくることを目指し，新しく会社内にアグリ事業部を立ち上げ，高齢化で使われなくなった田んぼを譲り受けて米づくりに取り組んでいる。今では農業をやっていることを地域に認知されて，特に農家へ案内しなくても遊休農地がでるという連絡をもらうようになった。現在農地は約25ヘクタールとなっており，全体の12％が自社米だ。

　若くして社長になった関谷さん。「代替わりしたから何かをいきなり変えようと思ったことはないですね。経営というのは，少しずつ変えていくことの積み重ねだと思っているんです。先代を否定して大きくドーンと変えるのは一見カッコいいですけど，やる必要がなければ失敗につながることだってあるわけで，小さな改革というか，マイナーチェンジを繰り返していくことのほうが大切だと思います」。

　関谷さんはこの先，酒自体の消費量は微増はしても飛躍的に増えていくことはないと考えており，酒の生産量を増やす代わりに農業部門を少しずつ大きくして自社米の比率を引き上げる。また，オーダーメイド商品や酒造り体験などサービス業に類するような部門は成長性があると考えている。飲食業態にも進出し，名古屋に「SAKE BAR 圓谷」という店舗を5年前に出して軌道に乗せた。

　しかし，関谷醸造にも危機はあった。4代目関谷さんの曾祖父の頃は金融業も経営しており，昭和の恐慌から金融業が破綻し，会社が倒産直前まで追い込まれた。その時は，親戚一同が出資して株式会社に組織変更することで，なん

とか危機を乗り越えられた。関谷さんの父の時代には蔵人の高齢化の問題があり，1995年には米が大不作，リーマンショックの時には飲食店の需要が大幅に減ったこともあった。その都度，目先で何かをするのではなく，「今これをやっておけば10年後には何とかなっているだろう」という長期的な視点に立つことで危機を乗り越えてきており，現在は SDGs に取り組む。

　⑤　人材育成を経営の柱に

　平和酒造は，和歌山県を拠点とする「紀土」などのブランドを持つ日本酒メーカーだ。伝統産業としての日本酒業界や地域の自然を重視する姿勢が共感を集め，若い入社希望者が殺到する人気ぶりだ。日本全国の酒蔵の中で，唯一大卒新卒者だけで酒造りをしている酒蔵で，特に東京生まれ東京育ちの女性の割合が多い。経営の中心に人材育成を掲げる山本典正社長は，「弊社は全国で唯一大卒新卒者だけで酒造りをしている酒蔵ですが，一人か二人の採用人数に対して全国から1,000人ほどの応募があります。これは普段から我々が SNS やイベントで若い人向けに情報発信していることが大きいと思います。今の若い方はどのように生きていきたいか，どんな人生を送りたいかという課題感をかなり明確に持っていらっしゃる。その中で弊社の志の部分，つまり日本酒を良くしていきたい，地方を活性化したいというメッセージに共感して飛び込んできてくれています。ただ初期は苦労もありました。日本酒が大好きで入ったにもかかわらず，大嫌いになってやめていくという姿もありました。昔気質の職人たちが仕事を教えてくれないという状況があったので，組織改革を伴いながら改善していきました。いかに自己実現してもらえるかを企業として大事にしています」と語る。初期のころ複数の若手社員に同時に辞められた経験を持つ山本さん。和歌山の田舎で他の地域からやってくる若手社員にどうやって日本酒の魅力を伝え，モチベーションを維持するかに苦心しながら，47年連続で縮小しているという国内日本酒市場の中で，独自の存在感を築いている。

　このように，長寿企業の多くの経営者に共通するのは，トップライン（売り上げ）を急激に伸ばすのを嫌うことである。売り上げは少しずつ成長できれば十分で，品質やサービスの質にこだわることを大切にする。そのために従業員を大切にし，地域やステークホルダーを重視し，長い付き合いをしていくのだ。また，将来のリスクを少なくするため，少しずつ時間をかけて事業の拡大や改

善を実施する。大きなリスクがあっても，乗り越えられる財務的な体力をつけることを重要視している。

　長寿企業の要諦とは，長期的視点に立った経営，利害関係者との良好な関係だ。特に顧客と従業員そして地域に配慮し，共生，共創を大切にしている。企業は自分たちだけのものではなく，地域，社会と共にあるという感覚があるのだ。そしてリスクに備えること。事業リスクはもちろん，不況や天災，事故などに備えて不動産などの資産を蓄える。金融機関との良好な関係を保つよう心掛けることや，不動産など資産を持つことによってリスクに備える経営者も多い。

　SDGs を勉強し，考え，実行することは，サステナブルな経営とは何かを考える良い機会なのだ。日本の長寿企業から学ぶべき点は数多く存在する。長寿企業も，SDGs を通してサステナブルとは何かを再度見つめ直すことができるのだ。

5　社会起業家の台頭

　社会課題解決をテーマにスタートアップを興そうという動きも拡大している。

　日経ソーシャルビジネスコンテスト[15]には例年約300件の応募が集まる。そのうち多くの応募者がアイディアを持つだけではなく，実際に起業を準備，あるいはすでに起業している。ビジネスモデルも「良いことをして汗をかいて儲からない」といったものから，「IT を活用したスマートなモデル」へ移行しつつある。2019年 3 月に表彰された 3 社を見てみよう。

　株式会社 Miup（ミューブ）は東京大学発の医療系スタートアップである。医療過疎地の 1 つ，バングラデシュに低コストの健康診断と遠隔医療システムを導入した。現地の医療検査情報を人工知能（AI）で解析し，貧困層が多い過疎地でも健診ができるシステムを構築した。病気のリスクが極めて高い人のみが医師の診断を受けられる仕組みだ。代表取締役の酒匂真理氏は，東京大学大学院農学生命科学研究科に在学中の頃から途上国支援に取り組んでいた。大学院修了後は消費財メーカーなどで勤務し，2015年 9 月に Miup を設立した。ICT や

15　日本経済新聞社主催 https://social.nikkei.co.jp/

［写真2－2］　第2回 日経ソーシャルビジネスコンテスト受賞者

左から：千葉さん，酒匂さん，永岡さん

AI を活用し，バングラデシュで安価な検診と遠隔医療システムを導入する。同国の医療・保険制度は発展途上だが，「インターネットが急速に普及しており，AI を活用した医療システムの成長余地は十分にある」とみる。18年にはベンチャーキャピタルから約1億円の出資を受け，JICA の支援も受ける。

　株式会社おてつたびの永岡里菜さんは人手不足に悩む地域と，知らない土地での体験を求める若者を結び付けるサービスを手掛ける。人手不足で困っている旅館や民宿の業務を数日間手伝う代わりに，その報酬として現地への往復の交通費を支給する。利用者は無料で地域を訪問し，お手伝いの合間に観光ができ，旅館や民宿は繁忙期の人手不足や困りごとを解消できるというマッチングを実現した。このお手伝いを通じて，その土地の魅力を知ってもらう仕組みである。若者にとっては，その土地に知り合いができ，愛着も湧いてくる。そんな旅のスタイルを提案する。手伝う内容はプロジェクトの企画から PR 活動，事務・清掃作業など幅広い。永岡さんは三重県尾鷲市に祖父母の実家があった。

　「私は，子どもの頃は学校の長期休みをほとんど尾鷲で過ごしました。私に

とって尾鷲は魅力的な場所。誰かに話したくなる特別な地域です。でも，残念ながら旅行先としては選ばれにくいですし，東京で尾鷲を知っている人もまずいません。その理由を考えるうちに，交通費が障壁の一つになっていることに気付いたんです。東京から尾鷲に行くには約3万円の交通費が必要です。でも3万円あれば，北海道や沖縄に行けますよね。まして旅行は楽しむもの。お金をかけて行くのに，何があるか分からない地域に行ってつまらない思いはしたくないですよね。一方，金銭的な理由で地域に行きたいのに躊躇する若者が大勢います。だから私は『おてつたび』を通じてその足かせを払拭し，若者が地域に行けるきっかけをつくりたかったんです」。

　千葉大学を卒業後，イベント会社勤務を経て起業した。「地域が好きで，是非その魅力を感じてほしいので都会の若者とマッチングさせたい」と永岡さん。サービスを開始して以来，大学生から人気だ。お手伝いするのは旅館や民宿のため宿泊場所の手配もいらず，宿泊代も無料。また，若者は旅行先としては選ばないような知名度の低い地域も訪れる。観光目線だけでなく，生活者目線の体験がしたいと考えているからだ。生活の場に入り込むことで，他ではできない体験をし，地域や住民を好きになりファンになっていく。これには「おてつたび」が最適だと考えたのだ。

　一般社団法人RAC代表理事の千葉彩さんは，虐待や経済的理由などにより家族と一緒に暮らせない子供の支援に取り組む。短期の里親やショートステイ協力家庭といった仕組みをより多くの人に知ってもらう普及啓発活動をスタートし，子供が何か困った時，近所の大人にSOSを発信できるような関係を築く「子どもホームステイ事業」にも乗り出した。週末に子供と共にご飯を食べ，数時間一緒に遊んで過ごすことで，地域内の協力の輪を広げる狙いがある。千葉さんは「大学時代に抱いた里親への関心が活動の原点だ」という。

　このように，ビジネスの成長と社会的インパクトの両方を目指すのが社会起業家の特徴だ。起業を目指す人のうち，ソーシャルビジネスをテーマにする人は若手を中心に筆者の周辺で増加していると感じている。

　ソーシャルビジネスは，あるリーダーの強い想いから始まることが多い。その人の原体験や感じたことに対し，その課題を何とかビジネスで解決できないかと行動することからはじまる。良きフォロワーや協力者を社内外につくり，

その後にようやくビジネスモデルの目途をつけて，マネタイズやコンプライアンスの条件をクリアできるようになる。ソーシャルビジネスマーケットは大きくないので競合がいない。すなわちブルーオーシャンだ。誰でも目をつけるマーケットは参入するプレーヤーが多く，レッドオーシャンであることが多い。高齢化に起因する社会課題のマーケットは一見小さく儲からないように見えるが，その課題は時代が進むほど大きくなっていく。一見小さい市場でも，参入すればブルーオーシャンだ。これは組織が大きく判断が遅い大企業よりも，中小企業やスタートアップの得意な領域だ。社会貢献性の高いビジネスは，優秀な若者を引き付ける。また，誰かの役にたっているという実感は社員のやりがい，働きがいを高める。地域や顧客から感謝されることで，好循環が生まれる。これらのビジネスは1社だけではできない。他の会社，行政，NPOや市民団体など多くのステークホルダーと一緒になって共通の利益を追求していく。企業のお金儲けだけのモデルではなく価値を共創していくモデルなのだ。SDGsという切り口によって，企業や地域のブランドも大きく変化していく。中小企業やスタートアップにとって大きなチャンスとなる。

6　社会課題をビジネスで解決するには

⑴　困りごとに挑戦するヤマトホールディングスの大豊町での取り組み

　ヤマトホールディングスの「まごころ宅急便」は高齢者の見守りと買い物支援を組み合わせたサービスだ（**図表2−5**）。

　見守り，買い物支援のケースとして高知県大豊町でも生涯生活支援サービスとして展開されている。四国山地の中央部に位置し，豊かな自然に恵まれた大豊町だが，過疎化・高齢化の波が押し寄せている。人口約3,500人（2020年6月），このうち65歳以上の高齢者が55％を超える高齢化率全国4位の町。面積は東京23区の半分ほど。9割が山地で平地は1割程度にすぎない。1955年に近隣の4つの村が合併してできた町で合併当初は人口約2万2,000人だったが，近年は急速に人口減（毎年4％減）が進む過疎の町となっている。

　主な産業は林業・農業だが，就労者の高齢化が進む一方，店舗も高齢化が進み，廃業も増えている。買い物困難地区であると同時に，独居老人の孤独死も起こりうる。平均年齢61歳，60歳までは若手と言われる地域での「生涯生活支

[図表2−5]　まごころ宅急便

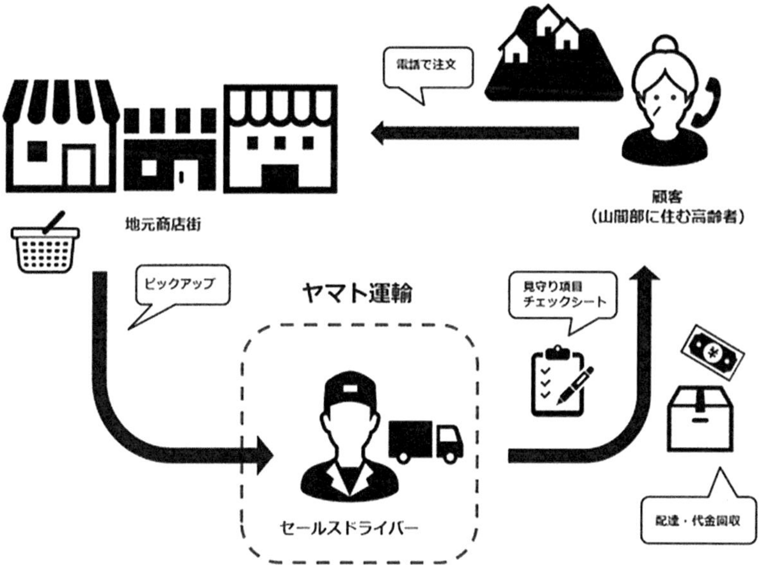

電話で注文

地元商店街

顧客
（山間部に住む高齢者）

ピックアップ

ヤマト運輸

見守り項目
チェックシート

セールスドライバー

配達・代金回収

出所：筆者作成

援サービス」。まさに，「限界自治体」での町の存続をかけた挑戦といえる。

　商店のない集落ではタクシーで片道2,000円以上かけて出かけ，まとめ買いする住民も少なくはない。山間部の集落ではタクシーで横付けできない場所もあり，重いお米などを持って自宅まで運ぶことは高齢者にとっては大変な重労働だった。そうした状況のなかで，ヤマト運輸に声がかかったのである。

　このサービスのはじまりは，町の食料品店のオーナーが，地元店舗による共同配送事業を思いついたことだ。相談を受けた商工会が音頭をとり，店舗の募集や町との調整などを進めた。

　発端となった食料品店は，実はヤマト運輸の取扱店で，同社はこのサービスの取り組みについて相談を受けていた。しかし，毎回配送料が必要になるため，利用者のみが負担するモデルでのビジネス展開は難しい状況にあった。そこで，商工会が買い物サービス検討会を立ち上げ，買い物支援の新しいモデルづくりに着手した。そうして考え出したのが，利用者・商店・行政がそれぞれのメリットに応じて費用を分担するというモデルだ。

　大豊町にとって，地元の商店を支援することにもつながる，使い勝手がいいモデルとは何か。それが，地元の商店が集落の高齢者から電話注文で必要な商品を聞き取り，その商品のピックアップと配送をヤマト運輸に依頼するという仕組みだ。今では，地元商店が積極的に活用し，高齢者にとっても大変利用しやすいサービスとなっている。

　そもそも大豊町の山間部に住む高齢者が，地元の商店に買い物に行くというのは大変な苦労である。地元商店の経営者も高齢化しており，子供は都会に出ているため後継ぎがおらず，自ら配送することにも限界がある。いずれ高齢者は誰一人として町に暮らしつづけることができなくなってしまう。そういった危機感が大豊町にはあった。それを，物流という社会インフラを担う企業に協力を求めることで，高齢者が暮らしやすい環境に変化させることができたのだ。人びとの生活が成り立たないと，物流の必要性がなくなり，地域での事業が成り立たなくる。ヤマト運輸にとっても，地域で事業として継続していくことができるビジネスモデルを生み出したといえる。

　行政としてのメリットもある。単に「町は補助金を出しています」ということではなく，行政サービスをヤマト運輸に担ってもらっているというのがこのモデルの見逃せない側面だ。商品を自宅へ配達するという買い物支援に加えて，お年寄りの見守り支援というサービスも担ってもらっているのである。

　大豊町は，町民の半数以上が65歳以上の高齢者であるため，高齢者の体調管理や健康状態の把握が欠かせない。しかし，山間部にあることや民生委員自身の高齢化などから，柔軟な活動には限界もある。

　そこでヤマト運輸は，商品を自宅へ配達する際に，セールスドライバーがヒアリングシートを活用して高齢者の体調を把握するという見守り支援も手がけることにした。

　大豊町での支援サービスに関してもう１つ注目されるのは，荷物の配送にあたるセールスドライバーの大半が，大豊町近隣で生まれ育った地元出身者という点だ。営業所のセールスドライバーの大半が地元出身者だ。

　自分の生まれ育った町に貢献できるサービスであることから，それに従事できる自分たちやヤマトグループにとても誇りを感じるという。

　結果として町にとっても，住民にとっても，ヤマト運輸にとっても好ましい

状況が生まれているのだ。物流を担うヤマト運輸にとって過疎化や高齢化による人口減少は，荷物を届けるという本来の事業の縮小を意味する。それでは，地域の事業を保っていくことは難しくなってしまう。セールスドライバーなど物流業務を担う雇用さえも維持できなくなってしまうことにもなりかねないのだ[16]。

(2)　開発途上国において社会課題に挑戦する

＜ケース＞サラヤ

　サラヤは，戦後の公衆衛生から始まった企業だ。SDGsに積極的に取り組む企業として第1回ジャパンSDGsアワードで表彰された。薬用石けん液，うがい薬，除菌洗浄剤などの製品があり，1979年に日本で初めて発売したアルコール手指消毒剤は，容器を上から押すだけで消毒剤を噴射させるアイデア商品だった。公衆衛生，食品衛生，医療現場の感染対策へと展開して「衛生」に関する顧客課題を次々と解決してきた。

　1971年に誕生した「ヤシノミ洗剤」は，石油系洗剤による水質汚染が社会問題となる中，環境にやさしい植物原料を用いた植物性洗剤の先駆けとして誕生したコンシューマーブランドだ。しかし，2004年，サラヤはテレビ局からの番組取材をきっかけに植物原料の一つであるパーム油が採れるアブラヤシの主要生産地のひとつ，マレーシア・ボルネオ島を中心に，さまざまな環境・社会問題が引き起こされていることを知った。熱帯雨林であるボルネオ島は，象やオランウータンの生息地であるが，プランテーション農家は，象やオランウータンが農場を荒らしてしまうので見つけると殺してしまうことがある。また，パーム油の世界的な需要拡大によって熱帯雨林は急速に減っていき，結果，象やオランウータンの数は劇的に減少していった。これを問題にした環境NGOのグリーンピースは，オランウータンの指を模したチョコレートから血が出るという衝撃的な映像を配信し，パーム油を使う大手メーカーを攻撃した。ちなみにパーム油は食品ではクッキングオイル，ポテトチップス，インスタント麺，チョコレート，クッキー，マーガリンなど，日用品では口紅，保湿化粧品，シャン

16　玉村雅敏，横田浩一，上木原弘修，池本修悟『ソーシャルインパクト』産学社2014年

プー，石けん・洗剤，植物性インクなどに使われている。

　当時この課題に直面した更家社長はボルネオを訪れ「『植物油＝環境にやさし
い・人にやさしい』と単なる一面だけで語る段階ではないのが現実」と認識し
た。

　持続可能なパーム油を求める世界的な声の高まりに応え，WWF（世界自然保
護基金）を含む7つの関係団体が中心となり2004年に「持続可能なパーム油の
ための円卓会議（ラウンドテーブル）」が設立された。その英名「Roundtable on
Sustainable Palm Oil」の頭文字をとって「RSPO」と呼ばれている。サラヤ
は日本の製造業で初めてこの会議に直接参加し，2010年いち早く RSPO 認証を
取得した。

　この問題に目を向けてできることから少しずつでも取り組んでいこうと各種
団体と協力し，2004年よりボルネオ島の環境保全に取り組みはじめた。現在で
はコーズリレーテッドマーケティングとして，ヤシノミ洗剤の売り上げの1％
をボルネオ島の環境保全活動に寄付。サラヤをはじめ，現地の国際協力機構
JICA（日本政府 ODA）や，SWD（サバ野生生物局），NGO が中心となって，
2006年10月に現地に BCT（ボルネオ保全トラスト）事務局を設立。現在，サラ
ヤは認定 NPO 法人 BCT ジャパンを通じて現地の活動を支援している。プラ
ンテーションにより分断された動物が生息地を行き来できるよう土地を取得し
ていく「緑の回廊プロジェクト」や，森と森との間に橋をつくることで命をつ
なげる「命の吊り橋プロジェクト」，ボルネオゾウの救出プロジェクトなどを支
援している。2012年には新しいエコ洗剤ブランド「ハッピー　エレファント」を
上市したのをきっかけに，サラヤの製品に使うすべてのパーム油とパーム核油
を RSPO 認証に切り替えた。（その後，一旦コンシューマー製品だけに変更）こ
れは，サラヤだけの取り組みに留まらず，今では約150社の日本企業が RSPO に
参加し，パーム油の問題に取り組むようになっている。国内では東京オリンピッ
ク・パラリンピックの持続可能な調達方針の影響も受け，2019年11月に改めて
業務用製品まで含む，日本国内販売する対象製品全てに RSPO 認証を取得し
た。

　また2019年，BCT（ボルネオ保全トラスト）では，新政権の首席大臣との面
会実現により，今まで BCT が確保してきた保護区がマレーシア・サバ州政府へ

管理移管されることが発表された。日本人で唯一のBCT理事として活動してきた更家社長の貢献も大きい。

　そして2009年の新型インフルエンザ（A/H1N1）のパンデミックをきっかけに，新興感染症が世界的課題になったとの認識の下，東アフリカに進出した。まず「衛生環境の問題が原因で失われる命を守りたい」という想いから，2010年より，アフリカ・ウガンダでのユニセフ手洗い促進活動への支援活動「SARAYA 100万人の手洗いプロジェクト」をはじめた。村での手洗いの普及活動だけでなく，現地視察で目の当たりにした劣悪な状態にある医療機関の衛生環境の改善も目標としている。病院内での病気の感染を防げば，MDGsでも重要な目標になっていた乳幼児死亡率や妊産婦死亡率をさらに下げることができることから，アルコール手指消毒剤を現地生産し，医療従事者に普及させていくことを目指し2011年には現地法人SARAYA EAST AFRICAを設立した。WHO（世界保健機関）は医療従事者の手指衛生を徹底し院内感染予防を目指す「Clean Care is Safer Care」キャンペーンを途上国，先進国問わず世界中の医療現場で推進している。ウガンダの医療機関へのアルコール手指消毒剤普及は，この世界的な潮流を汲んだものだ。現地生産することで，原料を極力地元で調達し，原料を生産する農家の収入向上に貢献するとともに，生産，物流のためのスタッフを雇うことで雇用を創出し，さらにウガンダの一般消費者にも購入しやすい価格を実現することを目的としている。

　病院内においては衛生啓発，院内感染予防，手指消毒の講義を行う衛生インストラクターとなるウガンダ人の現地スタッフを新たに雇用し，院内感染についての知識と，アルコール消毒の重要性，正しい方法を伝えるトレーニングを実施している。また，インストラクターを定期的にパイロット病院に派遣し，医療従事者へのアルコール手指消毒剤の使用状況をモニタリングすることで受容性の調査を行い，より効果的に行動変容につなぐことができる啓発方法を模索している。院内感染についての現地シンポジウムやセミナーなども開催し，院内感染やアルコール消毒についての医療従事者への理解を促進している。

　この「病院で手の消毒100%プロジェクト」をウガンダから東アフリカへ広げ，現地の人々の雇用も生み出しながら，アフリカの社会課題を解決し，持続可能なビジネスとして広げていくことを目指す。更家社長は2019年3月にウガ

ンダ名誉領事に就任した。今後，東アフリカだけでなく，北アフリカでのビジネス展開も加速している。実はウガンダの医療現場ではアルコール消毒剤は「SARAYA」と呼ばれている。「アルコール消毒剤」＝「サラヤ」なのだ。同社がいかに地域貢献してきたかが窺える事象である。

ウガンダでの最新活動「セーフ・マザーフッド・プロジェクト」は，貧しい郊外の産婦人科クリニックに現地製造したアルコール消毒剤等を普及させて，検診，診察，分娩，特に帝王切開時の敗血症などの院内感染を減らそうというものだ。この活動は公益財団法人ジョイセフ（Japanese Organization for International Cooperation in Family Planning）の途上国の妊産婦を守る「WhiteRibbon」運動を支援したもので，ウガンダの RHU（Reproduct Health Uganda）と連携する。活動資金は国内新事業のスキンケアブランド「ラクトフェリン・ラボ」の売上の一部を寄付し，CRM（コーズ・リレイテッド・マーケティング）で消費者とつながることを試みている。この取り組みと化粧品への RSPO 認証取得が評価されて，2019年に環境省管轄の日本エコマーク協会が主催した第1回サスティナブル・コスメ・アワードで「SDGs 推進賞」を受賞している。

更家社長はサステナビリティについて「原理として，社会性と企業性との矛盾があるとよくないですね。企業は社会の中の一員であり，企業が先にあって社会が後からついてくるのではありません。まず，社会が正しい方向へ向かっていく中において，企業を位置づけるべきなのです。

そして，企業は社会のあるべき姿にできるだけ寄り添うような方向感を出していかなくてはならない。社会のあるべき姿とは，循環型の環境社会として，サステナブルであり，企業もビジネスを遂行しながら持続可能な存在でなくてはならないのです。つまり，循環型の環境社会の中で企業が存在し続けるためには，売り上げと利益は必須であるというわけです」[17]と述べている。

(3) 社会課題発のマーケティング

ヤマトホールディングスとサラヤの取り組みは，社会課題を当初から現場の担当者が意識している点で，従来のマーケティングの発想を転換したともいえ

---

17 日経ソーシャルビジネスコンテストシンポジウム

よう。これまで企業が展開してきたソーシャルマーケティングは，社会的課題を念頭に置いているとはいえ，消費者に自社がどんな新たな付加価値を提供できるかを主目的としたダウンストリーム（川下）型が中心だった。マーケティングの目的として売り上げや利益に，より重きを置いた形だ。

　一方で，アップストリーム（川上）型のソーシャルマーケティングとは，公共の利益など社会構造にも影響を与えることをより重視して市場に働きかけるマーケティング活動を指す。サラヤのウガンダでの活動も，医療現場の衛生環境の向上という目的からスタートしている。アップストリーム(川上)型のソーシャルマーケティングの発想から生まれた成功例の1つといえる。

　先ほど紹介したヤマトホールディングスの買い物および見守りサービスは，もともと配達中，顧客である老人の孤独死に出会ったセールスドライバーの「孤独死の高齢者を一人でもなくしたい」との思いから発案されたものだ。発案者の強い想いが，周りの協力者を呼び込み実現したサービスだ。このように，社会課題起点は，発案者の熱い情熱や正義感によってスタートすることが多い。目の前にある課題に対して共感し，何かしなければという内発的動機が生まれるのだ。このようなテーマは共感という視点から協力者（グッドフォロワー）を得やすい。将来どのような社会にしたいのか，何が課題の根本なのかを考えることも重要だ。その上で，実験や情報収集して，収益性や個人情報などコンプライアンスをクリアしていくことになる。ロジックツリーの作成や，ソーシャルインパクトのKPIを設定することもあるだろう。こうなると大企業における，STPマーケティング，すなわち商品設計→リサーチ→マーケティングミックス（販路開拓や宣伝・広報）といった手順とは少し違うのだ。

　そこには行政やNPO，NGOなどとの協業も必要だ。企業と行政，NPOなど関係するステークホルダーが社会課題解決という共通の目標をもち，そこに対して推進するのだ。この目標がSDGsでもよいし，地方創生や高齢者の支援という大きな目的のもと，SDGsのいくつかの目標に分解してもよい。企業が1社で独占して大きな利益を得るというモデルではない。適正な利益を得て，かつサステナビリティを高めるというイメージだ。

　そのためには，違うセクターの人と話をしたり，共感させ説得するスキルや周りを巻き込む力も必要になる。このようなPDCA，もしくはDが先にくる

［図表2－6］　お金儲けの仕組みだけでなく，価値を創造する仕組み

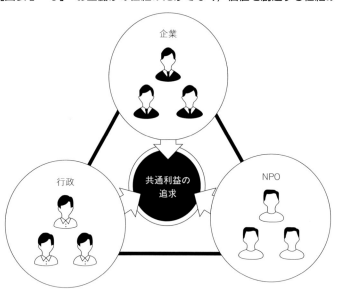

DPCAのようなサイクルをスピード感をもって実行する人材こそが，ソーシャルビジネスを実現できる人材ということになろう。「できるかできないか」ではなく「やるかやらないか」なのである。

　ソーシャルビジネスを実行するためにはそのための組織，人材が重要である（図表2－6）。

7　SDGsの導入に向けて

　ここまで様々な企業の取り組みから，その考え方を紹介してきた。

　SDGsの導入のステップはまず理解だ。SDGsは誰でも話ができる共通トピックである。年齢，性別，セクションなどの垣根を超えて議論ができる。よってワークショップスタイルで社内においてディスカッションを行う研修が多い。また，同じ業種の他社との共同の若手研修や，異なるセクションとの交流のためにSDGsをテーマにワークショップを開くことも一つの方法だ。

　企業の中堅を中心に理解が進まないという耳にすることがある。トップと若手は理解が進んでいるが，中堅はどうしても興味を示さないという。これは

SDGsやESGのリスク面だけを捉えていて機会に気が付いていないからだ。それを理解すれば，自ら進んで行動するはずである。繰り返しになるが，今までの事業の延長だけでは将来の戦略は描けない時代だ。現場の責任を担っている中堅こそ，SDGsを理解しなければならない。

　そして，SDGsを社内で推進する体制を整え，2030年までの機会とリスクを書き出し，長期ビジョンを作る。これは，より正確に未来予測をすることよりも，ありたい姿を議論することが重要だ。それを中期経営計画などに反映し，個人目標にしていく。また，日立製作所のように，環境，社会などの非財務情報を中期経営計画に反映，またどの事業に注力していくかの判断基準にしていくことが大切である。

　そして，非財務情報の開示により，投資家やステークホルダーとの対話が大切となる。外部の意見を取り入れることにより，より進んだSDGs，ESGへの取り組みができるようになる。その際に大切になるのは，企業の存在意義だ。

　P.F.ドラッカーは「社会とは人と人とが関わり合いながら生きていく場である。『官』と『民』だけでは人間が豊かに暮らせる社会と成りえないことを歴史が証明した。一人ひとりの人間が，安心して日々を過ごせる社会であるためには『公』が必要だ。『公』とは共感で結ばれた組織のことだ。その組織の代表格が企業である。～ゆえに企業は会社のためにではなく社会のためにという考え方に軸足をおかなければならない」と指摘している。このように企業はもともと社会のために存在するものなのだ。行き過ぎた利益追求の中で，短期間の業績だけを追い求める企業のサステナビリティは低い。

　マイケル・ポーターによって提言されたCSV[18]という概念がある。環境対応など取り組まなければならない義務感の強いCSRと比べると，CSVは内発的動機によりはじまり，その目的は企業ごとに違い，ポジティブなインパクトを求めるものだ。寄付型ではなく，何らかの収入のあるサステナブルなモデルなのである。このCSVを基本に他のアクターと協力して，社会課題に対応していくことこそがSDGsだ。CSVにきちんと取り組んできた企業は，SDGsにも対応しやすい。

18　Creating Shared Value（共通価値の創造）

［図表 2－7］　SDGs 導入のステップ

理解	・理解を進める ・社内体制整備
計画	・2030年における機会とリスクを整理 ・長期ビジョン・マテリアリティ・ロジックモデルなどを作成 ・企業のミッション，ビジネスと SOGs のすり合わせ ・中計，単年度計画への落とし込み ・各セクション，個人への目標落とし込み
実行	・各部門でのアクションプラン実行 ・社員，ステークホルダーへの理解促進 ・ソーシャルビジネスの開発/現在のビジネスの価値向上 ・CSR 活動とのすり合わせ，具体的なプロジェクトの実行 ・社内外への広報 ・定期モニタリング

　ユニクロの柳井社長は「サステナブルであることが何よりも重要だ。社会が持続的に発展しなければ企業も成長できない。一つひとつの企業，一人ひとりの個人が自らの企業や仕事を通じて社会の持続的成長を目指す，そういう発想と現実の行動が必要になった。『LifeWear』はその姿勢を商品として形にしたものだ」[19]と述べている。このように，企業も，企業の姿勢としても，マーケティング面においても，サステナビリティを全面に打ち出してきている。これを意識しないとステークホルダー，特に消費者に受け入れられない時代になったのだ。

　CSR としてやらなければならないもの，CSV としてポジティブなインパクトを求めるもの，SDGs として他のアクターと共創して社会課題を解決していくためのものというように，企業に求められる行動が変化してきている。その際に重要な視点は，アウトサイドインだ。自分や自社を中心にして考えるインサイド・アウトではなく，何が必要とされているのかを外部からの視点で考えて，目標をつくり推進しようというアプローチだ。

　そして企業そのものに，パーパス（存在意義）が問われる時代になってきて

いる。どのような分野で，どのような方法で，どのステークホルダーに対して経営をしていくのかの定義，そして行動が問われているのだ。

　これらを理解し，計画に導入した上で，各セクションの目標や個人への目標の落とし込みを行う。そして各部門でもアクションプランの実行やそのモニタリング，社内外への広報などを通じてPDCAをまわしていくことになる（**図表2－7**）。

　大切なのは，プラグマティズムなプランを持つことだ。計画がよくても，それは行動的，実践的でないと社員には共有されず，社会的インパクトは大きくならない。社員全員が自分ごととして行動するための落とし込みが重要だ。

　そして，共感し，腹落ちした社員がSDGsを推進していくのである。

（横田浩一）

第 II 部

若き企業家の挑戦と
サステナブル金融

第 **3** 章

国際（プレ）ハッカソンなど若き企業家の挑戦とサステナブル金融との共創

　SDGs を目指すビジネスを進めるにあたって，投融資などファイナンスに必要な SDGs 評価，および SDGs を地域や世界どのようにイノベーションにつなげるのかについてのポイント，地銀・中小企業の FinTech やデジタル化が開く新金融・新市場，サステナブル金融の動向と中小企業・金融機関の発展，地方自治体等との取り組みや顧客，社員，株主，会社の「四方よし」C 4 の CivilTech の取り組みを紹介しつつ，共創する産官学民などセクターや世代を超えた連携について解説する。世界の資本市場の流れとなった ESG 投資やソーシャル・インパクト評価などに対し，どう対応，先取りし，企業価値を高めていくのかを考える。

3 - 1　SDGs の本質と国際（プレ）ハッカソンなどによるサステナブル金融との共創：自由な市場経済で解決しないパブリックな目標と取り組み

　SDGs の17の目標の本質は，そもそも企業や個人がビジネス・市場経済で解決できないパブリックな目標であることだ。本来は国，自治体，国連などの国際機関が，税金などのパブリックのみ使える手段で責任を持って達成すべきものである。しかし第 1 章の 1 - 3 で議論したように，もはや国や自治体，国際機関などパブリックセクターだけでこれらに対処するのは厳しく，企業や個人などプライベートセクターの主体的な参画を求める困難な時代が到来し，世界史に

国際社会の共通の目標として SDGs が誕生したのである。

　国家が第二次世界大戦で世界を破壊し，疲弊させた。そこから，二度と戦争が起きないよう経済学をはじめとする社会科学を総動員し，根本原因を除去すべく戦後にできたのが，国家の連合である国連である。その国連が，産官学民金労言士などにおけるマルチ・ステークホルダー，つまり加盟国の国民全員に，誰一人取り残さない「持続可能な開発」をお願いせざるを得ないほど，現在および将来世代の人類が直面する問題はあまりにも大きくなっている。

　SDGs の本質を世界史の中で必然として捉える時，SDGs の最も根本的な3要素を表すのが，TEEB[1] のプロジェクトリーダーであった学者たちが考案した「SDGs ウェディングケーキ」[2] である（図表3－1）。

[図表3－1]　SDGs ウェディングケーキ

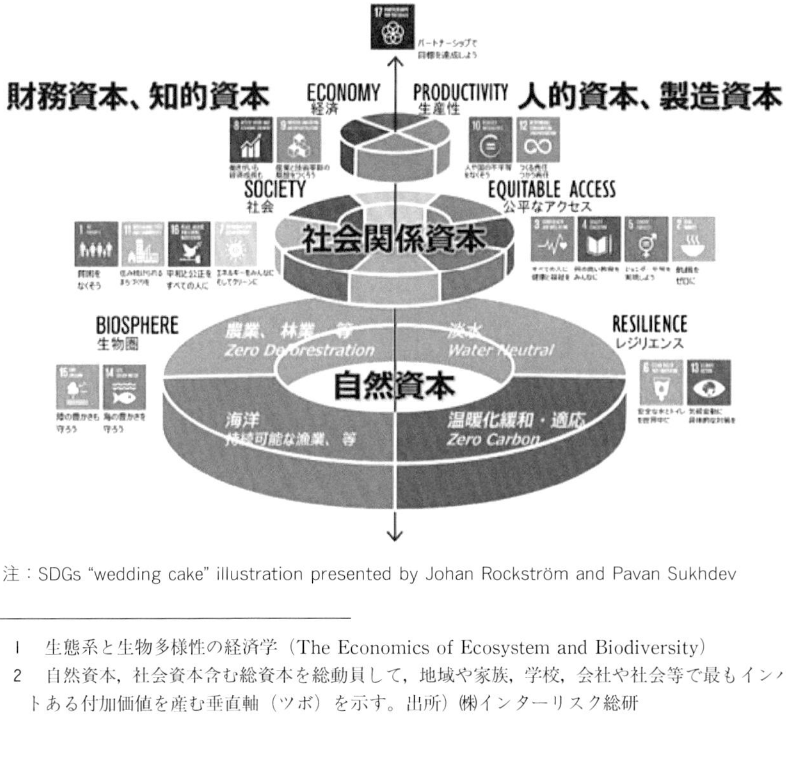

注：SDGs "wedding cake" illustration presented by Johan Rockström and Pavan Sukhdev

---

　1　生態系と生物多様性の経済学（The Economics of Ecosystem and Biodiversity）
　2　自然資本，社会資本含む総資本を総動員して，地域や家族，学校，会社や社会等で最もインパクトある付加価値を産む垂直軸（ツボ）を示す。出所）㈱インターリスク総研

　特に1960年代の植民地独立や，東西冷戦の終結，更にはグローバル化の進展を受けて，「経済」成長の恩恵を万人に享受させる「開発」が，国連の重要なミッションになってきた。2000〜2015年，MDG（ミレニアム開発目標）の8目標のうち最も多い3つが，新型コロナウイルス感染症との人類の戦いなど，SDG 3（SDGsの17の目標の内の目標3）の健康に関することである。そして，貧困や飢餓，教育，ジェンダーなど，8つの目標のうち6つが「社会」課題ということになる。世界史的には，まず人という「社会」があり，狩猟採集から農耕へ，さらに農業革命により家族，部族，村，国，そして国家などが成立した。次に，人の能力を凌駕した機械ができたことで，付加価値成長の源となった「経済」が発展し，大航海時代には，産業革命や国民経済が成立した。そして最後に，西洋の聖書にもあるように，かつて人間のために神が創造し，人間が征服，統制し，活用すべきものとされていた自然，地球，そして「環境」である。また，民主主義によって国家の貧富の差をなくそうとする開発が課題となり，人間の身体能力を凌駕する機械が産業革命を，人間の脳や精神能力を凌駕する機械であるAIが情報革命を起こした。AIは神に近い存在として語られ，気候変動の影響か自然災害などが相次ぐ中で，人間を凌駕する力を持つ神に近い存在として語られる自然「環境」の変化に直面し，「SDGs」が登場した。

　2015〜2030年のSDGsは，持続可能な開発のための2030年アジェンダを議論する「Transforming Our World」をテーマとした国連総会で，国家だけでなく産官学民の全ステークホルダーと議論され，全会一致で採択された。第1章の1-3で述べたように，「Transforming Our World」とは，世界中の人や自然が，さなぎが蝶になるように大きく変容することを表す。社会を構成する全ての個人・法人のビジネスを大きく変革する流れが世界的に始動したのだ。

　「SDGs」の「S」でもある「Sustainability（持続可能性）の実現」は，ビジネスや生活も世界とともに「Sustainability（持続可能性）の実現」を目指して「Transform（変容）」し，「Vision（将来像）」と「具体的な制約条件」で生まれてくる「Innovation（革新）」によって実現していく。この「具体的な制約条件」こそが，2030年までの解決をめざして17の世界共通課題ごとに整理した目標，「SDGs」なのである。その「SDGs」を共通目標・言語などとして活用し，人類が共感して「つながり」，共同・協働して「Innovation」共創するサイバー・

リアルな「HUB」が，本書で紹介する「SDGs Innovation HUB」だ。

1　わたしたち日本人が SDGs をどう活用するか

　SDGs の本質は，地球の「環境」課題や人間の「社会」課題，そして人間の能力まで凌駕した機械などの「経済」課題といった企業や個人がビジネス・市場経済において解決できないパブリックな目標である。本来は国や自治体，国連など国際機関が税金などで責任を持って達成すべきものでありながら，それが1つの国だけではもちろん，全世界の国家が連合しても解決不可能な地球の「環境」課題や人間の「社会」課題，そして人間の体・筋肉だけでなく脳・神経の能力まで凌駕した機械を持った「経済」課題に人類が直面し，本来は国や自治体，国連などの国際機関が税金などで責任を持って達成すべきものでありながら，産官学民金労言士などの未来のマルチ・ステークホルダーの万人に「持続可能な開発」をお願いして責任を丸投げすることは，海外からやってきた新たな国家目標や ISO などグローバルスタンダードのように，日本の国民・企業の税金や会社の経費などのマネーで解決できる次元の性質のものではないことは明らかである。

　2015年に合意された SDGs の17の目標は，江戸の鎖国時代にも海外にアンテナを張り，明治維新以降には海外の新しい物を取り入れようとした日本人にとっては，新たな国家目標や ISO などグローバルスタンダードのように受け取られた感も否めない。しかし，日本政府も議長国となった2016年の G 7，2019年の G20などで内外普及に努め，いざ，わが社，わが街，わが校，わが家で実際に検討してみると，わが国が明治維新の産業革命や戦後の高度成長前から「家族・近所，学校・会社などの中に下から上まで既にあったもの」で，「開発が進む中，持続させる努力をしてきたが破壊されつつあるもの」だったことに気づかされる。若い世代を中心に17の目標を持続可能にする主体・手段は，少なくとも，わが社，わが街，わが校，わが家，われわれ，わたしなどの国内や裾野から沸いた日本発・私発ではなく，海外や，お上から来た目標・言語を活用した際の新鮮な気づきとして想定外の果実となったのだ。

　日本人にとって世界共通言語である SDGs は，国連関係の国際会議や学会だけでなく，教育の現場から見本市まで，政策や経営の一丁目一番地の内容を対

外説明することができ，活用し甲斐がある千載一遇の絶好の言語である。

　SDGsが活用し甲斐があるのは，国連関係の国際会議や学会だけでなく，地域の教育の現場から見本市までSDGsが世界共通言語として対外発信の手段となっていることである。筆者（御友）がイギリスのチャタムハウス（王立国際問題研究所）客員研究員だった際，アベノミクスについての聖域なき議論・発信と共創のイベントを行った。「チャタムハウスから世界へ」[3] として本にした際，日本の最大の課題は英語圏と違い世界に関心が薄いなど，様々な理由で国際発信力が乏しく，特に，報道・外交などを駆使して国際社会の世論やグローバルスタンダードを形成してきた大西洋では全くニュースにならないことであった。しかし，世界共通言語であるSDGsは，まさに日本にとって政策や経営の一丁目一番地の内容を対外説明することができる千載一遇のチャンスなのである。

　さらに，日本は世界に先駆けて高齢化する先進国として「課題先進国」である。隣国の中国では，「改革開放の40年」政策でIT大国として日本のGDPを抜いていく中，未だ「失われた20～30年」を続けている。大英帝国が，新興国の米国が世界を仕切り出した国際情勢下にチャタムハウスを設立するなどの外交影響力保持を図ったような試みを日本は十分にできず，知らぬ間に隣国に世界第二の経済やリーダーシップを取られ，倍以上の差をつけられてしまった。

　地方創生の鍵として「まち・ひと・しごと創生」をするにも，米国等が持つ上場企業以上の規模のfriends and familyなどの地域の起業家における育成の成長エコシステムが高度成長時代に壊れてから日本には十分になく，起業家の成長エコシステムが弱いという致命的な「経済」構造問題が脈々続いている。

　そのような中で地球や人類を持続可能にする鍵は，個人の起業，大企業内の新規事業や，CVC・インキュベーション部門，スタートアップ含むSMEs（中小企業）が，職務命令や下請，デジタル含むMoonShot・最先端技術だけでなく，共創テーマをチームと共に実現する「共創」「新結合イノベーション」である。

3　御友重希「チャタムハウスから世界へ～日本復活を本物に」きんざい2015年

　SDGs こそ，わが社，わが街，わが校，わが家，われわれ，わたしの「具体的な制約条件」リストの中で，17の目標の達成に不可欠な Innovation の種だ。その本質上，それ自体がビジネスの目標には不適だが，ビジネスやこれを支えるファイナンスが，SDGs を持続可能に最大の付加価値・インパクトを持って実現する「SDGs ビジネス×ファイナンスのツボ」をテーマにした国際（プレ）ハッカソンを，地域の日本青年会議所をリーダーに10年実施していく予定である。「SDGs のツボから Innovation できる SMART HUB」を，アベノミクスなどにおける日本再興の成果をリスクに晒す自然災害や，新型コロナウイルス感染症などのパンデミックなど，まさに SDGs を共通目標・言語とした人類の連帯・共創の戦いをリードし，若き次世代の私発・地域発の国家100年の計として持続可能な国民・国土・国富・国家を世界と共創できないか，とこれから本書で紹介するプロジェクトが始動したのである。

2　SDGs のツボから Innovation する SMART HUB の挑戦【S】【M】【A】【R】【T】

　地球や人類を持続可能にする鍵は，個人の起業，大企業内の新規事業，CVC・インキュベーション部門，そしてスタートアップ含む SMEs・中小企業が，職務命令や下請，デジタル含む MoonShot・最先端技術だけでなく，共創テーマをチームと共に実現する「共創」「新結合イノベーション」である。日本 JC やIT 部会リードの下，JCI のネットワークを経由して世界に広がりつつあるサイバー＆リアルの SDGs Innovation HUB[4] は，SDGs Innovation HUB. edu，SDGs Innovation HUB. stu，SDGs Innovation HUB と段階を経て進化/深化する，産官学民・地域/広域連携プラットフォームである（**図表 3 － 2**）。こうした発想は，ビジネス，ファイナンス，教育でも，スタートアップ（起業）が成長の鍵となっている世界の教育/研修・経営の方向性に沿うものである。

　その背景には，国から企業，社会，そして個人に情報をコントロールする権限が移行する情報社会の未来図がある[5]。SDGs Innovation HUB での一連のプ

4　具体的なワークシート・アンケート内容は，第 4 章 4 － 2 で詳述。
5　情報社会論，第 5 章 5 － 2 で詳述。

[図表３－２]　産官学民・地域/広域連携プラットフォーム：
SDGs Innovation HUB

未だ顕在化していない情報：非財務情報の整理と中小企業と大手企業のマッチング

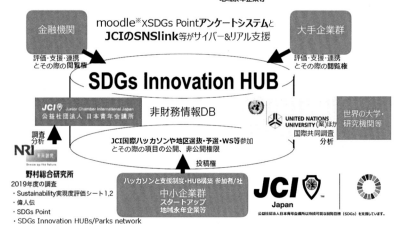

注：moodle/canvas：内外の主要大学・中高が導入している，世界で最も普及し，産官学民の研修・
　　教育等で使われている教育・評価システム。
出所：SDGs Innovation HUB 事務局

ログラムは，マネーをベースにする金融が，インタレスト[6]やリスペクト[7]を
ベースにする個人にコントロールされる社会とはどのようなものになるのかを，
いち早く若手経済人が体験し，世界をリードする手段を与えてくれるものであ
る。例えば，SDGs Innovation HUB システムは，国際青年会議所の会員個人・
法人の「共創」システムとして，参加者が１日24インタレスト/リスペクトを単
位とした仮想資産「SDGs Point[8]」という形にしている。そして，SDGs のツ
ボから Innovation できるプロジェクトを見える化することで，学生・起業家・
起業家における教育・起業・経営のモチベーションが上がり，SDGs や Innova-
tion への理解が深まり，地域間競争も生まれ，ハッカソンなどのリアルな活動

6　関心・利益・利子など，SDGs の最大の敵である「無関心」を克服し，Interesting，面白い，自
　分ごとの，数字でない言葉や，Money で測れない共創価値の見える化のこと。
7　尊敬・感謝・敬意など，第４章４－２の５(4)の「偉人伝」が著作する「あんたは偉い」という人
　の間の相互の評価・尊重・感謝の見える化のこと。
8　SNS や HUB 参加者は１日24インタレスト/リスペクトを SNS 内のテーマやチームのプロジェ
　クトや個人・法人，実現する SDGs の17の目標に付与することができる。

と連携させることにより地域連携・活性化と広域連携・展開につながるものである。

(1)　Space & Time：新仮想資産「SDGs Point」

　SDGs のツボから Innovation できる **SMART　HUB** の「S」とは，SDGs の Space 空間軸（わが社，わが街，わが校，わが家など）を，どの空間と共有し，どんな場づくり（place-making）をし，（われわれ，わたしの）SDGs のツボ（Pain Point）をターゲットにするのか。そのツボを押したり，針を刺したり，灸を据えたりして，心身全体の気や血液の循環の滞っている病や不調の根本原因を治療し，さらに心身全体の快感・肯定感・高揚感からアニマル・スピリット[9]まで，家族，近所，学校，地域，国，アジア地域，世界，陸上，地上，地球，太陽系，銀河系，そして宇宙全体の，どの空間範囲に「外部経済（不経済）」などの様々な形の（ソーシャル）インパクトを Innovation が与えるのか，ということを特定する HUB の SMART の「S」の機能である。

　ここで現在，わたしたちが生活している資本主義，自由主義市場経済の血液であるマネーについて考えてみよう。日本人のサトシ・ナカモトが最初につくったとされる仮想資産 BitCoin は日本のみならず世界で取引されるようになった。ドル，ユーロや円，人民元など中央銀行・政府による中央集権的意思決定システムでガバナンスされる法定通貨などの間で，分散型意思決定システムとして，このサイバー，インターネット文明において，どのようにマネーロンダリング，テロ資金などの犯罪資金や，バブル崩壊，リーマンショックなどの金融危機の伝播を防ぐ秩序を共創できるだろうか。筆者も金融庁で担当していたが，G 7，G20や FSB，FATF，IMF など様々な国際枠組みで官民対話，技術者と当局含めたマルチステークホルダーでの対話の試みが進められている。そうした場で，参加者が最も注目するのが，わたしたちの生活・仕事，ビジネスやファイナンスの「価値」や「情報」を一手に示す世界史的な経済の主役，持続可能性を担保するマネーの特長だ。そして，AI やブロックチェーンといった

9　アダム・スミスが「雇用・利子および貨幣の一般理論」で用いた用語で，経済活動に見られる「人間」の力の根源となる主観的で非合理的な動機や行動

デジタル技術の進展で新たな「価値」を共創し，IoT など収集するビックデータからマネーが十把一絡げにしていた「情報」が，いつ・どこで・だれの・どんなことから特定されたものなのか，マネーと独立して生成・精製・取引されるようになる中で，マネーや Market はどのような「情報」を取り込み，どのような「情報」を別 Market/システムで「価値」や「価格」が特定され得るのか，ということである。そうした議論を聞いていると，わたしたちの「いま・ここ」の目の前で経験している財・サービスは人間にとって最も「情報」量が多いが，マネーはその特長として，目の前の「ここ」ではなく，他の家庭・学校・地域・国の，誰も見たことのない国や星の天文学的世界の「いま」現在や短期でもなく，中長期の未来，過去の考古学・地誌学的世界の，神に対して不完全な「人間」の未知の「情報」を市場の「美人投票[10]」を用いて，仮定的に「価値」や「価格」をつけることが得意なのではないか，という考えに至る。「人間」は，大航海時代，宇宙時代，未知のフロンティア，未知の大地にマネーを活用して原野に不動産価格をつけ，その地価の資源に価格をつけて売買し，勝手に国境線を引き，その変更に訴訟や戦争を繰り返してきた歴史がある。

　SDGs Innovation HUB プロジェクトチームが注目したのが，100年余り，365日，24時間の「人間」の生活・人生で自由に感じ，考えるインタレスト/リスペクトを単位とした仮想資産「SDGs Point」である。これは，万人に毎日24インタレスト/リスペクト配布し，自由に「美人投票」することで，中長期的な人類世界共通課題である SDGs 評価の一助とならないかという仮説的・実験的な試みである。これを2020年4月から国際青年会議所のネットワークを使って，世界の若き企業家・起業家・経済人がリードして SDGs 評価を共創しないかという実証実験を行っている。これは SDGs Innovation HUB のワークシート・アンケートシステムと，国際青年会議所の会員個人・法人の「共創」システムとして，仮想資産「SDGs Point」として SNS 参加者が1日24インタレスト/リスペクトを単位とし，SNS 内のテーマに基づいてチームのプロジェクトや個人・法人，実現する SDGs の17の目標に付与することができること，という形に

10　ジョン・メイナード・ケインズが「雇用・利子および貨幣の一般理論」で，金融市場における投資家の行動パターンを表す例え話として示した経済用語

し，SDGs のツボから Innovation できるプロジェクトを見える化する。そうすることで創造・共創のモチベーションが上がり，SDGs や Innovation への理解が深まり，さらに地域間競争が生まれ，ハッカソンなどリアルな活動と連携させることにより，地域活性化と広域連携・展開につながっていくのだ。

　SDGs Innovation HUB が発行する「SDGs Point」とは，JC 発・日本初の SDGs 活動の評価軸となる仮想資産である。マネーで買えず，マネーに換えられない個人・法人・連携事業の SDGs に対する取り組みに応じて Point を付与していく。この獲得 Point が SDGs Innovation HUB project の様々なプロジェクトや国際（プレ）ハッカソン，地域や全国・世界の JC などの SDGs 活動でマネーを補完する評価軸となる。

　第 4 章で詳述する日本青年会議所の取り組みや IT 部会がリードした国際青年会議所を舞台とした世界展開において，2020年11月の JCI 世界会議の際の国際（プレ）ハッカソンや事前の国際プレハッカソンへの SDGs Innovation HUB システムを活用した参加(入賞でポイント付与)や，今後の SDGs 関係プロジェクト・ワークショップなどへの参加をはじめ，JC 褒章・Award などにも獲得 Point が設定される予定だ。

(2)　Match：産官学民金労言士連携の新システム SDGs Innovation HUB

　SDGs のツボから Innovation できる SMART HUB の「M」。これは SDGs のツボから Innovation できる，産官学民金労言士の SDGs Innovator[11]であり，わが社，わが街，わが校，わが家，われわれ，わたしなどの主体と，SDGs の主人公，マルチステークホルダーを国際システムなどサイバーと国際（プレ）ハッカソンなどのリアルな新システム SDGs Innovation HUB[12]でマッチングをする。すなわち，SDGs のビジネス＆ファイナンスのツボとなる 9＋α の共創テーマごとのチームをつくり，日本発「つながる日本力」と世界初「つながる共創力」で国際社会に貢献する，SDGs Innovation SMART HUB である HUB の持つ「M」の機能である。

11　日本語で「野武士」「変人」「革新範」など
12　具体的なワークシート・アンケート内容は，第 4 章 4 - 2 で詳述。

(3)　Amore（Love）：新システム SDGs Innovation HUB. edu と「偉人伝」

SDGs のツボから Innovation できる **SMART　HUB** の「**A**」。SDGs 時代の Amore（筆者（御友）が書記官として赴任していたイタリアのイタリア語で愛，英語で Love）など「人間」の目標の達成を主導するのは，「人間」の「体・筋肉」だけでなく「脳・神経」まで凌駕した機械 AI や科学技術ではなく「人間」そのものである。マネーが最も「情報」力のある未知の世界・未来の中長期は，マネーや AI に任せて「人間」をサポートさせ，マネーがうまく働かない，マネーで測れない博愛や隣人愛など，宗教もテーマにする人間そのものの人生の価値，世界共通目標である SDGs そのものの価値である。

SDGs の主人公，マルチ・ステークホルダーをサイバー＆リアルな新システム，SDGs Innovation HUB. edu と「偉人伝」[13]で，わたし，われわれの「いま，ここ」を100年，365日，24時間の「人間」の生活・人生で自由に感じる Amore を，本節⑴で述べたように「SDGs Point」で自由に「美人投票」し世界初の市場を共創していくことが，**SMART　HUB** である HUB の持つ「**A**」の機能である。

⑷　Realize：スタートアップの新システム SDGs Innovation HUB. stu

SDGs のツボから Innovation できる **SMART HUB** の「**R**」。SDGs の本質である基本の「き」，「SDGs」の「S」でもある「Sustainability（持続可能性）を Realize（実現）」しなければ何もしていないのと同じである。グレタ・エルンマン・トゥーンベリさんが，「大人たちが何も有効な手立てをして来なかったので，若い世代が生きられない地球・環境，国際・社会，世界・経済になってしまった」と抗議している行動そのものである。日本も世界に先駆け，高齢化する先進国として「課題先進国」と開き直り，隣国の中国が「改革開放の40年」政策で IT 大国として日本の GDP を抜いていく中で，未だ「失われた20〜30年」を続けている。大英帝国は当時，新興国の米国が世界を仕切る国際情勢下に筆者が客員研究員だったチャタムハウス（王立国際問題研究所）を設立するなどして，外交影響力保持を図ったが，日本は十分な努力ができてこなかった。地方創生の鍵として「まち・ひと・しごと創生」をするにも，米国等にある上場

13　具体的な内容は，第 4 章 4 - 2 の 4 ⑷で詳述。

企業以上の規模の friends and family などの地域の起業家における育成の成長エコシステムが無く，起業家の成長エコシステムが弱いという致命的な「経済」構造問題も放置してきてしまっている。そんな日本で SDGs の Realize 実現に若い世代の協力をお願いしているのだ。

　SDGs のツボから Innovation できる産官学民金労言士の SDGs Innovator であり，わが社，わが街，わが校，わが家，われわれ，わたしなどの主体と，SDGs の主人公，マルチ・ステークホルダーをサイバー＆リアルなスタートアップの新システム SDGs Innovation HUB で，「SDGs」の「S」でもある「Sustainability（持続可能性）を Realize（実現）」することが，HUB の **SMART** の「**R**」の機能である。

(5)　Time：100年人生・企業の Time Management

　SDGs のツボから Innovation できる **SMART** HUB の「**T**」。Innovation の主人公は若き青少年・地球市民・経済人であり，今後人生100年時代を生き抜く国家100年の計のステークホルダーでもあるのだが，Time flies.（光陰矢の如し）でもある。本節(1)で述べた「SDGs Point」を万人に毎日24インタレスト配布し，自由に「美人投票」することで，中長期的な人類世界共通課題である SDGs 評価を共創していく。

　また，同じく本節(1)で述べた，新たな「価値」が共創され，マネーが十把一絡げにしていた，いつ・どこの・だれの・どんなものか特定された「情報」がマネーと独立して生成・精製・取引されるようになるなど「情報」量もスピードも，日々増している中で，人類や世界の目標の Time Management をサポートする機能が HUB にある。

　2000～2015年が MDGs，2015～2030年が SDGs であるが，同じ15年間，世界や社会，そしてビジネス，ファイナンス，生活の変化は数倍の規模と速度で変化するようになってきている。他方で，日本や世界の青年会議所の会員である中小企業の中には，100年～1000年の老舗企業があり，それだけ持続可能であったのには，提供する財・サービスの需要と供給をしてきた当企業のディマンドとサプライのチェーンのみならず，地域で助け，助けられるビジネス×ファイナンスのエコシステムに秘訣があったに違いない。国連 UNESCO 世界産業遺

産だけでなく，世界自然遺産や世界文化遺産が共に世界史的エコシステムを醸成してきた歴史が世界遺産選定理由には詳細に書かれており，これも世界の起業家にとって持続可能性のヒントの宝箱である。

このようにして SDGs Innovation HUB には，SMART HUB の「T」である100年人生・企業の Time Management をサポートする機能があり，SDGs Innovation HUB で日々の「SDGs ビジネス×ファイナンスのツボ」を押さえることで，わたし，われわれの100年人生，100年企業が，自身の目標と SDGs など社会や世界の目標へ貢献するインパクトを最大化することができるのである。

3-2　企業家の新結合イノベーションとサステナブル金融の取り組みと実践

1　SDGs Innovation HUB projects と国際（プレ）ハッカソン

⑴　SDGs Innovation HUB projects とは何か

SDGs Innovation HUB projects[14]は，国際（プレ）ハッカソンなどサイバー・リアルな集いを通じ「SDGs 達成に向けた私達と地域の自律的 Innovation を起こすこと，これを永続支援する産官学民 金融エコシステムの HUB を地元，全国，世界へ広げること」を目標としている。さらに「EXPERTS」とよばれる産官学民 金融 専門家，SDGs Innovation メンターの方々と，国際（プレ）ハッカソンや HUB などサイバー・リアルな共創の場に参加することで，参加者が以下を実現することを目的としている，日本の次世代発のプロジェクトである。

　・夢やビジョンを共有できる仲間を，地元や全国・世界で探す

　・未来を創発する一員になり，自身の強みや可能性を見つける

　・新しい金融・市場エコシステムや HUB を産官学民で共創する

その基本的な考え方は，第1章で述べたとおり「SDGs の本質は，私達人類全

14　SDGs Innovation HUB project 公式ホームページ　https://www.cepic.earth/[18]（脚注18）と Canvas 公式ホームページ　https://sdgs-innovationhub.com/[17]（脚注17）で構成される。

てと地域や世界の今と未来を，Sustainable（持続可能）にすること」であっ
て，それを実現するのは，地域や世界の Transformation（変革），その主体で
ある私達の Innovation というものだ。そして，市場原理が働かないパブリック
な SDGs の17目標自体ではなく，SDGs 達成に向け最もインパクトある付加価
値を産み「稼ぎ続ける」Innovation のツボ（Pain Point（痛点））を，ビジネス×
ファイナンス版 SDGs，SDGs Innovation HUB や国際（プレ）ハッカソンな
ど EVENTS での「共創テーマ」を目標として目指す。Show the flag.（旗幟
鮮明にして），これまで世界を主導してきた大企業や大国の学歴・職歴ある中高
年男性人財だけでなく，SMEs や小国・地域，学校・家族等で仕事し生活する
老若男女の人財，世代や国境を越え潜在する人財を巻き込む，全く新しい次世
代リーダーとして連携プロジェクトを共創し，実現させることを大きな目標と
して掲げている。

(2)　「EXPERTS」と「EVENTS」参加者/社のメリット

　SDGs Innovation HUB の「EXPERTS」は，産官学民や金融など各界専門
家で，夢やビジョンを共有できる仲間・チームの発見を，一緒に FB グループな
ど入りながら，忙中空いた時間を活用して永続支援する人々のことを指す。参
加者/社にとって，未来創発の Family　Doctors（家族医）であり，Guardian
Angels（守護聖人）でもある，SDGs Innovation（CePiC）メンター[15]である。
　国際（プレ）ハッカソンなど「EVENTS」への参加登録については後述する
が，その登録過程で当該 EVENTS にてテーマやチームの発見を助けるワーク
シート・アンケートが出される。参加者/社は EXPERTS にその回答に際して
質問や相談ができるので，EXPERTS は，家庭医や守護聖人のように，自身の
強みの発見を伴走しながら支援してくれる存在となるだろう。
　参加者/社は，次に，共創テーマごとのチームの FB グループなど見ながら，
ベストなテーマやチームを探す。ピッタリしたものがなければ自身でつくるが，
EXPERTS は，これもチームのプロジェクトを伴走しながら支援する。
　参加者/社は，国際（プレ）ハッカソンなど EVENTS にチームの一員として

15　CePiC（メンター）公式ホームページ　https://peraichi.com/landing_pages/view/cepic

参加するが，そのチーム自身も SDGs Innovation HUB へ登録し，ワークシート・アンケートに回答する。その際にも，EXPERTS は，参加者/社の質問に答え，相談に乗り，チームとしてベストな地域連携やサプライ/バリューチェーン連携，広域連携・展開のアドバイスをしてくれる。また，EXPERTS の中には，世界の金融機関や大企業など国際（プレ）ハッカソンなど EVENTS スポンサーや金融支援者・伴走者とともに審査員を務めていただく専門家もいる。

「EVENTS」参加者/社メリットとしては，次の3点があげられるだろう。

① 　SDGs Innovation HUB に Canvas 公式ホームページで登録する[16]だけで，様々な EVENTS に無料で参加登録が完了する。後で時間のある際に，ワークシート・アンケートを使用して EXPERTS であるメンターの方々[15]に質問しながら回答することで，自身の強みやベストのテーマやチーム，地域連携，サプライチェーン連携，広域連携・展開の可能性を発見することができる。

② 　「SDGs ウェディングケーキ」[2]（**図表3−1**）の「1：社会」「2：経済」「3：環境（生物圏）」の3つの Tips の下の 9＋α の「共創テーマ」とチームを選び，ピッタリしたものが無ければ，自身で＋α の「共創テーマ」を創って，SDGs Innovation HUB 公式ホームページ[17]の EXPERTS の Contact us に必要情報を送って登録掲載すれば，世界中の仲間をチームに募ることができるので，世界や地域と連携して SDGs ビジネス×ファイナンスを実現できる。

③ 　教育・起業・経営の「共創テーマ」，夢やビジョンを共有できる仲間・チーム，自身の強みや可能性を一緒に見つけてくれる，産官学民 金融 専門家，SDGs Innovation メンターの方々を，公式ホームページ[17]の EXPERTS の EXPERTS list & projects' menu から選んで，Contact us に第三希望まで書いて必要情報を送り，条件が合えば，Canvas 公式ホームページ[16]など

16　https://sdgs-innovationhub.com/login/canvas にメールアドレスやパスワードなど入れれば，登録完了。個人登録後は Canvas 公式ホームページとして，チーム登録・支援や国際（プレ）ハッカソンやワークショップなどのイベント参加・支援など，プロジェクト実現の公式の場となる。

17　https://www.cepic.earth/の共創テーマやチームのページを見て，参加したり，新設したりしながら全国・世界の仲間とプロジェクトを計画・実行・評価・改善して連携・展開する。

での世界最先端の専門家のメンタリングや実践的なワークショップに参加し，行政や金融との協定締結，優遇事業やパイロット実証等で夢を実現に近づけることができる。

(3)　**国際 (プレ) ハッカソンなど「EVENTS」参加プロセス**

ここまで，EVENTS の参加プロセスに沿って参加者/社のメリットを説明してきたが，改めて SDGs Innovation HUB を経由した国際（プレ）ハッカソンなどの「EVENTS」に参加するプロセスを説明しよう。

① 　まず参加者/社自身による SDGs Innovation HUB へ登録[17]が必要となる。

② 　次に参加者/社は【共創テーマ1～3】とチームを選ぶこととなる。ピッタリしたものが無ければ，自身で＋αの「共創テーマ」を創って，公式ホームページ[17]の EXPERTS の Contact us に必要情報を送って登録掲載することで仲間をチームに募る。全国・世界の仲間とチームでプロジェクトを実現させる。

③ 　さらに【フェーズ1～3】に応じて，自身の強みやベストのテーマやチーム，地域連携，サプライチェーン連携，広域連携・展開の可能性の発見を，一緒に自身やチームのワークシート・アンケートに回答したり，FB グループなどに入ったり，空いた時間を活用して相談にのったりしながら，永続支援していただける，参加者/社の未来創発の SDGs Innovation（CePiC）メンターの方々を選ぶ。公式ホームページ[17]の EXPERTS の EXPERTS list & projects' menu から選んで，Contact us に第三希望まで書いて必要情報を送り，Canvas 公式ホームページ[16]で，地域や世界で夢を具体的に実現に近づけていく。

次節以降では上記②であげた【共創テーマ】の1～3と，③で挙げた【フェーズ】1～3について説明する。

2　【共創テーマ1】「社会」関係の課題解決や新産業共創のテーマ：SDGs グローバル・リーダー「社会」プロジェクト

【共創テーマ1】では「社会」関係の共創テーマとして，(1)ディーセントワー

ク×SDGs（働き方改革など労働状況），(2)ゼロ・ロンリネス×SDGs（QOL など生活保障），(3)ライフ・シフト×SDGs（リカレント教育など自己実現）と，(4)関連する SDGs ビジネス×ファイナンスのツボとなるテーマ，の4つを挙げている。そのテーマの下，ヒト・コミュニティづくりで人材（才能）育成を行うといった具体的な SDGs グローバル・リーダー「社会」プロジェクトが進んでいるので[18]，各テーマにおけるプロジェクト例を挙げながら解説する。

(1)　ディーセントワーク×SDGs（働き方改革など労働状況）

──＜プロジェクト例＞──────────────────────

　・人生おくりびと×SDGs　・ジェロントロジー・カフェ×SDGs

リカレント教育（生涯教育）や育児・介護など家庭と仕事の両立を可能とした，「働きがい」のある人間らしい仕事労働状況を皆が持てる社会なることを目指す共創テーマで，具体的には，働く時間：生活状況に応じた対応可能性，働く環境：十分な広さ，安全性，研修・トレーニング，働く内容：本人の適性や習熟度に応じ，熱量・能力向上につながるプロジェクト[19]がこのテーマに属する。子育てだけでなく，介護の人材も特に都市化した社会においては持続可能性がないとされている中，米国の高齢者ファーストの都市サンシティをモデルに，自動車交通を基盤にしないコンパクトシティーの流れの中で，SDGs の全く新しいモデルをつくりだすことをテーマにしている。

　その大テーマの下，介護・高齢者ビジネスでの働き方改革・健康経営・地域ワークシェアのモデル，人生おくりびと，ジェロントロジー（老年学）やフィナンシャル・ジェロントロジー（金融老年学）に基づくモデル，職場だけでなく学校や家庭でのシェアワークのモデルなど相互連関的な分析と実践と生活を続けるプロジェクトとなっている。

───────────

18　「SDGs ウェディングケーキ」[2]（図表3−1）の分類では，17目標のうち，SDG 1・2・3・4・5・7・11・16に該当し，多くの法人・個人に関係する共創テーマ

19　SDG 8へ第一義的に貢献して「働きがい」を高め，「社会」的に，SDG 1・2・3・4・5・11・16への貢献につながり，「経済」的に，生産性向上などを通じて，SDG 9・10・12への貢献に，さらに，SDG17（パートナーシップ）への貢献につながるプロジェクト

(2) ゼロ・ロンリネス×SDGs（QOL など生活保障）

<プロジェクト例>

・Lefty（左利き）×SDGs ・偉人伝×SDGs（第4章4-3の5(4)など参照）

・Family Reunion×SDGs

　最低賃金でなく社員の生活賃金保障などの生活保障，役割・居場所保障など，「人権」そのもの，人と人の間で生きる人間性そのものの共創テーマで，天災・人災の戦争（国と国）・紛争（子ども・大人・団体その他同士），飢餓・貧困など経済面，障害・非包摂・排除など社会面でのゼロ・ロンリネスで，英国ではロンリネス対策担当大臣を置くなど具体的なプロジェクト[20]となっている。

　ここではとくに「Family Reunion×SDGs」[21]プロジェクトを紹介したい。

　8年前撮影された動画[22]。泣きじゃくる2歳のわが娘に父親（A氏）が詫びるように言っている。「ごめんね，またすぐ来るから。」「お仕事で会えないけど，パパまたすぐ来るから。」仕事で出張する父親がそれを寂しがる娘にかけた何気ない言葉のようにも聞こえるが，決定的に違うのは，この父親っ子だった幼子は3カ月前に急に父親から引き離され，久しぶりに会ったこの時も自分がまた父親から引き離されることを察して泣きじゃくっているのだ。A氏は8年経った今も未だわが子に会えていない。

　B氏はある日突然，配偶者が子どもを連れ去りわが子に会えなくなってしまう。彼も同じく配偶者に娘を連れ去られ，可愛いわが子に会えないでいる連れ去り被害者の一人である。やむを得ず親権を得るために調停や家事審判手続きに入った場合，日本の国家の司法自らが親子・家族のつながりという人権・国家の基本を破壊し，平然としている。諸外国では，次の調停・審判期日を入れる条件として，1～2カ月の間の親子・家族関係継続のための面会交流計画を

20　SDGs全てに貢献し，「経済」的に，SDG10へ第一義的に貢献し，「社会」的に，社会関係資本増強と安心安全などを通じ，SDG1・2・3・4・16へ，さらに，SDG17（パートナーシップ）への貢献につながるプロジェクト

21　「わが子に会いたい～親子断絶を助長する司法の問題点」（メリーランド州立大学講師エドワーズ博美「祖国と少年」12月号）から多くを引用してプロジェクトを紹介している。

22　https://www.cepic.earth/libraly-1-society

提出させ，例外なく履行状況をモニタリングで監護親の決定に逐次反映しているのに対し，日本の裁判官は，こうしたグローバル・スタンダードな運用さえせず，1〜2年一度も面会がなく，家庭裁判所が自らそれを放置し，親子・家族を破壊しているのに全く無頓着で，最初に連れ去った親は無罪放免，それを理不尽に思う親が連れ去った場合は違法という，まことにおかしな構図で，家庭裁判所が自ら，家族・家庭や親子を破壊している。離婚を考えている夫婦にとっては連れ去りも「子の利益」というが，泣きじゃくるB氏の幼子を見て，それでも「子の利益」といえる人は人間の心のかけらも持ち合わせていないといわざるを得ない。子どもの成長にとっては両親の存在と愛情が欠かせないという，SDGsや人権以前の人類共通の常識も完全に欠落している。

　2011年に娘を連れ去られたB氏は，和解すれば面会交流もできると思い2015年に正式離婚した。それでも会えないので，2016年に面会調停を申し立てたが，そのすぐ後で娘が「アスペルガー一症候群」であるという理由で面会拒否された。2017年に面会調停から面会審判に切り替えたが，裁判官は一言「元妻と二人で協議してくれ」と言ったのみだ。ここでも裁判官の事なかれ主義が父子の再会を阻んでいる。A氏は「弁護士と裁判官の癒着はしばしば批判されているが，裁判官の中には，自分が裁判で勝訴させた妻側の代理人の所属する弁護士事務所に天下る者さえいる。こうした裁判官は離婚弁護士の意向に添った判決しか出さない」と指摘する。

　また一男二女を連れ去られた父親(C氏)は，最初こそ長男の親権を与えられたものの，親権を行使して長男の学校と関われば関わるほど子どもの母親に疎まれ，ついには親権を失い，「子らの意向」という名目で，現在「2カ月に1回」の手紙による交流しか認められていないという。死刑囚でも月複数回の直接・間接の交流が認められる中，会うことは愚か，手紙での交流や情報提供さえ母親に一切妨害され，親権のある一男の利益を最優先にした親権行使に必要な最低限の情報さえ絶たれた。父親として卒業式や入学式，運動会などで何とか息子の面影や成長を確認しようと学校と連絡を取ろうにも，親子交流努力を嫌う母親の意向を受けた「子らの意向」を理由に，諸外国では例外なく課す親子回復プログラムなど一切せず，一男の親権を父親から奪い，民法766条に反して「非寛容」な母親に親権を変更する，およそ法治国家とは思えない非合理的な運用

がなされている。親子破壊ビジネスを進める家事弁護士と母親は図に乗り，親子関係という社会の人間関係を一切立ちつつ，養育費・扶養料などの金銭だけの請求は子らの成人後まで延長して認められた。企業や行政も，こうした養育費・扶養料の給与半分までの強制支払いを踏まえ，給与法等に基づき扶養手当を出すべきところを出さず，Ｃ氏も過年度分の扶養手当を何か悪いことでもしたかのように一方的に会社や国庫に返納させるという先進国では考えられない違法な運用を続けている。人間関係を支える基本と研修・教育している「親子・家族関係」を，子が実父に "金銭は要求するがコミュニケーションは一切取らない関係" で良いと国家が放置しているのだ。

「子の意向」調査のみに頼り，親子関係回復カウンセリングや段階的面会交流の試行調査，面会プラン変更などの関係維持・回復手続が確立されていない。国民の奉仕者たるべき裁判官に，親子関係維持・回復の意識はなく，どうせ他人事，判決がその後の国民に与える影響の責任は問われまいと，国家が無実の親子に受刑者にも許される手紙での交流さえ停止を命令してはばからず，私的自治の基本である親子・家族を破壊している。グローバルな情報化時代に，諸外国から日本国内では，親子・家族と安心して仕事や生活はできないとの激しい批判と，外国でなければ人権が守られない国家として恥ずかしい状況で，日本人の親子断絶は急増し，国民に奉仕すべき国家公務員のうち，特に司法の公務員が国民の基本的人権や子どもの利益や権利を侵害している。

同じく被害者の在日アメリカ人ジョン・ゴメス氏は「Kizuna Child-Parent Reunion[23]」を結成し，日本の子ども連れ去り問題を解決しようと，2020年1月まではEUを含むG7政府に訴える活動など日米両政府をはじめ国連人権理事会，日本国内の諸外国インバウンド外国人の活動，第4章4-2の4(4)で述べる「偉人伝」・キャリアコンサルティングなどの活動と連携している。

パリの弁護士ジェシカ・フィネル氏は，2019年12月，日本在住の外国人および日本人の実親による，子を誘拐された被害者達が，国連の人権機関，国連人権理事会に，子どもの権利の重大な侵害が繰り返されている日本の家事司法調査を申し立てた。毎年，推定15万人[24]の子どもが，離婚後に一方の親により不法

23　公式ホームページ（英語）：https://www.kizuna-cpr.org/directors
24　情報提供：Kizuna Child-Parent Reunion

に誘拐され，子どもを連れ去られた親たちの日本の当局を通じたあらゆる努力にも関わらず，子どもたちは長年，時には成人に達するまで，子供を連れ去られた片親へ会う機会を奪われている。日本は国家機関の作為および不作為を通じて，子どもの権利の重大な侵害を犯し，批准している子どもの権利条約の求める「最善の利益」が無視されている。日本国内の子どもたちは，東京国際大学人間社会学部小田切紀子教授（臨床心理学）が強調するように，学校中退，性的暴行，自傷行為などの長期的な行動問題を引き起こす原因となる可能性の壊滅的なトラウマにさらされ，それにより過去数年間に日本国内で自殺した子どもの数は増加している。日本の当局は，最も基本的な子どもの権利の原則「子どもの最善の利益」によって，子どもの権利の侵害を繰り広げている。日本の警察は，子どもを連れ去られた親による誘拐の刑事告訴を記録することを拒否。さらに，子どもを連れ去られた親が，自ら子どもを見つけようとすると，検察当局は子どもを連れ去られた親を常に威圧する。その後，家庭裁判所は「子どもの安定を乱さないように」など見せかけの理由で子どもの親権を誘拐した親に与え，子どもを誘拐した親たちは何ら処罰がないため，子どもを連れ去られた親が得たわずかな頻度の面会権を頻繁に無視する。子どもを誘拐した親による犯罪行為は無視されるどころか，日本の当局によってさらに頻繁に促進または奨励されている。子どもの最善の利益にも関わらず，子どもを誘拐した親を支持することにより，「定期的に両親と個人的関係及び直接の接触を保つ権利」（子どもの権利条約第9条）を含む，子どもを保護することを目的とする国際法のいくつかの規定に違反している。

　2019年6月，仏のエマニュエル・マクロン大統領は，東京で仏の複数の父親と会談し彼らの状況を「容認できない」と述べ，伊のジュゼッペ・コンテも同様の見解を表明した。両首脳はG20の場で日本の安倍首相に直接問題を提起。2019年3月，26人のEU大使が，日本の法務大臣に状況を改善するための法制度を求める共同の書簡を発行し，これを受けてジムレー＆フィネル法律事務所は国連人権理事会に対し，被害者の総体，年間15万人におよぶ，実親による子の誘拐の被害者となる子どもたちを考慮するよう要請し，上記ABC氏ほか代表的な10件の事案の詳細が提出している。

　これらの親子・家族破壊を，国民への奉仕者としての良心にも法にも基づか

ず決定した裁判長が，菊池洋一，土田昭彦，河野清孝，三田健太郎，南敏文，原克也などであり，これら氏名も当時の役職と共に国連などに提出されている。

　国民に奉仕し，条約や憲法で守られるべき人権を保護する司法権を持つ国家公務員，しかも国民の生活や人生の根本である親子・家族を守るべき専門裁判所である司法の家庭裁判所の裁判官自身が，国民や日本に在住する外国民の親子・家族を破壊し続け，日本国民だけでなく，日本を愛し続けてくれているEU26か国の内外諸国民，G 7 首脳，欧州議会，国連人権理事会，G 7 首脳にまで批判されても反論できず，その状態を放置しているのが事実であれば，アジア最古の民主主義国として民度を問われる非常に恥ずかしいことであり，最高裁判所以下，全ての裁判所はこれ以上被害者を出さぬよう即時に運用を見直し，そうした運用改正に従わない裁判官は即時に弾劾するか，その制度がなければ，先ずその制度をつくらなければならない。

　新型コロナウイルス感染症との戦い疲れから，伊仏など欧州，英米でも DV が急増しているが，日本と違い警察や一時保護所など国家が介入する以上，子の最善の利益に不可欠な親子関係を父母教育や面会交流などで徹底，人権として保持し，アジア初の民主主義国である日本国内で，日本を愛する内外諸国民の家族の価値や Pain Point を解決するテーマが，「Family Reunion×SDGs」である。

⑶　ライフ・シフト×SDGs（リカレント教育など自己実現）

―＜プロジェクト例＞―――――――――――――――――――――――
　・人財マイニング×SDGs　　・弟子入り×SDGs
　・100年人生ユートピア桃源郷×SDGs
――――――――――――――――――――――――――――――――

　ワーク・ライフバランスなど自己実現を通じ「生きがい」「働きがい」を高める共創テーマで，ビジネス（企業経営）・ハウス（家庭）＆スクール（学校），コミュニティ（地域）でのライフ・シフトのプロジェクト[25]となっている。

――――――――――――――

25　「社会」的に，リカレント教育（生涯教育）で，SDG 4 へ第一義的に貢献し，「社会」的に，SDG 5・11・16への貢献につながり，「経済」的に，人財資本増強と生産性向上などを通じて，SDG 9・10への貢献につながり，さらに，ワークやライフのシェアリングなどを通じて，SDG17(パートナーシップ) への貢献につながるプロジェクト

　例えば，「人材マイニング×SDGs」というプロジェクトは，ブロックチェーンでは仮想資産をマイニングするが，そうした技術を使いながら，同じようなアルゴリズムでVR/MRなど顧客体験も入れ込み，人財もマイニングすることがテーマとなっている。「社会」分野ではあるが先端技術も最大限入れ込んだイノベーションを試みている。

　ディーセントワーク，ゼロ・ロンリネス，ライフ・シフトのベストを合わせ，米国の高齢者ファーストの都市，サンシティのモデルを，高齢者だけでない，老若男女の全く新しいコンパクトシティーのモデルづくりもテーマにしている。

⑷　関連するSDGsビジネス×ファイナンスのツボとなる共創テーマ

―＜プロジェクト例＞――――――――――――――――――――――
　・Smart Village×SDGs　　・レジリエンス×SDGs
　・プロスポーツ×SDGs　　・エシカル女子×SDGs
――――――――――――――――――――――――――――――――

　ここでは特に，「プロスポーツ×SDGs」「レジリエンス×SDGs」プロジェクトを紹介したい。

①　「プロスポーツ×SDGs」プロジェクト

　これまでのオリンピックでは金メダリストのみがその後の人生で経済・社会的に安泰になっていた。しかし東京オリンピック・パラリンピックに向け，NHK・民放など世界のTVが，アスリート各人が試合に臨むストーリーを番組として流し，結果よりそのストーリーに共感し，共感した人が集って世界にファンクラブがつくられ，クラウドファンディングなど様々な有志とアスリート自身の希望や意志による活動の輪が広がっている。

　また，様々なスポーツ競技のプロスポーツ化やe-Sports化によるSDGs全目標へのインパクトは計り知れない。卓球や自転車などは，日本やアジアで老若男女，貧富関係なく誰もが安価な装備でできるスポーツで，そのe-Sportsやプロスポーツ化が，地域活性化などに貢献した沖縄や埼玉等での経験をもとに，これをアジア，アフリカ…と世界の資本や人財と組み，さらに大きな社会的インパクトを目指すプロジェクトが「プロスポーツ×SDGs」だ。

② 「レジリエンス×SDGs」プロジェクト

2015年国連防災世界会議から 5 年たった2020年から, 仙台 JC は仙台市, 各地域の町内会, 地域企業そして学生と連携し, 防災・減災の取り組みを推進している。まずは防災・減災の取り組みを推進する主体を学生などの若者に裾野を広げ, これが定着してきたら, 防災・減災の取り組みの進度を測る指標（レジリエンス指標）を設け, 地域の防災・減災の取り組みに活用する。さらに, 地域企業に対しては, 事業継続への取り組みにレジリエンス指標を活用してもらう。有事においても, その地域の人々が極力通常どおりの生活を続けていくことができる, そんな仕組みを運用することが住み続けられるまちづくりにつながる。レジリエンス指標を活用したまちづくりを, 1 つのモデルとして展開し, 新しいインダストリーにしようと, 地域, 世界の学生, そして産官学民と組んで二人三脚となって展開していく。感染症を含む BCP 策定, リスク・ファイナンス構築や, 他の被災自治体・JC との連携なども, このプロジェクトの特徴だ。

3 【共創テーマ 2 】 「経済」関係の課題解決や新産業共創の テーマ：Innovation スタートアップ「経済」プロジェクト

【共創テーマ 2 】では「経済」関係の共創テーマとして, (1)異能ベーター×SDGs（顧客・人財獲得）, (2)サステナブルブランド×SDGs（世界遺産などブランディング）, (3)トークンエコノミー×SDGs（「SDGs Point」などテクノロジー）と, (4)関連する SDGs ビジネス×ファイナンスのツボとなる共創テーマを挙げている。そのテーマの下で, モノ・コト・カネ・新公共財づくりで経済活性を行うなど, 具体的に進行している Innovation スタートアップ「経済」プロジェクト[26]の例を解説する。

(1) 異能ベーター×SDGs（顧客・人財獲得）

―＜プロジェクト例＞――――――――――――
・STI 異能ベーター×SDGs　 ・Gaia Tech×SDGs

26　「SDGs ウェディングケーキ」[2]（図表 3 − 1 ）の分類では, 17目標のうち, SDG 8 ・ 9 ・10・12・17（パートナーシップ）に該当し, 多くの法人・個人に関係する共創テーマ

　多用な能力や価値観の顧客体験・従業員体験を高めてファン（ブランド）を獲得，それができる人材を獲得し，有能な顧客や従業員の能力・人財力を高める共創テーマで，JCI国際（プレ）ハッカソンなど通じた人財発掘とHUBやSNSなど通じたマッチング，SDGs Innovation HUBを通じた地域連携・サプライチェーン連携，広域連携など目指すプロジェクト[27]などが含まれる。

　例として「STI異能ベーター×SDGs」というプロジェクトを紹介しよう。日本JCは，2019年度に「異能ベーター発掘プロジェクト」事業として，12歳から18歳の子ども達の中で分野は問わず「異能」を発掘してきた。最終選考を経て「異能ベーター」として認定された子ども達には，日本JCが主催する「少年少女国連大使育成事業～World SDGs tour～」へ無料でご招待され，スイス，スウェーデンを訪問するなど，世界を知り，異能を磨き，未来を担う貴重な人材として輝いてもらうことを目的として開催している。異能人材CV動画シェア＆マッチングシステムでは，日本が家庭・地域，学校，会社・社会を人財の墓場としてしまっている中で，そうした眠れる獅子，異能，人財を発見して引き出し，これまで終身雇用だった習慣の維持が必要な場合にも，親元に在籍しながらプロジェクトベースで人財をレンタル・シェアリングするシステムなどを用いている。「STI異能ベーター×SDGs」とはこれらのシステム等を開発しシェア・実践することなどをテーマとして世界から共創チームを募るものである。

⑵　サステナブルブランド×SDGs（世界遺産などブランディング）

　―＜プロジェクト例＞―
　　・Inbound Outbound Loop×SDGs　　・世界遺産×SDGs

　従来の経済面での価値提供だけでなく，環境・社会も包括したブランドを確立する共創テーマで，世界自然遺産・地誌（環境），世界文化遺産・歴史（社

27　SDG 4へ第一義的に貢献して「働きがい」「生きがい」を高め，「社会」的に，SDG 5・11・16への貢献につながり，「経済」的に，人財資本増強と生産性向上などを通じて，SDG 9・10への貢献につながり，さらに，ワークやライフのシェアリングなどを通じて，SDG17（パートナーシップ）への貢献につながるプロジェクト

会），世界産業遺産・科学（経済）の叡智をフル活用した地域・広域ブランド連携・展開を行うプロジェクト[28]となっている。

　現在盛んに叫ばれている地域創生や地域の価値といっても，最近の地域の動きや未来への希望だけで，世界と競争や共創をするには不十分といわざるを得ない。国連のユネスコが主導して，世界自然・文化・産業遺産の活動があり，これはオリンピックに次ぎ成功したグローバル・ソーシャルビジネスモデルといわれている。日本であれば，世界遺産に選定されるとインバウンドはじめ観光客が押し寄せ世界遺産特需に沸くが，2〜3年で反動減に苦しむパターンがあまりに多い。「世界遺産×SDGs」というプロジェクトは世界遺産の選定理由書という科学の推移を集めた学問的な「価値」の認定の記録を，SDGsの現在と将来の課題解決へ新産業創出のツボとすることをテーマに掲げるチームである。

(3)　トークンエコノミー×SDGs

---<プロジェクト例>---
　・Token Economy×SDGs　　・SDGs Point×SDGs

　AI・ビッグデータ，ブロックチェーン技術などの新テクノロジー活用，自動運転・ドローンなど，CX顧客体験・従業員体験への感応度を高めたDXデジタル変革を行う共創テーマで，JCI国際（プレ）ハッカソンなどの機会に，SDGs Innovation HUBシステムなどで「SDGs Points」を通じた，地域通貨，世界通貨，シェアリングエコノミー構築，社会・環境配慮の新素材開発などが具体的なプロジェクト[29]となっている。

　インターネットは機械であるコンピューター間の情報通信からはじまり，電

28　「3．環境（生物圏）」の(1)ゼロ・エミッション，(2)ゼロ・ウェイスト，(3)再生可能エネルギー100％の取組みで，SDG14・15・7・13に第一義的に貢献し，サステナブルブランドを確立し，「社会」的に，SDG1・2・3・4・5・11・16への貢献，「経済」的に，顧客・従業員体験向上などを通じて，SDG8・9・10・12への貢献につながり，さらに，SDG17（パートナーシップ）への貢献につながるプロジェクト

29　SDG12・17（パートナーシップ）に第一義的に貢献し，「つながる日本/○○力」を確立，「環境」的に，SDG6・13・14・15への貢献，「地域循環共生圏」の確立，「社会」的に，SDG1・2・3・4・5・11・16への貢献につながり，「経済」的に，CX顧客体験・従業員体験向上などを通じて，SDG8・9・10への貢献につながるプロジェクト

子メール，ホームページ，SNS と続き，まずは東西冷戦の壁，資本主義と社会主義の「分断」を取り払い，より人間の個々人の自由に基づく社会構築に貢献してきた。仮想資産 BitCoin をはじめ，仮想資産やブロックチェーン，AI なども同じで，資本主義の根幹である通貨や企業とともにその担い手だった国家の「分断」を超え，全く新しい通貨や資本主義，身近でなく中長期の価格決定が得意な通貨に対し，日々の身近で個人的な価値決定する評価軸としての挑戦が「Token Economy×SDGs」プロジェクトである。

「SDGs Point×SDGs」プロジェクトも，同じくマルチ・ステークホルダー間の「分断」を取り払い，誰一人取り残さない社会を目指す「手段」として，インターネットとその役割を同じくしている。ここでは全く新しい仮想資産「SDGs Point」を，通貨と同じくらいの普遍性があり，同時に通貨の弱い身近な日々の情報や価値まで，インタレスト/リスペクトを単位に細かくとらえ，評価を行うしくみをつくっていくことをテーマとして，世界のブロックチェーンや AI などの技術者，SDGs 評価を試みる市場関係者，当局，金融機関や大企業などの幅広いステークホルダーを含むチームを募って共創することを目指している。

⑷ 関連する SDGs ビジネス×ファイナンスのツボとなる共創テーマ

―＜プロジェクト例＞―――――――――――――――――――――

・スマート物流×SDGs ・新交通×SDGs

・Shinise（100年～1000年企業）×SDGs

・新金融（評価×FinTech）×SDGs

ここでは特に「スマート物流×SDGs」と「Shinise（100年～1000年企業）×SDGs」を紹介したい。

① スマート物流×SDGs

GAFA によりインターネットや SNS による取引，宅急便などの物流モデルが世界に広がる中，物流の最前線の労働状況などが過酷となり，地域や家庭などにとって持続可能なモデルではなくなっている。例えば，「スマート物流×SDGs」というプロジェクトは，基本的にこれらを混載し，地域の中で共同物流

網を整備することで，ビジネスをする地域の流通業や関連産業，逆に製造業の発信力の強化や消費者の選択を，情報の流れを同時に整備し起こりやすくすることを目指している。

②　Shinise（100年〜1000年企業）×SDGs

日本最古の会社として，創業1400年の宮大工の金剛組があるが，永続企業とそのスタートアップ・応援の地域エコシステムを研究者も交えながら行っていくのが「Shinise（100年〜1000年企業）×SDGs」プロジェクトだ。これにより「世界の永年企業が連携し，地域や日本のSDGsに貢献する評価や地域に根差した他の企業にも大きく広がる可能性が期待できるテーマである。これは世界（文化・自然・産業）遺産×SDGsのチームとも連携していく共創テーマである。

4　【共創テーマ3】「環境（生物圏）」関係の課題解決や新産業共創のテーマ：産官学民（金）共創HUB「環境（生物圏）」プロジェクト

【共創テーマ3】では「環境（生物圏）」関係の共創テーマとして，(1)ゼロ・エミッション×SDGs，(2)ゼロ・ウェイスト×SDGs，(3)再生可能エネルギー100％×SDGsと，(4)関連するSDGsビジネス×ファイナンスのツボとなる共創テーマを挙げている。そのテーマの下，行われているエコシステム・場づくりで地域（社会・街・里）創生など，産官学民（金）共創HUB「環境（生物圏）」プロジェクト[30]の例を解説する。

(1)　ゼロ・エミッション×SDGs

―＜プロジェクト例＞――――――――――――――――――
・地域循環共生圏×SDGs　　・SDGs評価×SDGs
・パンデミックとの戦い×SDGs

大気，そして海や川・湖など陸の環境を汚染する廃棄物を排出せず，CO_2など

―――――――――――
30　「SDGsウェディングケーキ」[2]（図表3−1）の分類では，17目標のうち，SDG 6・13・14・15に該当する共創テーマ

の排出に代表される気候を混乱させる廃棄物を排出しない原材料や生産工程とする共創テーマで，ビジネス（企業経営）・ハウス（家庭）＆スクール（学校），コミュニティ（地域等）でのゼロ・エミッションを行うプロジェクト[31]がこのテーマに含まれる。

　ゼロ・エミッションは，地球温暖化による気候変動や海水面上昇などを防止し，CO_2や環境を汚染する廃棄物を排出しない原材料や生産工程を求める，まさにSDGsが誕生する一番大きな要因となった一丁目一番地のテーマである。したがって，環境省の推進する「地域循環共生圏」，SDGs評価も構築していく。

　エミッションの多くがビジネスからであり，大企業や大規模工場などから対策を進めていくことが求められるが，家庭のハウスや学校のスクール，地域のコミュニティにおいても，家庭ゴミを減らすこと（これ自体はゼロ・ウェイスト）も，特に集合住宅や人口の多い都市などでは重要となってくる。

　例えば，「パンデミックとの戦い×SDGs」は，新型コロナウイルス感染症との戦いが，SDGsの本質というより基本である人間の命，健康・福祉（SDGs目標3）維持そのもので「社会」関係の課題だが，人が歩いたり交通手段で移動したり，生活・仕事のため人と五感を使って話すなど，人と接触する社会・経済・環境活動そのものでウイルスというエミッションを出し，愛する弱き人にうつし，その命を奪いかねない，ゼロ・エミッションのテーマと捉えたチームである。

(2)　ゼロ・ウェイスト×SDGs

```
―＜プロジェクト例＞―――――――――――――――――――――――
　・ゼロ・ウェイスト・ビレッジ×SDGs　・ライスレジン×SDGs
```

　大気，そして海や川・湖など陸の環境を汚染するウェイスト＝ゴミを出さない原材料や生産工程とする共創テーマで，ビジネス（企業経営）・ハウス（家

31　大気，そして海や川・湖など陸の環境を汚染する廃棄物を排出しない原材料や生産工程とすることで，SDG14・15に貢献する。CO_2などの排出に代表される気候を混乱させる廃棄物を排出しない原材料や生産工程とすることで，SDG13に貢献し，さらに再生可能エネルギーを活用など「脱炭素」することで，SDG7に貢献するプロジェクト

庭)＆スクール(学校)，コミュニティ(地域など)でのゼロ・ウェイストを行うプロジェクト[32]などが含まれる。

　例えば，「ゼロ・ウェイスト・ビレッジ×SDGs」は，富士山麓の国立公園，忍野八海で有名な忍野村での，小中学生とその家庭と職場，忍野村を巻き込み，政策，教育や経営戦略まで影響を与える，地域のSDGs達成のツボになる事業となっている。庭の一部を「ゼロ・ウェイスト・ハウス」として村のこどもエコクラブの会員に開放するのだが，参加する生徒は日々の家庭ゴミを一定期間ハウスに持ち込み完全分別しなくてはならない。生ごみは庭のコンポストに入れ，堆肥にして野菜や果物など育て，プラスチックごみは種類などを記録，可能な限りリサイクルし，燃えるごみに出すのは最小限とする。農業用マルチシートの分解経過も子ども達と体験しながら検証する。プラスチックごみがどのようにマイクロ・プラスティックとなるのかを子どもと親，先生が一緒になってデータを取り，そのメカニズムを解き明かしていく。

　この経験を生かして，子ども達から「ゼロ・ウェイスト・ビレッジへの提案」を発信し，連携する大学の学生・院生とともに論文にし，役場や村議会に提案していくことを視野に入れている。

　人口の半分は近くの工場従業員の家庭で集合住宅に住み，生ごみも含め，都市同様，燃えるゴミで捨てている。工場，忍野村，地域金融機関から資金を受け，人口の半分が持つ畑のシェアリングを行い，村全体が「ゼロ・エミッション・パーク」となるよう活動を進める。この構想は，世界においてもコンパクトな集落をもつ地域には広く適応が可能となるものであり，ユネスコのESD，国連大学，その他大学，地域・他国都市とチームとなった連携を募集している。

　また，「ライスレジン×SDGs」というプロジェクトは，主に非食用米を原料としてバイオプラスティック樹脂化とする意味でゼロ・フード・ロスの側面からのゼロ・ウェイストをテーマにしている。さらに，台風被災地の廃棄米を大量に購入した点からは，災害対策レジリエンス×SDGsのテーマとして，多くのSDGsの目標達成に貢献する活動となっている。他にもバイオプラスティック

32　大気，そして海や川・湖など陸の環境を汚染するウェイスト＝ゴミを出さない原材料や生産工程とすることで，SDG14・15に貢献する。生活で食をフード・ロス，衣・住をゴミとせず，全て資源として活用することで，SDG1・2・6に貢献するプロジェクト

を使用している観点からは，ゼロ・エミッションやマイクロ・プラスティック対策として水陸の生物の豊かさへの貢献も大きい。メンバーはタイからアジア全域に事業展開を考えており，ここでも JCI のネットワークを活用した JV などが誕生しようとしている。チームは国際（プレ）ハッカソンでさらに多くの関心ある会員やその関係者を見つけ，国内外にソーシャルビジネスを展開しようと計画している。

(3)　再生可能エネルギー100％×SDGs

＜プロジェクト例＞
- ・再生可能エネルギー100％×SDGs
- ・アリストテレス四元素（火・風・水・土）循環×SDGs
- ・エネルギー地産地消・自給自足×SDGs

　主に二酸化炭素などの排出に代表される気候を混乱させる廃棄物を排出しない原材料や生産工程で生まれるエネルギーを100％とする共創テーマで，都市の都心循環エネルギー，郊外の地産地消エネルギー，個人の自給自足エネルギーなどで再生可能エネルギー100％を行うプロジェクト[33]となっている。

　都市の都心循環エネルギー，郊外の地産地消エネルギー，個人の自給自足エネルギーなど，自然の力で定常的（または反復的）に補充されるエネルギー資源で100％賄うことを目指すビジネスを新結合で産みだす。欧米だけでなくアジアでも投資額が年々増加しており，いずれエネルギー料金の形でコスト増が予想される中，全ての企業が早めに対応できるようサポートし，できれば究極的にこれを達成させることで新たな連携と付加価値のチャンスを目指している。

　例えば，「アリストテレス四元素（火・風・水・土）循環×SDGs」というプロジェクトは古代から治水や地政学の基本となる四元素のビックデータをとって調査分析するテーマを掲げている。「レジリエンス×SDGs」プロジェクト等

33　エネルギーの「地域循環共生圏」として，SDG 7 に貢献し，さらに主に二酸化炭素などの排出に代表される気候を混乱させる廃棄物を排出しない原材料や生産工程とすることで，SDG13に貢献する。森の木を伐採して薪などエネルギー源に使わないこと，水など諸資源の「地域循環共生圏」と

が科学的なデータの基づいたエビデンスにたった新たなインダストリーづくりに苦戦しているが，このプロジェクトがすすめば防災，地震保険，インフラ管理・運営，都市政策，BCPや様々な経済活動に至る鍵となる情報を結び付けた付加価値を地域や世界に提供することができるようになる。例えば国や企業の研究機関による，日本全域におけるアリストテレスの四元素にまつわるデータ（例えば水循環に関するデータなど）を分析するサービスを，様々な国や地域相手に展開，レジリエンスや防災機能強化に役立つビジネス展開もありえるだろう。

(4)　関連する SDGs ビジネス×ファイナンスのツボとなる共創テーマ

> ─＜プロジェクト例＞─────────────────────
> ・森の恵～みんなの地球公園×SDGs
> ・SMILE by Quality WATER×SDGs　・ISLANDs×SDGs

「森の恵～みんなの地球公園×SDGs」プロジェクトは，直接的には，森のある大地を世代や国境を越えて万人に提供しようという SDGs の「環境」分野への貢献インパクトを最大化しようというもので，これを次世代の子ども達に届けようとする子どもの森プロジェクトと方向性を一にしている。このプロジェクトは，森の中で人間の健康増進などの効果が最も高い樹木を全国各地で探し出し，日本では北海道の釧路のトドマツを発見し，科学的データに基づいてこれを分析した。こうしたプロセスそのものが教育的であり，研究的であり，かつアカデミックだ。ツーリズムなど余暇活用ビジネスや地方創生にも結び付けられるものであり，他国の全く違った風土や文化では，植生側，人間側が異なることで樹種の効果も高く，それを追求するだけで世界自然遺産だけでなく文化遺産や産業遺産の決め手となる要素を発見することができるテーマである。教育的で研究的でアカデミックな「社会」モデル，人間の社会や動植物の環境を合わせた全く新しい大きなエコシステムととらえる「環境」モデルと連携して，ツーリズムなど余暇活用ビジネスや地方創生にも結びつける「経済」モデルも追及する，「森の恵み」をキーワードにしたテーマだ。

みんなの地球公園は，G7富山環境相会合の際に，富山市民が「みんなの地球

公園宣言」を行うことで誕生し，G7伊勢志摩サミット，G20福岡財務相会合や大阪サミットなどで世界に発信した国際コミュニティである。サイバー・リアルの地球公園のようなパブリックスペースの場づくり（プレイスメイキング），SDGsのツボを捉えたInnovation HUBづくりや人財開発などで地域や世界と連携している。JCIや日本JCのIT部会内で，SDGs Innovation HUB projectの事務局も担当しており，事業評価やSDGs評価などの専門家やメンターを，全世界のJCに送り招聘等を受ける活動について協働するチームを求めている。

「ISLANDs×SDGs」プロジェクトは，再生可能エネルギー100%や繊維のバイオ・ネットワークをつくっている中で，沖縄のように，奄美群島の産官学民でまとまったSDGsでInnovationする動きを指向するものだ。ビジネスもファイナンスも行政区に分かれた対応は効果的な付加価値を産まないので，奄美群島振興基金の既存の制度金融を整理・合理化し，そうした財源で，f-Bizのビジネスモデルを奄美群島と一体して試みようとしている。日本も太平洋島サミットなどの様々な二国間・多国間のイニシアティブを推進しており，そうした財源を民間投融資の呼び水とする，新たな島嶼地域・国の国際制度金融の構築を多国間連携しながら進めるテーマである。

5　【フェーズ1・2・3】　共育「教育」・共創「起業」・連携「経営」プログラム

ここまで，具体的なプロジェクトのもととなる【共創テーマ】の内容を説明してきた。最後にCanvas公式ホームページ[16]で，地域や世界で夢をプロジェクトをさらに発展させ具体的に実現に近づけていくためのSDGs　Innovation HUBのプログラム，【フェーズ1・2・3】の具体的な内容を紹介したい。

(1)　【フェーズ1：共育「教育」SDGs Innovation HUB. edu】：
　　青少年＋成人サステナブル人材（才能）育成・共育プログラム

SDGsを進めるにあたり，まず必要なのが人材だ。SDGs Innovation HUB. eduでは小中高大の総合教育・職場の研修を念頭に，次のようなプログラムで，教育・起業・経営を連携させた共有，引き出す教育・開発をはかっている。

①　小中高大の総合教育用・職場の研修用ワークシート・アンケート[34]

アンケートに回答しながら，EXPERTS に質問・相談・メンタリングを受けてプロジェクトを実現に近づけることができる。教育界と産業界の連携や世代を超えた共創などにも活用できる（第 5 章 5‐2 で具体例を含め詳述）。

②　SDGs Innovation リーダー

EVENTS の参加者/社の個人/組織を「SDGs Innovation リーダー」に登録し，仮想資産「SDGs Point」を貯めて，全国・世界の大学・研究機関，小中高など学校で行われる教育イベントに参加する。セクターを超え連携する。

③　EXPERTS による各界の世界最先端の研修など

EXPERTS による各界の世界最先端の研修に参加したり，同時に自身・自社の自己評価・相互評価を作成してみるなど実践的ワークショップに参加する。

(2)　【フェーズ 2：共創「起業」SDGs Innovation HUB. stu】：
　　政治・経済政策提言＋社会ビジネス・経済活性実証プログラム

人材が揃えば，次は具体的なアクションをスタートするフェーズだ。SDGs Innovation HUB. stu では起業・投資教育やビジネス・実践を念頭に，自身/社の起業，スタートアップを後押しするために以下のプログラムを用意している。

①　起業・投資教育用・ビジネス・実践用ワークシート・アンケート[35]

ワークシート・アンケートに回答しながら，EXPERTS に質問・相談・メンタリングを受けて，プロジェクトを個人や法人・組織でチームで実現する。起業教育や社内起業，起業家・企業家連携などにも活用できる。

②　仮想資産「SDGs Point」を使ったイベントの参加

仮想資産「SDGs Point」を貯めて，起業・投資教育，ビジネス・実践イベントに参加する。国境や世代，セクターを超え連携・展開する。

③　SDGs Innovation HUB のネットワークを使って協力を募る

SDGs の SX，Innovation や Social　Impact を産む DX の観点から，EVENTS で EXPERTS と自己評価，相互評価等行い，HUB のある地域・団

34　共育「教育」専用 Moodle 公式ホームページ　https://sdgs.roundtable.jp/wsheet/
35　共育「教育」・共創「起業」・連携「経営」用 Canvas 公式ホームページ　https://sdgs-innovation hub.com/

体で集め，地域・世界の金融機関（銀行・証券・保険等）や取引所・業界団体と「SDGs Innovation 協定（仮称)」を締結して，金融の専門家としての事業性評価やエンゲージメントいただきつつ，同時に金融機関や企業・取引所・業界団体としても，世界最先端の目利き力やコンサルティング能力を高めることができる。

⑶ 【フェーズ3：連携「経営」SDGs Innovation HUB】：
　　 地域創生・社会振興事業＋産官学民（金）連携実証プログラム

　最後のフェーズは，スタートアップしたプロジェクトを動かし続けること，新型コロナウイルス感染症との戦い（SDGs 目標3）などでも「稼ぎつづけ」持続可能にすることが目標となる。SDGs Innovation HUB では産官学民で働き経営する企業家・経済人を念頭に，以下のような支援をプログラムを用意している。

　①　産官学民で働き経営する企業家・経済人用ワークシート・アンケート[36]

　アンケートに回答しながら，EXPERTS に質問・相談・メンタリングを受ける。大企業と Startup 含む中小企業の事業連携などにも活用できる。

　②　仮想資産「SDGs Point」を使ったイベントの参加

　仮想資産「SDGs Point」を貯めて，産官学民連携，教育・起業・経営等イベントに参加することで国や企業の規模やセクターを超え連携できる。

　③　優遇事業やパイロット実証等の活用

　協定に基づく優遇事業やパイロット実証等により，HUB である地域・団体で，産官学民など連携した新たな SDGs 金融エコシステムを活用することで参加者/社の生活・仕事での自律的かつ求心力ある世界最先端の地域・団体イノベーションを起こす。それによる SDGs 達成など，世界・全国・地元・家族等に貢献する真の「SDGs Innovation リーダー」になり未来を切りひらく。

　　　　　　　　　　　　　　　　　　　　　　　　　　　　（御友重希）

36　https://sdgs-innovationhub.com/

3-3　地銀・中小企業の FinTech/デジタル化が開く新金融・新市場の未来

　18世紀半ばから19世紀にかけてイギリスから始まった産業革命は，世界を大きく変え，そして現在，第 4 次産業革命の時代を迎えている。産業革命によってもたらされた巨万の富は，産業資本を上回るまでに金融資本を巨大化させ，地球規模の様々な格差と環境問題を産んでいる。また，現代の技術革新の根幹をなすデジタル技術は，その富の偏在を加速している。このような全産業デジタル化時代における日本の社会課題である，首都圏への一極集中と地方経済の衰退をテーマに，如何にしてこの社会課題に立ち向かうのかについて述べる。

1　日本の社会構造の変化と失われた30年

　日本の現代史を一言で表すと，「失われた30年」である。30年前，日本は輝いており，自信に満ち溢れていた。日本中の地方で，自動車，家電，半導体，通信機の工場がフル稼働していた。平成元年（1989年）を例にとると，世界企業の時価総額ランキングベスト50社の第 1 位の NTT をはじめ，当時の日本興業銀行，都市銀行が世界の上位にいて，32社がランキングしていた。しかし，30年が経過した平成30年（2018年）は，ベスト50社中にランクインしている日本企業は，35位のトヨタ自動車だけである。

　では，この「失われた30年」をもたらしたものは，なんなのだろうか。たった 1 つのことを挙げるなら，それは「一極集中」である。一極集中とは，首都圏と大企業への一極集中のことである。現在，首都圏に人口の 3 分の 1 が，そして経済の半分が集中している。これは，37万 km²の大半の国土を活かしていないことを意味している。安倍政権のキャッチフレーズに「一億総活躍社会」があるが，これは正しく現在が「一億非活躍社会」であることを意味している。大企業を経団連企業とすると経団連企業の従業員数は約12％でしかなく，残りの88％は中小企業の従業員である。

　では，どのようにして30年が失われていったのか。第二次大戦による敗戦後，日本は戦後復興に際して戦前以上に工業化の道を選択した。それは農業を犠牲

[図表 3 － 3]　日本の産業別就労人口の推移

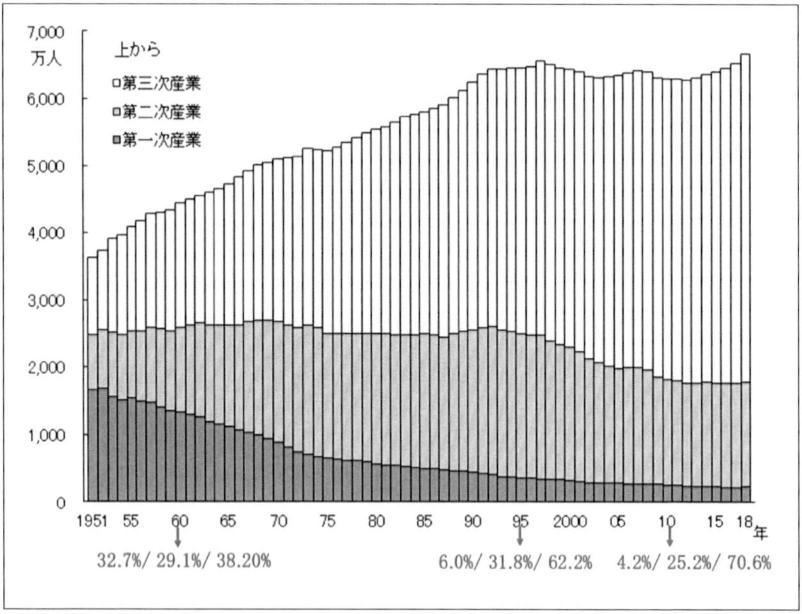

出所：総務省「労働力調査」

にして工業化を図ることであった。すなわち，農地を工場に転換する政策である。実際，カロリーベースの食料自給率は，1960年の80％から2000年の40％まで，40年で半減している。農業社会から工業社会，そして情報社会へと急速に社会構造は変化した。1960年の第 1 次/第 2 次/第 3 次産業別就業人口の割合は，32.7％/29.1％/38.20％だったが，1995年には，6.0％/31.8％/62.2％へと変化し，2010年には，4.2％/25.2％/70.6％へと急速に変化した（**図表 3 － 3**）。

　現代日本の就業人口の割合は，70％以上を第 3 次産業が占め，約25％を製造業が占め，第 1 次産業が 4 ％程度にある。このような産業構造の変化が急激に進む中で，円高，ドル安が進み，日本の大企業を頂点とするピラミッド型の製造業は，日本の工場を海外移転する動きが加速した。また，かつて大きな世界シェアを有していた，家電，半導体，通信機は一気に減速し，現在，国際競争力を維持しているのは自動車産業と素材産業だけである。しかも，これらの産業の大半が工場の海外移転を行ったために，大企業の下請け構造に組み込まれ

てきた製造業に属する中小企業の衰退も加速した。この結果，地方で育った若年層は地方に雇用が減少したため，首都圏への人口流出が続いている。

　また，地方の中小企業への資金提供を行ってきた地方の金融機関である地銀は，生産年齢人口の高齢化と共に貸出量が減少し，低金利も拍車をかけて基幹事業の企業への融資事業が減少の一途を辿っている。

　以上に述べたように，「失われた30年」とは社会構造の変化によるものであるが，その背景にあるのが第 3 次産業革命，すなわちデジタル情報革命である[37]。日本経済は，世界の潮流としてのデジタル情報革命に乗り遅れ，大企業中心の産業構造が機能不全に陥り，国際競争力を失っていったのである。では，次節以降にデジタル情報革命の潮流を捉えることで，次なる日本経済，特に地方創生に寄与する方策について述べる。

2　FinTech の登場と金融ビジネスの変化

　デジタル情報革命は，金融ビジネスに大きな変化をもたらし始めている。従来の金融は，企業会計と家計をつなぐ「銀行」「証券」「保険」の 3 つであり，店舗を構えた対面サービスが中心であった。そこへ，デジタル情報革命の波が押し寄せ，2014年頃から，デジタル技術と金融とが融合した「FinTech（フィンテック）」なる分野が登場している。

　FinTech が登場した背景は，**図表 3 − 4** に示すように，ゼロ金利時代の到来と共に，消費者の「貯蓄から投資へ」の変化が起こり，借り手と貸し手のニーズが明確になってきたことがある。例えば，クレジットカード上の債務の借り換えニーズが高いにも関わらず，リーマンショックの際に金融機関が個人融資に対応できなかったために，ニーズに応える Tech（テック）企業による金融サービスが始まった。これが，FinTech（フィンテック）の起源である。現在の典型的な FinTech サービスを分類すると，融資，預金，家計簿・会計ソフト，資産運用，決済，モバイル POS[38]，PFM[39]，銀行インフラ，ロボ・アドバイザー（AI活用投資助言サービス），暗号資産もしくは仮想資産や特殊なバーチャルコミュ

37　第 1 次産業革命は，18〜19世紀の動力革命，第 2 次産業革命は，19〜20世紀の重化学工業革命

38　スマートデバイスでのクレジットカードやデジタルマネー支払いのこと

39　Personal Financial Management の略。個人のお金に関わる情報に関する統合管理

［図表 3 － 4 ］　FinTech サービスが成長する背景

○貯蓄から投資への時代へ：借り手/貸し手のニーズが明確
○クレジットカード上の債務の借り換えニーズが高いにも関わらず，リーマンショックで金融機関が個人融資に対応できなかった
○現在の定型的な FinTech サービスを分類
　融資，預金，家計簿・会計ソフト，資産運用，決済，モバイル POS（スマートデバイスでのクレジットカードやデジタルマネー支払い），PFM（Personal Financial Management，個人のお金に関わる情報に関する統合管理），銀行インフラ，ロボ・アドバイザー（AI 活用投資助言サービス），仮想通貨（特殊なバーチャルコミュニティで流通する電子マネー），マーケットプレイス・レンディング（資金の貸し手と借り手の仲介サービス）等

⇒FinTech サービスは，ネット・ユーザーに対して，既存金融機関によるサービスとは異なる，新たな価値を提供
⇒先進的な消費者に加えて，個人事業主，中小企業を中心にビジネスの分野での利用が急拡大

出所：筆者作成

ニティで流通する電子マネー，マーケットプレイス・レンディング[40]等がある。FinTech サービスは，ネット・ユーザーに対して，既存金融機関によるサービスとは異なる新たな価値を提供することで，先進的な消費者に加えて，個人事業主，中小企業を中心にビジネスの分野での利用が急拡大すると思われる。

　FinTech はテクノロジーとして何を創出するのか。ということを利用者と金融機関のサイドから見てみよう。利用者サイドからは次の３つのことがある。①利便性の向上，②安全性の向上（信用），③低コスト化。また，金融機関サイドからは，次の３つが挙げられる。①新技術導入による新ビジネスモデルの創出，②セキュリティの向上，③コストを上回る付加価値の創出。

　特に，本章での主役である地銀等の既存の金融機関にとっては，従来の金融サービスをアンバンドリングし，あえて過去のバリューチェーンを破壊することで，新しい仕組みを自らが提供し，顧客と事業を守り，新規顧客を獲得できると考えられる。すなわち，既存のビジネスを失っても上回る新ビジネスを創出できるようにビジネスモデルを転換する必要がある。

　改めて，FinTech とは，Finance（金融）×Technology（技術）の融合を意味するが，よりテクノロジーの要素が強い。金融機関が FinTech 企業になるのだ

40　資金の貸し手と借り手の仲介サービスのこと

ろうか。Tech 企業が金融機関になるのだろうか。それは，金融機関サイドに立つとすれば，レガシーの IT から，金融ビジネスのデジタル化を指向するオープンイノベーション戦略への転換にかかっている。

3　地方創生の鍵を握る SDGs と地銀・中小企業のデジタル化

　本節 2 で述べたように，「失われた30年」の間に，大企業，特に家電，半導体，通信機メーカーは国際競争力を失い，また，自動車産業等の国際競争力を維持している企業は，工場の海外移転を余儀なくされた。したがって，大企業からの下請け型ビジネスを主として行ってきた国内の中小企業は衰退し，地銀は，貸出量の減少が続いている。

　ここで，地方創生と SDGs との関係性について考えてみたい。SDGs とは，2001年に策定されたミレニアム開発目標（MDGs）の後継として，2015年 9 月の国連サミットで採択された「持続可能な開発のための2030アジェンダ」にて記載された2015〜2030年までの国際目標のことであり，持続可能な世界を実現するための17のゴール・169のターゲットから構成されている。特に重要な概念は，地球上の誰一人として取り残さないことであり，世界に存在する様々な分断を解決するゴールベースの行動指針である。

　一方，地方創生とは「国民一人ひとりが夢や希望を持ち，潤いのある豊かな生活を安心して営むことができる地域社会の形成」である。そして「まち・ひと・しごと創生法」に，地方創生の目的として「地方創生とは，第二次安倍政権で掲げられた，東京一極集中を是正し，地方の人口減少に歯止めをかけ，日本全体の活力を上げることを目的とする」と明記されている。これが，2014年に成立した法律で，FinTech の始動年と一致しているのである。また，地方創生のために次の 3 つの矢が定義されている。①高度データ分析が可能なRESAS（地域経済分析システム，リーサス，地方創生の様々な取り組みを情報面から支援するために，経済産業省と内閣官房〔まち・ひと・しごと創生本部事務局〕が担当）を提供する等「情報支援」の矢。②地方創生カレッジ事業，地域活性化伝道師，地方創生人材支援制度等の人材育成・派遣による「人材支援」の矢。③地方創生関係交付金，企業版ふるさと納税等「財政支援」の矢。このように，情報・人・カネに関する 3 つの矢を政策の柱としているのが特徴

である。

　2014年からはじまった地方創生活動でもなかなか成果を挙げられない理由として，特定非営利活動法人イシュープラスデザイン[41]の活動によって，地域内に次に示す6つの分断の存在が明らかになってきた。①「官民の分断」，②「縦割り組織の分断」，③「現在と未来の分断」，④「地域間の分断」，⑤「世代の分断」，⑥「ジェンダーの分断」である。

　①については，住民側からは「それは行政の仕事」と決めつけ，行政側も「それは，民間の仕事」と結論付けてしまうことが多々ある。②については，複数分野に跨る課題に関して，官民両側で起こる。③については，短期的な成果のみを追求する姿勢がもたらす弊害である。④については，過剰な返礼品によるふるさと納税での過剰な奪い合い等が有名である。⑤については，長老による若者の排除等である。⑥については，適任でも女性を指導者にしないこと等である。この分断の解決策こそが，SDGsなのである。

　次に，日本経済の低迷のたった1つのことである「一極集中」を解消するにはどうすれば良いのか。それが，地銀のデジタル化と中小企業のデジタル化である。ここで，重要なことを整理しておく。デジタル化とIT化とでは，全く異

［図表3－5］　2030年に向けての新産業創出の課題と方向性

出所：筆者作成

なる。IT化とは，業務に情報技術を取り入れることで，業務をITベンダーに丸投げに近い発注をすることである。丸投げに近いシステムでは，ベンダーにとって都合の良い仕組みとなっていることが多く，ユーザーにとっては不都合なことが多く，ベンダーロックイン[42]がかかっていることが多い。一方，デジタル化とは，業務プロセスを全面的に見直し，デジタル化するのも業務を実行するのもユーザー・サイドである。

　地銀のデジタル化とは，従来の金融ビジネスモデルを根本的に見直し，FinTechサービスを提供することである。そのためには，従来のベンダー主導の情報システムを見直し，ユーザー主導のシステムを自らがFinTech企業と共に構築することである。この，新たにデジタル化された世界を構築すれば，地銀サイドがベンダーロックインに束縛されずに新サービスをタイムリーに投入できることとなる。例えば，個人レベルの与信管理等も高精度に実行することが可能となる。また，地銀の預金者などの個人や中小企業に対しても，きめ細かいオーダーメードの金融サービスを提供することが可能となる。

　中小企業のデジタル化とは，従来型の大企業を頂点とするピラミッド型の産業構造の転換を意味している。換言すれば，下請け体質からの離脱である。従来型の産業構造では，大企業だけに顧客情報と基本技術が集中しており，中小企業には作業の一部が回るという構造であった。これは，大企業が供給者側の論理で作り上げたバリューチェーン構造で，ユーザーにとってもメリットが見えなくなってきている。今後起こる新たな産業革命は，「産業のデジタル化」だ。それは，最終ユーザーとサービスや部品などを提供するあらゆる企業がネットワークでつながり，共同作業し，サプライチェーンを構築する仕組みを意味している。そのためには，中小企業は，担当分野の技術を自社技術として確立する必要がある。ここで，重要となる新たな潮流が，オープンイノベーションである。中小企業は，地方大学や，専門技術を有する中小企業同士で連携し自社技術の確立とその技術に基づくビジネスへと転換する必要がある。

　以上に述べたように，地方創生は，日本経済にとっての最重要テーマである。

42　特定ベンダー（メーカー）の独自技術に大きく依存した製品，サービス，システム等を採用した際に，他ベンダーの提供する同種の製品，サービス，システム等への乗り換えが困難になる現象のこと

そのためには，地方に存在する多くの分断を SDGs によって克服することが求められている。そして，地方創生を真に担うのは，産業のデジタル化に取り組む地銀と中小企業なのである。

（藤原　洋）

3-4　SDGs・サステナブル金融の動向と大/中小企業・金融機関の能力向上

　SDGs が少しずつ話題になり，新聞やメディアなどで取り上げられ始めた2017年頃は，海外の金融機関を中心に SDGs に関連した投資が実行されていた。その後，2018年に入ってくると，国内の金融マーケットでも様々な SDGs 関連投資が行われるようになり，そのスキームも多岐にわたって採用されるようになった。金融機関などの投資家が，企業の SDGs 活動を評価しファイナンスを提供する際には，一定のルールに基づいた評価スキームが必要だ。国際的には ICMA（International Capital Market Association）原則などのデファクトなルール・考え方が存在しているものの，企業にとっては，評価されるための手続きが広範で煩雑であるため，必ずしも効率的な評価スキームが確立しているとは言い難いのが現状である。

　一方，グローバルな金融マーケットでは，それらファイナンス・スキームを国際標準化する事を目指し，規格化の動きが先鋭化している。国際金融のスキームを抑える事で，SDGs，つまりサステナブルなファイナンス市場を牛耳りたい目論見が垣間見え，国同士の主導権争いに発展している様相である。

1　SDGs 投資とは何物なのか

⑴　ESG から SDGs へ

　ESG と SDGs の関係性を見てみる。初めて SDGs に触れる読者にとっては，感覚的に ESG とほぼ同じような内容だろうと想像するのではないかと思う。しかしながら，その中身を要素分解してみると，大きな違いがある事が分かる（図表3-6）。

　まず ESG だが，その対象範囲はその文字のとおり「環境（Environment,

[図表 3 - 6]　ESG と SDGs の特徴の違い

	ESG		SDGs
構成要素	環境，社会，ガバナンス		人間，繁栄，地球，平和，パートナーシップ
評価する対象	主にリスク	<<	リスク，ビジネス機会（オポチュニティ），ビジネス拡大（イノベーション），マーケット拡大
主な投資手法	ネガティブスクリーニング，インテグレーション，エンゲージメントなどを活用した投資		SDGs の達成や社会課題の解決を目指した，企業活動を通した投資
投資判定の基準となる時期	基本的に過去～現在の実績		過去～現在の実績，未来予測
評価期間	基本的に短期評価	<<	短期評価及び中長期評価
活動の主体	国・政府，民間企業，投資家	<<	先進国＋発展途上国政府，国際機関，民間企業，消費者，投資家

出所：森平・伊藤［2017］[43]より NRI 加筆

E），社会（Social, S），ガバナンス（Governance, G）」に関するテーマを中心に，特に投資判断においての着眼点として活用されているケースが一般的である。一方，SDGs における対象範囲は，「人間，繁栄，地球，平和，パートナーシップ」という 5 分野と定義されており，ESG と似てはいるが，より広範囲に捉えており，そのテーマは SDGs の方が圧倒的に幅広いといえる。

　次に顕著な違いがあるのが，評価の視点である。ESG が主にリスク要因をいかに削減するかを中心に評価されるのに対し，SDGs ではリスク要因のみならずリスク削減に伴って出現するビジネスチャンス（オポチュニティ）や社会的なインパクト，そしてその為のイノベーションも評価する側面として捉えている。ただし，SDGs におけるビジネスチャンス（オポチュニティ）は，現時点では収益化できている必要はなく，将来収益に対する長期的な評価で良い。

　さらにいうと，これらの評価視点の違いは，評価基準となる期間や時期の違いともいえる。ESG に関する投資行動は，過去～現在の業績を元にした【短期収益（ショートターミズム）】を評価する傾向にあるのに対し，SDGs に関する投資は短期収益に加えて【中長期の将来収益（ロングターミズム）】の可能性を評価するという，大きな違いがある。

43　森平・伊藤［2017］『SDGs，SDGs 指数，SDGs 債券に関する分析』

(2)　SRI から ESG へ

　ところで，上記の ESG という概念が先に存在していなければ，SDGs は全く別の内容になる可能性もあったかもしれない。そもそも ESG という概念はどうやって生まれたのか。

　ESG 投資の基本概念は『機関投資家が企業への投資判断の際，環境，社会，ガバナンスの要素を考慮して評価する手法である』と定義されている[44]。もともとは2006年に国連が提唱した責任投資原則（Principle for Responsible Investment, UN-PRI）で導入された概念であり，主な ESG 要素として**図表3－7**のような例示がされている。

　また，これら ESG に関する金融投資の主な手法としては，**図表3－8**に挙げたものなどがある。

　このうち現在，最もメジャーな手法である「ネガティブスクリーニング」という手法は，実は"SRI（Social Responsibility Investment）"と呼ばれる歴史的に古くから存在する投資手法を本質的な起源としていると考えられている。小方信幸 [2016][45]によると，ネガティブスクリーニングは，もともと宗教団体が

［図表3－7］　E・S・G の要素例

	要素例
E	水・食糧問題，エネルギー安全保障（天然資源）問題，気候変動など
S	人権問題，発展途上国での児童就労，長時間労働，強制労働など
G	コーポレートガバナンス，取締役会構成，株主の権利，企業倫理，リスク管理など

出所：UN-PRI

［図表3－8］　ESG 投資の主な手法

手法名	内容
ネガティブスクリーニング	アルコール，ギャンブル，軍需など特定の業種をあらかじめ投資対象から除外する
インテグレーション	投資判断にあたって，財務要因だけでなく，ESG などの非財務要因も対象とし統合的に評価する
エンゲージメント	投資対象の企業に対し，対話を通じて企業に ESG 行動を求めるもの

出所：UN-PRI

44　Sustainable Japan [2016]『ESG（環境・社会・ガバナンス）・ESG 投資』
45　小方信幸 [2016]『社会的責任投資の投資哲学とパフォーマンス』，同文舘出版

各宗教の教義にふさわしくない企業を投資先から排除する方法として採用したものであった。具体的には，18世紀に英国メソジスト創始者のジョン・ウェスレーが『金銭の使い方』を著し，この中で，ウェスレーは「大いに獲得し，大いに節約し，大いに捧げなさい（"Gain all you can. Save all you can. Give all you can"）」という有名な説教を説いていた。また「隣人の身体を損なうことで稼いではならない」とも戒めており，これこそアルコール関連の業種を投資除外するネガティブスクリーニングの考え方と一致するものである。

　このように，教会（退職者の年金対策）を中心として，SRI による投資の原型が形成され，その後，次第に参加する投資家や投資対象が拡大され，地球環境や人権などの社会課題や，企業不祥事などのガバナンス課題など，現在のESG に拡張されていったと考えられる。

2　SDGs 投資[46]に係る投資家動向

　現在，SDGs 投資と呼ばれる投資手法は，大きく分けて3つのパターンが存在すると考えられる（**図表3-9**）。

①　SDGs 達成基準へ連動

SDGs の達成基準に，業績連動させた，貢献製品・サービスを提供している企

[図表3-9]　SDGs 投資パターン

投資パターン	投資手法の内容
①　SDGs 達成基準へ連動	SDGs で定義された達成基準へ連動させて利率が変動するなどの投資スタイル
②　SDGs インデックスへ連動	SDGs 活動をしている企業群で構成されるインデックスへ連動させて利率が変動するなどの投資スタイル
③　SDGs インデックス連動する仕組債	SDGs インデックスを原資産として利率が変動する仕組債への投資スタイル

出所：森平・伊藤［2017］

46　日本証券業協会では，SDGs に貢献する債券の呼称を，「SDGs 債」と統一した（「貧困，飢餓をなくし地球環境を守る分科会」第一次報告書2019年3月29日）。債券の対象として，一般的にスタンダードとして認められている原則である GBP，SBP，SBG，環境省グリーンボンドガイドラインなどに沿った債券，および，事業自体が SDGs に貢献すると考えられる機関（ADB，世銀など）が発行し，インパクト（改善効果）に関する情報開示が適切になされている債券などを含むとしている。本章では，特段，日証協基準による呼称統一は行っていない。

業の株や債券への投資であり，HSBC SDGs 債[47]，JICA ソーシャル債[48]，ADB
ジェンダーボンド[49]，その他グリーンボンドや SDGs テーマ投資信託などがあ
る。

②　SDGs インデックスへ連動

①SDGs 達成基準へ連動させた企業の株価の加重平均や株価指数に対する
投資であり，GPIF の ESG 指数などが該当する。

③　SDGs インデックス連動する仕組債

連動させた②SDGs インデックスの株価指数を「原資産」とするデリバティ
ブ，仕組債などで，世銀 SDGs 債[50]などが該当する。

◆事例◆　　　　　　　　　『HSBC の SDGs 債』

　紹介の通り，様々な SDGs 関連の投資商品が存在するが，代表的な商品として①
SDGs 達成基準へ連動する『HSBC の SDGs 債』を紹介する。

　HSBC は，英国ロンドンに本社を置き，商業銀行を主体とする世界トップクラスの
メガバンクであり，1865年に香港で創設された香港上海銀行を母体としている。HSBC
は2017年に，SDGs の目標を達成するための活動資金の調達手段として，10億ドル償還
期間 6 年の SDGs 債を発行した。この SDGs 債は，ICMA（国際資本市場協会：
International Capital Market Association）のグリーンボンド原則（GBP）
に準拠している。

　特徴として資金調達の基本方針（SDGs ボンドフレームワーク）を公表しており，資
金使途は「SDGs 目標 3 ：保健」，「目標 4 ：教育」，「目標 6 ：水・衛生」，「目標 7 ：エ
ネルギー」，「目標 9 ：インフラ，産業化，イノベーション」，「目標11：持続可能な都
市」，「目標13：気候変動」に限定している。具体的プロジェクトとして，病院・医院な
どの建設，学校などの建設，上下水道の建設，再生可能エネルギー発電などを例示し，
プロジェクトからの収入の90％以上が対象となる SDGs 目標からの収入であること
を条件としている。また原発，兵器，アルコール，ギャンブル，成人向け娯楽産業，パー
ム油の各産業を投融資対象から除外している。

47　HSBC［2017］『HSBC launches sustainable bond』, 27 Nov 2017

48　JAIC［2017］『国内市場唯一のソーシャルボンド「JICA 債」に注目高まる』，2017年 6 月15日
　　NewsRelease および河野［2018］『日本国内市場初のソーシャルボンド発行について』

49　第一生命［2017］『アジア開発銀行が初めて発行するジェンダー・ボンドへの投資について』，2017
　　年11月27日 NewsRelease

50　世銀［2017］『持続可能な開発目標（SDGs）向けた民間部門の活動を支援する世銀債を発行』，
　　2017年 3 月 9 日 NewsRelease

3　SDGs 投資に係る企業動向

　投資家による SDGs 投資が活発になるにしたがって，企業においても様々な対応が必要になってきた。具体的には，国内において SDGs に関する活動報告を『統合報告書』で開示する企業が，2018年度に約400社を超えた。統合報告書以外でも『CSR 報告書』や『サステナビリティレポート』『環境報告書』など，企業によってそれぞれ独立した活動報告書を発行していたり，複数の報告書を一冊に含めたりと，企業独自の SDGs 開示を行っている。もはや SDGs に関する活動報告は，企業開示の重要なテーマとなり，開示必須の状況となっている[51]。

　そんな中，開示情報をめぐって企業サイドに起因する課題も明らかになった。

⑴　企業の SDGs 活動量（貢献度）に対する評価の課題

　ESG 評価機関など外部から企業の SDGs 活動量（貢献度）を評価する際，一般的には企業が提供する製品・サービスを，関連する17の SDGs 目標毎に紐づけし，それらの製品・サービスの売上を単純に配分して貢献度を計算する方法がとられている。しかし，この手法では単に事業の特性と SDGs の目標を分類しているに過ぎず，事業や企業の活動の定性的特徴や達成度合いを捉えて評価しているとはいえない。また企業の SDGs への貢献度を，本来的にどのように評価してほしいか，するべきかの議論も対話も進んでいるとはいえない状況である。

⑵　SDGs 開示情報が企業戦略と結びついていない課題

　現状の多くの企業の SDGs に関する開示情報は，単に SDGs 目標との紐づけ結果を表しているだけである。マテリアリティ（企業の重要課題）の定義は，少しずつ開示されるようになってきたが，自社の SDGs 活動が企業業績に与えるインパクト分析の結果や，将来のビジネス戦略との関係性，その為のイノベー

51　KPMG［2018］『日本企業の統合報告書に関する調査2018』，KPMG2018
　　https://home.kpmg/jp/ja/home/insights/2019/03/integrated-reporting.html

[図表3－10] SDGs活動に関連するガイダンス等

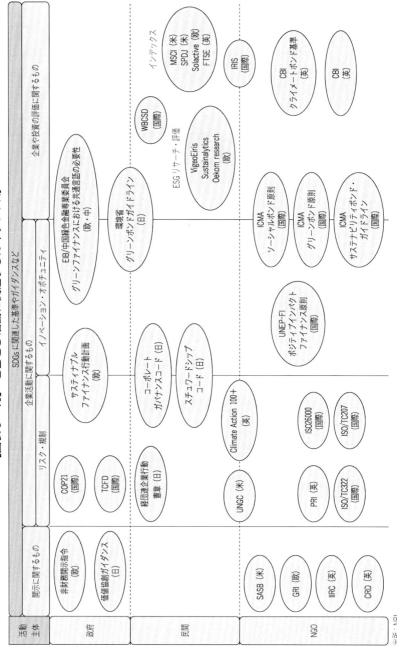

出所：NRI

ションの研究動向などが開示されるケースはまだまだ少ない。場合によっては，SDGsの本質とはかけ離れた話題を一方的に説明しているケースも散見される。

⑶　開示において参考にすべき基準の広範性の課題

　上記で紹介した「統合報告書」などの報告書には，一律の従うべき基準などが存在する訳ではない。複数の官民基準が乱立し，統一された基準に従うのではなく，各企業がそれぞれの基準の本質を理解し，どの情報の開示にあたっては，どの基準に従うのが望ましいかを自ら分析し考えなければならない（実際には，そのための専門コンサルタントが多数活動している）。

　図表3−10は，SDGsに関して活動や開示したりするうえで，一般に参考となる基準やガイダンスなどを一覧化したものである。一例として，左列に開示に関する基準を整理しているが，国内では経産省の「価値協創ガイダンス」が参考にされ，開示項目の詳細定義については米国「SASB」がマテリアリティに強く，国際的なガイダンスとしては「GRI」や「IIRC」がメジャーである。多くの国内企業では，これら全ての基準・ガイダンスに目を通し，統合報告書の項目毎に，参考にする先を変えて対応しているのが実態である。

4　収益向上とSDGs貢献を両立できる経営戦略とは

　現在，多くの民間企業においては，その経営戦略とSDGsへの対応戦略を統合させ，SDGsテーマを企業の主要な経営テーマと合致させることに注力している。その方法論は，国連グローバル・コンパクト（UNGC）が提唱する「SDG Compass SDGsの企業行動指針～SDGsを企業はどう活用するか～」が最も著名なフレームワークとなっており，①SDGsを理解する，②優先課題を決定する，③目標を設定する，④経営へ統合する，⑤報告とコミュニケーションを行う，の5段階の活動から構成されている。今，グローバルな先進企業では，④経営へ統合する段階が終了し，⑤報告とコミュニケーションを行って，様々な利害関係者と利害の調整が図られているところだと認識している。

　本節では上記の④経営へ統合する方法に着目し，どのようなSDGsの取り組みを経営戦略として統合しているか，国内外企業を調査分析し『SDGsに貢献すると共に収益向上にも寄与できる』戦略構造を明らかにしたい。

(1)　3つの統合戦略パターン

　SDGs の戦略を実践するにあたり，多くの企業では，経営戦略と SDGs 戦略を統合する事で，経営の方向性と SDGs 貢献活動の方向性を効率良く運営できるように努めている事がグローバル調査によりわかった。

　特に，この統合方法を工夫することによって「企業収益の向上（儲かること）」と「SDGs の達成（SDGs へ貢献すること）」を同時に実現させることが可能になれば，これほど効率的な事はない。

　調査結果より，その統合パターンは3つ存在する（**図表3－11**）。

　それぞれの内容を，少し詳細に説明する。

　①　製品・サービスに組み込む『製品組込型』

　もっともシンプルな統合パターンといえる。例えば，金融業であれば『SDGs 債の発行』や『SDGs 分野へのテーマ投融資』などが該当する。自動車製造であれば『電気自動車の開発』がまさに自社製品と SDGs を両立しているパターンであり，建設業であれば『エコシティの都市開発』などが該当するであろう。

　②　業務プロセスやバリューチェーン（VC）に組み込む『業務プロセス・VC 組込型』

　2つ目は，製品そのものではなく，バックオフィスなどを含めた業務プロセスや，部品調達の VC 上に SDGs を組み込むパターンである。例えば，人事上の『雇用』において SDGs のジェンダー関連テーマを実現する，社内書類の『ペーパーレス』を推進する事で環境テーマを実現するケース等である。2018年以降は，TCFD で開示要求されている『温室効果ガス排出量の削減』を業務プロセス上の工夫により実現している事例も出ている。

　③　社会貢献活動に組み込む『社会貢献型』

　3つ目だが，実はこの社会貢献活動にうまく SDGs を組み込むことが，SDGs

[図表3－11]　経営戦略とSDGs 戦略の統合パターン

	パターン名	内容
①	製品組込型	製品・サービスに SDGs を組み込み，収益と貢献を両立させるパターン
②	業務プロセス・VC 組込型	業務プロセスや調達 VC に SDGs を組み込み，収益と貢献を両立させるパターン
③	社会貢献型	社会貢献活動を通して，収益と貢献を両立させるパターン

出所：NRI

貢献と収益向上を両立させることのできる非常に重要なキーとなる手法であると考えている。具体的な事例を2つ紹介する。

◆事例◆　　　　　　　製薬メーカーの社会貢献型の事例

　『発展途上国で安価に治療薬を入手できる環境を提供し，健康に対するリテラシー向上を図る』という社会貢献活動を推進する事で，中長期的に『発展途上国の基礎的な疾患を撲滅し，中進国へと成長を促し，将来的には収益性の高い成人病治療薬のマーケットを整備する事』に寄与しているといえる。

◆事例◆　　　　　　ソフトウエア企業の社会貢献型の事例

　『中国にソフトウエア研究開発機関を設立し，知財ノウハウを育成・助成する』という社会貢献活動を推進する事で，実は『将来のソフトウエアビジネスの巨大マーケットを整備する事』に寄与している事となる。実際，当該ソフトウエア企業は，海賊版ソフトウエアなど知財訴訟に注力するよりも，上記戦略をとることで，世界最大規模のマーケットを整備し，高度なスキルを持ったソフトウエア技術者の育成にも成功した典型的な事例である。

5　経営戦略とSDGs戦略の統合調査報告

　本調査では，**図表3-12**に挙げる3つのセグメントの代表的企業を調査した。

　以下，3つのセグメントごとに，経営戦略とSDGs戦略の統合の状況と特徴を報告する。

⑴　【国内金融機関】における代表的な取り組みの特徴

　国内金融機関では，グリーンボンドやSDGs投資信託など『①製品組込型』が多く見られるが，団体への寄付や募金活動，社員ボランティアなど『③社会貢献型』も，いくつか行われていることがわかった。

［図表3-12］　調査対象企業一覧

【国内金融機関】	国内金融機関10社（個別名称は割愛）
【海外金融機関】	シティ（米），メリルリンチ（米），フィディリティ（米），クレディスイス（瑞西），UBS（瑞西）
【非金融】	ダノン（仏），ユニリーバ（英），グラクソスミスクライン（英），H&M（瑞西），ドイツポスト（独）

出所：NRI

また『②業務プロセス・バリューチェーン組込型』は少ない。これは金融機関の業務の特質だと思うが，「金融」という商品があまり調達やバリューチェーンという考え方にマッチしないことから，なかなかこの施策が多く取れないのではないかと推察する。

⑵ 【海外金融機関】[52]における代表的な取り組みの特徴

次に海外金融機関だが，国内金融機関と同様，SDGs テーマ投融資や，マイクロファイナンスなど『①製品組込型』が多く見られた。

また，『③社会貢献型』もいくつか行われていることがわかった。

⑶ 【非金融】における先進的な取り組みの特徴

非金融の先進的企業では，特に『③社会貢献型』に大きな特徴がみられた。

以下，『③社会貢献型』の中身について考察する。

⑷ 『③社会貢献型』SDGs 戦略に対する考察

上記⑴〜⑶で見てきた国内金融機関，海外金融機関，非金融が，①〜③のどの統合パターンを選択しているか比率集計した（図表 3 −13）。

【国内金融機関】では『③社会貢献型』の取り組みが比較的多い（41％）ことがわかる。しかしながら，その中身を見てみると，実は従来からの CSR 時代の施策（寄付，文化支援，スポーツ事業支援，募金活動，社員ボランティア等）が占めており，自社収益に寄与するとは言い難い施策が多かった。

また，【海外金融機関】でも『③社会貢献型』の取り組みはみられる（33％）

[図表 3 −13] 戦略パターン採用比率

	① 製品・サービス型	② 業務プロセス型	③ 社会貢献型
国内金融機関	47％	12％	41％
海外金融機関	42％	25％	33％
非金融	30％	40％	30％

出所：NRI

---

52 MURC［2018］『外資系金融機関における持続可能な開発目標（SDGs）関連の取組みに関する調査報告書』，金融庁2018

が，その多くは，国内同様，従来の CSR 型(社員ボランティア，寄付，金融教育) が多いものの，いくつかの施策は，自社の将来マーケットの拡大や整備に寄与する内容（水資源の効率化，パーム油農場の評価） も存在していた。

　特筆すべきは【非金融】であり，『③社会貢献型』の取り組みは多く無い(30%)が，その中身をみると，社会貢献活動を通して SDGs に貢献するとともに，自社の将来マーケットの拡大や整備を達成する事にも配慮されている特徴（新たなバリューチェーンの拡大，途上国での医薬品提供，ラストワンマイル配送実験等） が明確に感じ取れた。

⑸　SDGs 時代の社会貢献への変革のすすめ

　ここで提案したいのは，＜従来の社会貢献"CSR"型活動＞から，＜SDGs 時代の社会貢献"CSV"型活動＞への変革を進めることである（**図表 3 － 14**）。

　その変革のメリットとして，社会貢献活動と自社の目標コントロールの関係性を見てみる。＜従来の社会貢献"CSR"型活動＞では，企業は，NGO などに寄付する事で，特定の社会課題解決に貢献するわけだが，NGO などの仲介者（慈善団体等）が存在する為，直接的に社会課題をコントロールする事は，かなり不可能である。一方，＜SDGs 時代の社会貢献"CSV"型活動＞では，自社が自ら設立する関連財団などを通じて投資する事で，特定の社会課題を解決すると同時に，将来のマーケット整備や開拓を，自らコントロールする可能性を持

［図表 3 －14］　CSR 型から CSV 型への変革イメージ

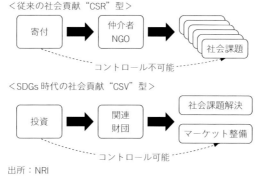

出所：NRI

つこととなる。結果として，SDGsへの貢献と将来収益の向上を両立させること
ができ，これこそSDGs時代の新しい貢献手法になるといえるのではないか。

6　SDGs金融に掛かる国際標準化動向

最後に，SDGs金融に係る国際的な動向を紹介する。

⑴　ファイナンス・スキーム国際規格の主導権争い

SDGsを構成しているサステナブルな要素である，環境，気候変動，持続可能
性といった分野における金融スキームに関する議論が進展している。もっとも
進んでいるのが，欧州委員会におけるSustainable Financeスキームの構築で
あり，その後を追いかけているのがISO（International Organization for Stan-
dardization）による金融スキーム作りである（**図表3－15**）。

特にISOにおける金融スキームは国際標準化のひな形となる規格であり，各

［図表3－15］　ISOによるファイナンス・スキームの検討プロジェクト

ISO（International Organization for Standardization）国際標準化機構

TC207
Environmental management

SC4/WG7　議長国：米国　ISO14030：グリーンボンドを構成するプロジェクト
Green Bond　幹事国：米国　やアセットの環境パフォーマンスの要件。

SC7/WG10　議長国：仏国　ISO14097：気候変動に関する投資活動の評価・報告
Climate Finance　幹事国：仏国　の枠組み・原則。

2018年頃から，各国が新たな提案により主導権争いの様相

WG11　議長国：中・仏　ISO14100：米国主導のGreen Bondや，仏国主導の
Green Finance　幹事国：中国　Climate Financeなど関連テーマを包含し，プロジェ
クト単位のGreen Financeの評価を定義。

TC322
Sustainable Finance　議長国：英国　EUのSustainable Financeの法制化とは一線を画し，
ISO規格を利用した国際的な枠組みを提案。Low
Carbon, Climate, Green, Social Environmentなど，
関連テーマを全て包含する。

出所：胡桃澤［2018］[53]よりNRI加筆

53　胡桃澤［2018］『ISO/TC207（環境管理）における環境ファイナンス関連規格の開発動向』

国内への採用は任意ではあるものの，実質的な国際基準であり，ISO 規格を牛耳った国が国際ビジネスを牽引する事となるだろう。ただ「金融スキームをISO が検討中」というと，少々違和感を持つ読者もいると思う。金融の国際ルールといえば ICMA 等が国際標準だとの認識であり，ISO といえばカードサイズ（ISO/IEC7810）やネジ（ISO68）といった「モノの規格」が思い浮かぶ。しかし近年の ISO では，組織や環境の管理スキームである「マネジメントシステム規格」についても標準化を進めている。金融スキームもしかりであり，現在，Green Bond, Climate Finance, Green Finance, Sustainable Finance といった規格が構築中である。

⑵　Taxonomy 構築の重要性と弊害

　上記の様な国際規格の検討の中で，Taxonomy という『分類基準』作りが進められている。例えば，Green Finance における『グリーン（再生可能エネルギー等，環境にとって望ましい要件を満たしている，という意味）』に該当する商品やプロジェクトが定義されており，逆に Taxonomy で除外されている商品やプロジェクトは『ブラウン（化石燃料等，望ましくない，という意味）』と呼ばれ，Green Finance の融資対象外とされる可能性が含まれている。

　現在，欧州委員会における Sustainable　Finance スキーム構築において，Taxonomy 作りが先進的に進められている。もちろん，これは欧州域内での適用を目指したスキームであり国際規格とは別物ではあるものの，現実的には ISO の分類基準として参考採用が検討されている等，国際規格に非常に大きな影響を与える可能性を秘めている状況である。

　特に問題なのが，この欧州 Taxonomy は欧州企業のビジネスを見据えて構築されているため，万が一 ISO 規格に欧州 Taxonomy の考え方がそのまま取り入れられた場合，国際規格としての弊害が計り知れない点である。もちろん，ISO においてその問題点は認識され，様々な議論[54]が進められている。

　いずれにせよ，ISO の金融スキームは今後 1 ～ 2 年の内に国際規格として完

54　各国版 Taxonomy が提案されたり，各地域の発展度合いを考慮し"段階的な適用"を反映した Taxonomy for Transition などが検討されている。

成する事は確実であり，Taxonomy を含めどのようなスキームとなるか注視する事が必要である。

（小林孝明）

3-5　SDGs・社会的インパクト・マネジメントとファイナンス，その評価について：SDGs×評価×金融の流れ〜神奈川県とのモデル事業について

1　神奈川県とのモデル事業

　2018年9月，神奈川県から「かながわプラごみゼロ宣言」が発表された[55]。同夏に，鎌倉市由比ガ浜でシロナガスクジラの赤ちゃんが打ち上げられ，胃の中からプラスチックごみが発見されたことがきっかけとなった動きである。同県は，SDGs 推進を打ち立て，2018年6月に，政府から SDGs 達成に向けた優れた取り組みを提案した「SDGs 未来都市（29自治体の内の1つ）」，加えてそのうちの特に先導的な10の取り組みである「自治体 SDGs モデル事業」として選定されている[56]。都道府県として唯一の，「SDGs 未来都市」「自治体 SDGs モデル事業」の両方への選定である。この自治体 SDGs モデル事業には，北海道下川町の「SDGs パートナーシップによる良質な暮らし創造実践事業」や，福岡県北九州市の「地域エネルギー次世代モデル事業」など様々な取り組みがあり，神奈川県の事業は「SDGs 社会的インパクト評価実証事業」である。これは，県内における SDGs，社会的インパクト評価および金融のつながりを加速するためのいわゆる「基盤づくり」に焦点が当たった事業である。社会的インパクト評価とは，内閣府の定義で，「担い手の活動が生み出す「社会的価値」を「可視化」し，これを「検証」し，資金等の提供者への説明責任（アカウンタビリティ）につなげていくとともに，評価の実施により組織内部で戦略と結果が共有され，

---

[55]　神奈川県プレスリリース：https://www.pref.kanagawa.jp/docs/bs5/prs/r2305548.html
[56]　神奈川県ホームページ：https://www.pref.kanagawa.jp/docs/bs5/sdgs/miraitoshi_model.html

事業・組織に対する理解が深まるなど組織の運営力強化に資するもの[57]」とされ，この評価の手法を SDGs と結び付けようという事業である。

2　SDGs×評価×金融

SDGs 社会的インパクト評価[58]実証事業は『SDGs の目標・ターゲットに沿った取り組みについて，社会的インパクトを定量的・定性的に把握することができるよう，評価モデルを策定するとともに，その評価結果により資金提供者をはじめとする市場から投融資を呼び込むことを目的』[59]としている。県下の組織の事業をモデル事業として複数選定し，評価，および投融資の流れに結び付けるための議論の実施，モデル事業を通じたガイドの策定，同仕組みを活用するための人材育成研修，SDGs×金融に関する動向調査，ガイドや人材育成を補強するための事例調査などを行っている(**図表 3－16， 3－17**)。また，社会的インパクトの評価だけではなく，社会的インパクト・マネジメントと呼ばれる，実際に評価を活用してマネジメントしていく動きへつなげる狙いがある。社会的インパクト・マネジメントとは，グローバルなインパクト・マネジメントを推進する「Impact Management Project」において，「インパクトの測定を常時行い，ポジティブインパクトを増やし，ネガティブインパクトを減らすこと[60]」と定義され，また，日本で推進を行う社会的インパクト・マネジメントイニシアチブの定義では，「事業運営により得られた事業の社会的な効果や価値に関する情報に基づいた事業改善や意思決定を行い，社会的インパクトの向上を志向するマネジメントのこと[61]」とされている。

本節では，2018年度から 2 カ年，神奈川県と共に同事業を推進，支援してきたケイスリー株式会社の視点から，SDGs と紐づけた，社会的インパクト評価と

57　内閣府ホームページ：https://www5.cao.go.jp/kyumin_yokin/impact/impact_index.html
58　本稿での社会的インパクト評価とは，「社会的インパクトを定量的・定性的に把握し，当該事業や活動について価値判断を加えること」の定義を用いる（内閣府：https://www5.cao.go.jp/kyumin_yokin/impact/impact_index.html）
59　神奈川県ホームページ：https://www.pref.kanagawa.jp/docs/bs5/impact-report.html
60　Impact Management Project ホームページ：https://impactmanagementproject.com/筆者訳
61　社会的インパクト・マネジメントイニシアチブホームページ：http://www.impactmeasurement.jp/about/

[図表 3 −16]　神奈川県 SDGs 社会的インパクト評価実証事業のモデル図

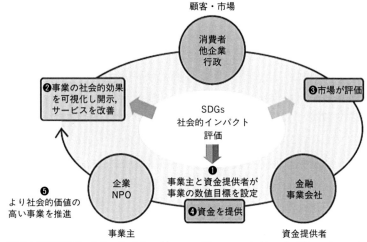

出所：神奈川県ホームページ（https://www.pref.kanagawa.jp/docs/bs5/impact-report.html）

[図表 3 −17]　神奈川県 SDGs 社会的インパクト評価実証事業の進め方

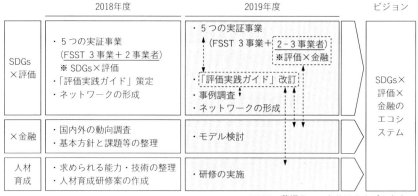

出所：ケイスリー株式会社

マネジメント，そこに関わる資金の流れについて見えてきたことを論じたい。

　事業で進めている評価，金融，人材育成の観点と共に，どういった課題や展望があるかについても含めて，1．意義：なぜ SDGs と紐づけるのか，2．方法：どのように SDGs と紐づけるのかという事について詳しく記述する。ま

た，全ての章において，神奈川県という1つの「ローカル」である自治体が，「グローバル」の目標であるSDGsをどう扱うかという点に焦点を当てた。県政とSDGsがどうつながるのか，また日本におけるSDGsをどう解釈していくのか，他の自治体にとっても有意義な情報となれば幸いである。加えて，関わる関係者毎，ニーズや視点が異なり，各関係者の視点から整理する部分が多いため，本稿でも各関係者に分けて論じる場合がある。重要となる関係者は，顧客・市場となる消費者など，事業を実施する主体の企業・NPO，資金を提供する金融・事業会社，加えて，評価を担う評価者である（評価者は事業者などが兼ねる場合もある）ということをあらかじめ述べておきたい。

3　どのようにSDGsと評価を紐づけるのか

　グローバルの目標として17のゴール，169のターゲットからなるSDGsを，どのように国内，地方自治体下の組織や事業の評価と紐づけるのか。すべての国に沿うことを想定したゴールだからこそ，やり方を改めて考える必要が出てくる。神奈川県SDGs社会的インパクト評価実証事業では，実際のモデル事業から得た学びを踏まえて，「評価実践ガイド」を作成しており，県のホームページでも公開している[62]。

　通常，「社会的インパクト評価」では，事業がどのように成果に結びつくか，その因果関係を示す「ロジックモデル[63]」と呼ばれるものを用いることが多い（**図表3−18**）。作成する際には，現状の活動や事業から，どんなアウトカム（初

[図表3−18]　簡易的なロジックモデル

出所：ケイスリー株式会社作成

62　神奈川県ホームページ：https://www.pref.kanagawa.jp/docs/bs5/impact-report.html
63　セオリー評価で用いるフレームワーク。セオリー・オブ・チェンジなどという呼び方もある。

期，中間，最終と分けることが多い）が創出するかと考える方向（アクティビティ→アウトカム）と，目指すビジョンからどんなアウトカムが重要かをさかのぼって考え，最終的に活動や事業に結び付ける方向（アウトカム→アクティビティ）の方向がある。

　この時，SDGsへの貢献，SDGsと紐づけた社会的インパクト評価を行う場合には，バックキャスティング的に，目指すゴールから考えることが重要となる（実質的には組織，事業が存在するため，逆方向からも，双方向で考えることが多い）。それはSDGsが2030年の達成目標が明確であるということ，そこに紐づけて現在組織，事業として何をすべきかを明確にすることができるからである（図表3－19）。

［図表3－19］　SDGs 社会的インパクト評価実践ガイドで実現できること[64]

SDGsの特徴と社会的インパクト評価の特徴

SDGsの特徴	・2030年に向けた具体的な目標が設定されている ・経済・社会・環境の3側面を包括しており，事業をより多面的に捉えることができる ・グローバルでの共通目標である ・目標値は（世界全体の達成目標を視野に入れた上で）国レベルで設定可能，指標は地域・国レベルで補完されるという多様性を持つ ・資金の供給側・提供側等含めた異なる関係者の共通言語となりうる	評価実践ガイドで実現できること 経済・社会・環境の3側面を捉えることで， 1．将来目標を想定し，そこを起点に現在何をすべきかについて，バックキャスティングで考えられる 2．SDGsと事業の関連付けを明確にし，可視化された成果を基に事業改善を行うことで，企業価値の向上につなげることができる 3．SDGsという共通言語を活用し，評価を介した利害関係者との対話促進，企業価値の向上による資金循環の促進につなげることができる
×		
社会的インパクト評価の特徴	・事業や活動の成果を可視化することで，事業や活動における学び・改善に活用できる ・事業や活動の成果を明らかにすることにより，利害関係者への説明責任を果たすことができる ・関係者間の共通理解の形成や対話を促進することができる	

64　神奈川県SDGs社会的インパクト評価事業実践ガイドより https://www.pref.kanagawa.jp/docs/bs5/documents/5.pdf

　モデル事業で見えて来たのは，17のゴールという粒度ではなく，169のターゲットという粒度で結び付ける方が，より具体的で良いということである。社会的インパクト評価では，課題・目標設定⇒ロジックモデル作成⇒指標・測定方法決定⇒データ収集・分析⇒報告・活用という流れを取るが，その際，ロジックモデル作成以降では特に，ターゲットと結びつけるという形式を提案した。ゴールでは粒度が大きく，実体としてどのように結びついているのかを明らかにしづらく，また一方でターゲットの下にはさらに指標が設定されているが，指標まで照らし合わせると粒度が小さすぎるからである（図表3－20）。

　ここで論点になるのは，グローバルのターゲットや指標と，ローカルで実施している事業などが直接的に結びつかないことがしばしばあるということである。例えば，健康に関する分野では，ゴール3「あらゆる年齢のすべての人々の健康的な生活を確保し，福祉を推進する」と，ターゲット3.8「すべての人々に対する財政保障，質の高い基礎的なヘルスケア・サービスへのアクセス，お

[図表3－20]　評価実践ガイド（一部）[65]

| 1-4 | 方法：どう実施するのか〜プロセス②〜 |

- 社会的インパクト評価の各プロセスにおいてゴールやターゲットとの関連付けを実施
- SDGsと紐づくアウトカムの測定結果に関する考察を最終的にまとめる

評価ワークシートの構成とSDGsとの関連付け

評価のプロセス		1 課題・目標設定	2 ロジックモデル作成	3 指標・測定方法決定	4 データ収集・分析	5 報告・活用
SDGsとの関連付け	ゴール	事業内容との紐づけ（コミットメント、波及効果、リスク要因、無関係の4段階で紐づけ）✓	−	−	−	−
	ターゲット	−	ゴールと事業内容の紐づけを参考に各アウトカムとターゲットを紐づけ✓	アウトカムに紐づく独自指標の設定と、目標値の設定✓	アウトカムに紐づく独自指標の測定と分析✓	ターゲットと紐づくアウトカムの測定結果表記と考察✓

65　神奈川県SDGs社会的インパクト評価事業実践ガイドより https://www.pref.kanagawa.jp/docs/bs5/documents/5.pdf

よび安全で効果的，かつ質が高く安価な必須医薬品とワクチンのアクセス提供を含む，ユニバーサル・ヘルス・カバレッジ（UHC）を達成する」が該当する。ターゲットの下には「必要不可欠な保健サービスのカバー率」，「家計の支出又は所得に占める健康関連支出が大きい人口の割合」という指標がある[66]。一方で，開発途上国と比べ，日本は他の先進国と比較しても少子高齢化が進み，保健サービスのカバー率を上げるかという議論よりも，いかに医療費適正化，公的予算の最適配分を行えるかという議論が重要だ。つまり，地方自治体の健康に関する取り組みや民間企業の高齢者向けサービスに焦点を当てると，ゴー

[図表 3 −21]　SDGs 社会的インパクト評価実践ガイドの
**　　　　　　　モデル事業のワークシート（一部）**
**　　　　　　　（ロジックモデルのアウトカムと SDGs のターゲットを紐づけの解**
**　　　　　　　釈を述べている)**[67]

| 1 | 評価ワークシート 2 |

アウトカムの内SDGsターゲットと紐づけたものに対して、その解釈、理由を記入しましょう。

アウトカム		紐づけた SDGsターゲット	ターゲット紐づけの理由
最終	ロコモリスクの低減　医療費の削減	3.8 全ての人々に対する財政リスクからの保護、質の高い基礎的な保健サービスへのアクセス及び安全で効果的かつ質が高く安価な必須医薬品とワクチンへのアクセスを含む、ユニバーサル・ヘルス・カバレッジ（UHC）を達成する。 3.d 全ての国々、特に開発途上国の国家・世界規模な健康危険因子の早期警告、危険因子緩和及び危険因子管理のための能力を強化する。	本事業は、人々の意識・行動に働きかけ、高齢化に伴う寝たきり期間・要介護期間の長期化リスクを低下させる効果が期待できる。
最終	アンチロコモコンテンツの開発（事業開発及び新規市場創出）	9.5 2030年までにイノベーションを促進させることや100万人当たりの研究開発従事者数を大幅に増加させ、また官民研究開発の支出を拡大させるなど、開発途上国をはじめとする全ての国々の産業セクターにおける科学研究を促進し、技術能力を向上させる。	本事業は、ロコモ予防・改善に関する研究推進を通じて、持続可能な高齢化社会実現に向けたイノベーションを促進することが期待できる。
最終	持続可能なアンチロコモ運動機会の充実	10.3 2030年までに、年齢、性別、障害、人種、民族、出自、宗教、あるいは経済的地位その他の状況に関わりなく、全ての人々の能力強化及び社会的、経済的及び政治的な包含を促進する。	本事業を通じて提供されるロコモ予防・改善の機会（アンチロコモ運動の機会）は相対的に安価であるため、所得レベルに関わらず広範な人々がロコモ予防・改善の機会にアクセス可能となり、寝たきり・要介護による質病化リスクを回避する効果が期待できる。
最終	ロコモ予防・改善の参画者増加、エコシステム形成	17.17 開発途上国に対し、譲許的・特恵的条件などの相互に合意した有利な条件の下で、環境に配慮した技術の開発、移転、普及及び拡散を促進する。	本事業は、産官学連携を中心に、ロコモ予防・改善への参画者を増やし、自律的なエコシステムを形成することが期待できる。

66　外務省 Japan SDGs Action Platform ホームページ：https://www.mofa.go.jp/mofaj/gaiko/oda/sdgs/statistics/goal3.html
67　神奈川県 SDGs 社会的インパクト評価実証事業の結果 https://www.pref.kanagawa.jp/docs/bs5/documents/3.pdf

ル 3 とは沿うものの，指標まで結びつけるのは困難なケースがある。こういったときには，ターゲットを設定した上でその解釈を述べておくことが必要になる。神奈川県モデル事業の SDGs 社会的インパクト評価では，ターゲットまで紐づけ，その解釈を述べた上で指標は個別に設定していく，という方向性をガイドで示すこととした（**図表 3 −21**）。

　実際にはこうしたターゲットとの紐づけの解釈，指標の構築というところには，専門性が必要である。地方自治体の中で実施されるローカルの企業や事業だからこそ，こうした解釈が必要となるが，グローバルの文脈もローカルの文脈も共に理解できる人材が必要だといえる。2018年度のモデル事業と並行して，こうした人材の育成に何が必要かを整理し，2019年度，神奈川県事業では人材育成の実践も行っている。経営，SDGs に知見を有する橋渡しとなる人材，SDGs 社会的インパクト評価の実践，さらには地域金融機関等を筆頭に，金融にもつながる知見を加えて，資金循環にもつなげていける人材の育成を行っている。今後，こうした人材が輩出され，かつ育成のノウハウが蓄積されることで，他の地方自治体への広がりが期待できる。

　SDGs 社会的インパクト評価，評価を通じたマネジメント，およびそこからつながる資金循環に関して，神奈川県での事業を基に論じてきた。重要なのは，紐づけることの意味を理解し，SDGs から逆算して現事業・組織の在り方を考えること，そこから新しい価値を見出し，かつギャップを認識してマネジメントをしていくこと，資金循環につなげ，インパクトを広げていくことである。そのために必要な SDGs のターゲットの解釈や指標の設定に関するガイドづくり，専門性を有する人材の育成と活用に，神奈川県 SDGs 社会的インパクト評価実証事業で取り組んできた。地方自治体でこうしたモデルに複数年間取り組み，知見を蓄積してきたことは，他の自治体にも活用可能であり，また，日本全体にとっても有意義な情報だと考える。神奈川県 SDGs 社会的インパクト評価実証事業で蓄積された知見が，全国で広く活用されることを期待したい。

（落合千華）

3-6　地域活性化のためのSDGs追求型コミュニティ開発金融プログラム

　近年，社会的事業や地域の事業は，日本が直面する課題を解決する上でますます重要な役割を担っているが，現状では，新しい事業の創出やインパクト投資の市場開発に関して，各セクターの取り組みの連携が十分取れず，実質的な成果は未だ出ていない。本節では日本のコミュニティ開発金融について，日本におけるサステナブル金融の醸成と地域の社会課題解決に関わる金融機関を含めたエコシステムのステークホルダーそれぞれの強みを連携させる事例として，日本型社会インパクト投資の実現を目指す，顧客，社員，株主，会社の「四方よし」一般社団法人C4[68]が東北地域で試行したプログラム[69]を述べる。

1　東北社会的投資準備プログラムの連携パートナー

　過去3年間，C4は一般社団法人IMPACT Foundation Japanが運営する「INTILAQ（仙台拠点のソーシャルベンチャーインキュベーションセンター）」を仙台市と連携し，創業段階にある地域の社会的事業者を支援するように設計された革新的金融構造に関して，試行錯誤を繰り返し検証してきた。実際に200を超える応募を審査し，社会起業育成プログラムに参加した25の起業家の方を選定した。東北地方に焦点を当てる理由として，来年度より震災復興予算は縮小され，地域の起業育成の支援のための代替資金構造を設計することが求められている背景がある（2020年2月時点）。

　東北社会的投資準備プログラムは，プログラムの目的を満たすための複数のパートナーによる介入が必要不可欠で，主要なステークホルダーは，取引コーディーネーター，プログラム実行パートナー，地方自治体パートナー，地方銀行パートナー，寄付者と投資家である（**図表3−22**）。C4はプロジェクトリーダーと取引コーディーネーターを務め，プログラムの実行を計画，展開，取引

68　https://www.c4-initiative.org/
69　https://www.city.sendai.jp/kezai-chose/kurashi/machi/kezaikoyo/koyo/hyousyou/002.html

[図表３−22]　プログラムパートナーシップの構造

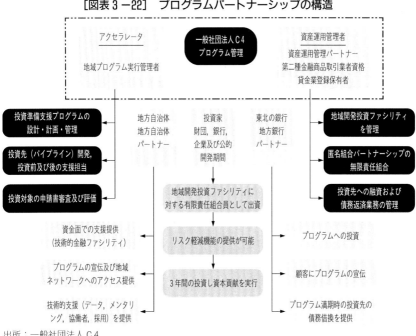

出所：一般社団法人Ｃ４

　そして監視する。また関連のあるパートナーに資金提供を行い，選定，インパクト評価も実施する。INTILAQはプログラム実行パートナーを務め，仙台市は地方自治体スポンサー，仙台市経済局産業振興課は創業時の事業の特定・参加を促進するために，プログラムの宣伝を行い，地方銀行パートナーは技術および資金面での支援，プログラムの満期にプログラムを通じて資金を受け取った事業に融資を更新することによって，起業家にエグジットを提供する。

２　プログラムインパクトターゲットと管理フレームワーク

　事業は，SDGsに沿った幅広い地域活性化の原動力に基づいて選定される（図表３−23）。

３　プログラムの成果とインパクト目標

　インパクト評価はプログラムと投資先のレベルの両方で実施される。プログ

[図表3－23] 地域活性化テーマ

アイコン	テーマ	内容
	生活スタイル/コミュニティ	移動サービス，コミュニティ開発，スポーツ，芸術と文化，緑の都市，廃棄物効率，ホームレス，手芸と職人技能，災害防止，文化的そして持続可能な観光業，オフィスシェア，スマートメーター，リサイクルなど
	農業	農業テック，持続可能な農業，水耕栽培，アクアポニックス，小規模農家，農村再生，太陽光発電，有機食品，栄養，持続可能な漁業，食品廃棄物，地域農業，食品バリューチェーン，作物の向上，地産地消，土地の回復など
	教育	こどもの教育支援，職業訓練，STEM教育，早期教育，生涯学習，教育テック，塾，こどものサービス，従業員訓練，技術訓練，教育へのアクセス，国際交流など
	健康	医療へのアクセス，家族計画，食糧と栄養，介護，介護施設，土壌汚染，認知症予防，ヘルステック，有機廃棄物の防止，テレヘルス，えんかく患者観察，こどもの安全など
	女性	金融リテラシー，女性とビジネス，ひとり親支援，女性とSTEM，メンターサービス，ワーク・ライフバランスイノベーション，子育て，コーワーキングとテレワーキング
	小売	短距離配送モデル，移動，地域ビジネス，小規模事業，販売研修，コミュニティスペースなど

出所：一般社団法人C4

ラムレベルでは，成果は，①パイプライン（投資先）育成，②インパクト投資の触媒，③地域コミュニティ活性化の3つの分類にわたって評価される。

　投資家レベルでは，本プログラムは採択された社会的事業者が自らSDGsに沿った目標を計画することを求める。また，全てのプログラム参加者に対して，事業を通じて解決したい社会課題を明確に特定すること，そして，進捗状況について説明する指標を準備することを期待するものである。

4　SDGsソーシャルビジネスを支援するサステナブル金融の共創のツボ

　日本におけるコミュニティ開発金融をさらに発展させていくにあたり，様々なステークホルダーが関わり，協働して，課題に取り組んでいくことが求められる。更に，全てのステークホルダーの利害を一致させ，それぞれの強みを連携させる能力を持つ中間組織の育成も不可欠といえる。

　また，ブレンド型金融プログラムに，地方銀行が積極的に参加することが期待される。先駆的に社会貢献活動の一環として，民間企業や財団がブレンド型金融プログラムに投資をすることによって，社会的事業に伴うリスクの軽減を行い，さらなる資金の呼び込みを行っていく必要がある。

　SDGsの目標となる2030年まで残り10年となり，日本においてこのトピックで様々な取り組みが加速していくことが予想される。実際，スタートアップを含む中小企業を対象としたSDGsビジネス×ファイナンスは，近年活発に実施・企画されており，最後に2つの取り組みについて下記に紹介する。

5　東京都政策特別融資三井住友銀行経営基盤強化「SDGs経営計画策定支援」

　この取り組みは，ESG投資の拡大や政府・経済団体などによるSDGs達成に向けた取り組みを推進する機運の高まりを受け，大企業を中心に自社の経営にSDGsを取り込む動きが拡大している一方，環境省の報告によれば，SDGsの達成に向けた中小企業の取り組みは多くないと指摘されているため，その支援を目的に三井住友銀行が東京都の制度を活用し実施している。

　概要としては，中小企業がSDGs達成につながる自社の取り組みに関する経営計画書を，日本総研の作成した雛形とアドバイスにより作成することにより，借入期間中も継続的な情報提供などのサービスを三井住友銀行と日本総研より受けるとともに，保証料の一部について，東京都から保証料の一部の補助を受けるスキームである。

　このような取り組みは，大企業が自社の基幹事業を通じて，SDGs達成に向けて取り組む例として非常に有効なものと考えらえる。自治体の補助を呼び水として，SDGs達成のために他社が取り組むためのインセンティブを生み出し，他社のSDGs達成をも支援する相乗効果がある。また，この取り組みは日本独自のものとして，国連のホームページにSME-focused SDG management plan supportのベストプラクティスとして掲載されている[70]。

70　https://sustainabledevelopment.un.org/partnership/?p=31775

6 SDGs Innovation ビジネス×ファイナンス支援制度・HUB構築

2019年12月20日に総理官邸にて、「ジャパンSDGsアワード」特別賞（パートナーシップ賞）を受賞した公益社団法人日本青年会議所JCは、世界の先進SMEsの若手経済人達と連携・共創する国際（プレ）ハッカソンを実施し、地域での新結合イノベーションビジネスと、これらを持続可能にするファイナンスを創出すること、ファイナンス支援制度、市場・エコシステムやその拠点HUBを構築することを目的として本取り組みを実施する。

実施内容としては $9+\alpha$（世界からの提案で増加）のテーマに基づく地域×国際連携チームを結成し、日本JC有志でアンケート調査ワークショップをはじめとしたテーマ提示、ハッカソンなどを実施し、「SDGsビジネスのツボ」に関して2020年11月のJCI世界会議で発表する。

この様な取り組みは、参加者である大企業内の新規事業、CVC・インキュベーション部門、スタートアップ含む中小企業やその個人がSDGsの達成に向け、国境・専門・業種を超えた国際的なチームを結成することで、自身の取り組みや事業における最適なSDGsのテーマやチームが見つかる。そして、その取り組みを通じて評価を受けるだけでなく、SDGs達成に向けたビジネス×ファイナンスのエコシステムを共創できるメリットがある。

（伏見崇宏）

第4章

日本青年会議所の挑戦

　公益社団法人日本青年会議所（日本 JC）は，SDGs 採択年である2015年の JCI 世界会議（金沢市）以来，地域に根差した活動として積極的に SDGs に取り組んでいる。野村総合研究所は日本 JC の協力を得て，全国の中小企業・スタートアップの実態調査「SDGs と Innovation の主体 JC 若き経済人の取組実態アンケート調査」を実施，その結果を報告する。また，日本 JC を中心とした，「地域から SDGs で若きイノベーションを世界へ」支援活動である「SDGs Innovation HUB」と SDGs Innovation ビジネス×ファイナンス支援制度の構築，国際青年会議所（JCI）や国際機関，協賛企業などの協力の下，横浜での JCI 世界会議で国際（プレ）ハッカソンを開催。JCI，日本 JC IT 部会中心に，10年は続けるものとして，世界の中小企業・スタートアップ・大企業の新規事業部門と共創し，SDGs のポイントと評価を共創していく活動と，そこから創発される未来について解説する。

4-1　公益社団法人日本青年会議所による SDGs への挑戦

　2020年になり，日本 JC による SDGs への挑戦がいよいよ加速してきた。その中身を論ずる前に，先ず日本 JC という組織について少しふれておきたい。

　日本 JC の捉え方についてはいろいろあるが，まとめると，「全国各地にある690余の青年会議所（公益社団法人や一般社団法人など）から構成される全国組

織で，米国に本拠を置き，全世界130の国・地域に及ぶ国際青年会議所（JCI）のネットワークの一角を占めつつ，様々な社会活動に取り組むボランティア団体」ということになる。

その定款では，「本会は，日本国内に所在する青年会議所を総合調整してその意見を代表し，全国的規模の運動を展開して，日本国民，青年会議所及び青年会議所の正会員の利益の増進を図るとともに，国際青年会議所と協調して世界の繁栄と平和に寄与することを目的とし…」と謳われている。

各地青年会議所（以下「LOM」と称する）の会員は，20～40歳までの「青年経済人」からなり，それぞれの地元において各々本業のビジネスに勤しむ傍ら，業務時間外には JC メンバーとして基本的に自弁で社会貢献と自己の成長に汗を流している。

各 LOM に所属するメンバー数の総計は約3万人となっており，全国的にも有数の非営利組織と位置付けられる。彼らの属性は，従来は中小零細企業の経営層や自由業が多かったが，近年ではサラリーマンや公務員のメンバーも少なくないときく。40歳を迎えた年の年末をもって青年会議所を「卒業」した後は，自身のビジネスで成果を挙げ経済人として名を馳せる者も少なくない。また，JC というと政治的に右傾化した組織とみられがちであるが，それは事実に反する。実際，日本 JC は公益社団法人であるため政治的中立の担保は必須であり，JC 関係（所属もしくは OB）の国・地方議員の属性も，共産党を除く各党に分散されている。平成以降の歴代首相や主要政党党首[1]も，与野党を問わず，現在の安倍晋三氏を含め多くが JC 出身者で占められているのである。

こうしたことから，JC は，その規模のメリットや全国的なカバレッジの高さに加え，自己完結型で非営利かつ政治的に中立であり，組織が国－都道府県－市区町村にそれぞれ対応して置かれていることから，各府省や地方自治体との連携も緊密かつスムーズであり，彼らの運動を国や地方の行政課題解決への取り組みとリンクさせやすいという特徴がある。

もっとも，JC は全員が40歳で卒業し，最長でも21年足らずしか在籍できない

---

[1]　森喜朗，小泉純一郎，安倍晋三，麻生太郎，鳩山由紀夫，菅直人の歴代首相や公明党・山口那津男代表など

ため，その活動は単年度制（1〜12月）の下で全役職が12か月限定という時限的なものとなっている。このため，自らに与えられた単年度のミッションを制限期間内で完遂できれば達成感は高いが，その活動スケジュールは勢い過密なものにならざるを得ない上，多年度にわたる取り組みを要する課題への切れ目のない対応が難しくなるケースも皆無ではないといった特性がある。

　近年の傾向としては，少子化と全国各地における企業の担い手不足の余波を受け，JC会員数は減少傾向にあるが，疲弊した地域における20〜40歳の若手経済人の地域人財としての重要性を際立たせており，「適切な事業承継による地域経済の持続性確保」はもとより，「起業による雇用創出」，「新たな社会活動へのチャレンジ」，「厳しい財政事情から民間組織との協働を迫られる自治体との連携」といった多様な面から必要不可欠な存在となっている。殊に切実な課題を抱えた地方都市においては，JCはいまや「まちづくり」における地域の期待を一身に受ける唯一無二の存在となっているところも珍しくない。

　こうした環境変化が日本各地のJCメンバーに，濃淡の差はあるが「持続可能性」に対する問題意識を抱かせることとなり，結果的に彼らのSDGsに対するコミットメントを強める方向に誘ったことは当然の成り行きともいえよう。

1　JC運動の変遷と，東日本大震災後に重要度を増してきた「持続可能性」

　日本JCとしての運動の重点項目は，単年度制による会頭のリーダーシップの下で毎年設定され全国的に推進・実践される。同様に各LOMは，年度ごとに各地域に根差した重点項目をトップリーダーが掲げるとともに，日本JCの運動方針も踏まえ，並行的に運動を展開していくのである。

　したがって，各年の日本JCの重点項目はまさに「時代を映す鏡」であり，当時の日本がどのような課題に直面していたかを知る良い手掛かりとなる。

　例えば，バブル経済の終焉とその後の低迷が続いた1990年からの10年間について日本JCの記録[2]をみると，「1992〜94年：地球市民の時代」，「1995年：阪神淡路大震災を受けたNPO元年」，「1996〜98年：『新人間社会』の創造」といっ

2　日本JC公式ホームページ（http://www.jaycee.or.jp）より

たテーマが重点項目として並んでいる。

これに続く2000年からの10年間については「個と公の調和を求めて」,「社会企業家の育成」,「人間力開発の時代」といった項目がみられる。

この間の日本 JC の運動における重点テーマをやや敷衍(ふえん)してみると,東日本大震災以前は国家的な中長期課題を標榜するケースが多く,具体的には「スローソサエティ推進」,「地球温暖化防止」などのテーマも見受けられるものの,やはり「マニフェスト型公開討論会推進」,「憲法改正論議」,「道徳教育」,「近現代史教育」,「領土意識醸成」といった項目のウェイトが高い印象で,これらが多年にわたり優先テーマに掲げられていた。

ところが震災以降はこれが一変することとなり,従前の「領土・領海意識醸成」などの項目を一部に残しつつも,これらに変わって「復興支援」や「防災・減災」,「自助・共助の防災システムの推進」,「国際協力」,「地域再興」といった項目が前面に押し出されることとなった。

そして,2015年9月25日に国連総会での「UN SDGs」採択を受け,日本 JC はこれに素早く対応する形で「金沢宣言」を行い,SDGs の17項目のうち「目標6」について,国際青年会議所に加盟の日本 JC として正式なコミットを表明したのである。

これを契機に翌2016年には,新たな国際協力運動として,アジア各国農村部における安全な飲み水の確保を目的とした「JCI JAPAN SMILE by WATER」キャンペーンが日本水フォーラムと協働して展開され[3],以降も年度を越えて継続実施されている。その後の震災からの時間の経過を踏まえ,2017年度は,前年度に引き続きバングラデシュに雨水貯留タンク設置を支援しつつ,新たにカンボジアの世界遺産都市プレアヴィヒアに地域全体の成長を促すための魚の養殖事業を導入し,その収益から井戸建設を行った。

この年から足許までの3年間をみると,引き続き防災などに言及しつつも,新たに「デフレ脱却」や「戦略的民間外交による国益の増進」などの項目も登場するようになり,この間,徐々に SDGs のウェイトが高まり始め,軸足が移されてきたように感じられる。

3　対象地域はバングラデシュのクルナ管区バゲルハート県モレルガンジ郡

2　2015年「金沢宣言」から始まった，JC の SDGs 推進運動

2015年11月7日，金沢の地に132の国・地域に存在する119の国家青年会議所の代表が金沢に集まり，世界会議の総会の席上，世界の恒久的平和と安定に向けた，以下の宣言文「金沢宣言」が採択された。

2015年9月25日国連総会にて採択されました国連持続可能な開発目標（UN SDGs）について，JCI は，国連の経済社会委員会（ECOSOC）における GGENERAL STATUS（最高位）の資格を有する国際組織として，132の国と地域に存在する119の国家青年会議所と共に，全面的に協調・そして協力し UN SDGs 達成に向けて，国際社会に対して貢献していくという意思表示を行いました。青年会議所の運動がはじまり，100年を迎える記念すべき年に，日本の金沢の地で開催された世界会議にて採択されたことから「金沢宣言」としています。

日本青年会議所の具体的に取り組むべき目標と指標について
目標6　すべての人々の水と衛生の利用可能性と持続可能な管理を確保する。
指標1　2030年までにすべての人々の安全で安価な飲料水の普遍的かつ平等なアクセスを達成する。

金沢宣言における公約について
今年度の世界会議が金沢で開催されていることを受け，日本青年会議所は2016年度より目標6：「すべての人々の水と衛生の利用可能性と持続的な管理を確保する」を推進することを誓う。この宣言文の協約国である全ての国家青年会議所は，2016年 JCI 世界会議のホスト国でもある日本青年会議所の例に倣い，自身の国に最も関係がある国際目標を達成するために尽力することを誓う。

2016年以降の国際協力について
世界中では，約8億人がきれいな水にアクセスできず，一日1,400人の5歳未満の子供たちの命が失われています。
日本 JC では，アジア太平洋地域において，きれいな水にアクセスできない3億

人に対して，きれいな「水」普及のために，汚染されている水を改良する国際協力を行います。私たちが，国連，行政，民間企業，国内にいる35,000名の会員，さらに，近隣諸国における JCI のネットワークを最大限に活用した国際協力によって，世界の恒久的平和と安定に寄与していきます。

　この宣言の対象は，SDGs の17ゴールのうち，1つに焦点を当てたに過ぎないものであったが，この段階で早くも日本 JC が具体的な目標にコミットしたことは大いに意義のある歩みであったと評価できよう。

3　2019年の「SDGs 推進宣言」

　こうした経緯を経て，鎌田長明[4]は，年度最初の一大イベントであり JC 運動のキックオフ・ミーティングと位置付けられる京都会議（1月17日）において「SDGs 推進宣言」を行い，持続可能性の確保に向けた全国運動に JC としてコミットすることを正式に表明。これまでにない複数の SDGs ゴールに単年度において一気呵成にチャレンジすることとしたのである。同時に，国連との連携に基づき，わが国における SDGs 推進を所管する外務省は，日本 JC との間で「持続可能な開発目標（SDGs）推進におけるタイアップ宣言」に署名したことを受け，以下のような取り組みを進めることを公表[5]し，ここに官民協働による SDGs 推進パートナーシップの枠組みが構築されることとなった。

・このタイアップ宣言は，2030年までに「誰一人取り残さない」持続可能で多様性と包摂性のある社会を実現するため，中小企業や自治体における SDGs 推進，次世代の子ども達への SDGs 推進，SDGs 達成に向けたプロジェクトの全国実施等の取組を，外務省と日本青年会議所が協働して推進することを宣言するものです。

・本17日，辻清人外務大臣政務官は，日本青年会議所京都会議において，本タイ

4　2019年度会頭
5　外務省ホームページより

アップ宣言発表記者会見に出席し，日本全国に多くの拠点と幅広いネットワーク及び組織力・行動力を持つ日本青年会議所は，中小企業はじめ，全国津々浦々のあらゆる世代に SDGs を浸透させるための強力なパートナーであり，2019年を未曾有の「SDGs イヤー」にすべく，日本青年会議所とともに，SDGsを力強く推進していく旨述べました。

4　2019年の日本青年会議所における SDGs 推進運動

　京都会議における「宣言」を皮切りに，2019年の日本 JC の運動は，SDGs の推進に重点を置き，これまでにないプライオリティの高さと範囲の広さをもって精力的に進められることとなった。まず，全国の中小零細企業において「SDGs に取り組みたいが，何をすればよいかわからない」といった声が多いことを受け，各地で SDGs の企業導入を推進できる人材育成が急務となっていたことから，日本 JC では，世界初となる SDGs を地域や企業で推進していく伝道師を育成するプログラムを実施し，「SDGs アンバサダー」を48人誕生させた。彼らは，各地域において150件以上のセミナーを実施し，中小零細企業で新たにSDGs 達成に向けた取り組みが始まることとなったのである。

　同年 4 月，「河野太郎外務大臣による日本青年会議所 SDGs アンバサダーへの訓示」についての外務省ホームページの記載は以下のとおりである。

　本24日，河野太郎外務大臣は，公益社団法人日本青年会議所が選定した，SDGs（持続可能な開発目標）推進のための「日本青年会議所 SDGs アンバサダー」約40名に対して訓示を行いました。

　河野大臣は，訓示の中で，アンバサダー各位が主導的に活躍することにより，SDGs 推進の取組が全国で一層拡大することを期待する，持続可能でより良い社会の実現及び SDGs の達成のため，アンバサダー各位の奮闘及び活躍を心から祈念する旨述べ，同アンバサダーの今後の活動を激励しました。

　外務省は，本年 1 月，日本青年会議所との間で，「SDGs 推進におけるタイアップ宣言」に署名しており，SDGs 達成に向けて協力しています。今回の訓示も同協力関係の一環として行われたものです。

　アンバサダーの始動と共に日本JCから各LOMにも協働の呼びかけが行われ，各LOMにおいてはメンバー自身の会社はもとより，JC外の中小零細企業各社に対してもSDGsへの取り組みが慫慂（しょうよう）された。その結果，3,141社の企業からこの運動への賛同を取り付けることに成功し，最終的に年度末時点において，日本JC組織内だけで648件・総事業費8億9,000万円，全国各地のLOMにおいては492カ所，1,733件，総事業費21億3,180万円の「SDGs推進事業」が展開されたのであった。

　また，同年2月には，SDGsの発信の場として，過去最大規模の4,000人が集まる「JCI金沢会議」が開催され，社会的包摂を目指した取り組みなど，約30種類のSDGs達成にむけた事業や活動が共有された。

　続く同年5月，日本初開催としてG20加盟国の若手起業家が集まる国際会議「G20YEAサミットin Fukuoka」が3日間にわたり開催され，「持続可能な社会に向けて，ARやVRなどのテクノロジーをどう取り入れていくのか」をテーマに，様々な事業が実施された。20カ国から約350名が参加した本サミットの成果物である「持続可能な国際社会の発展にむけて各国政府に届ける提言書」には，今年度，日本JCの提言である「新技術（AI，ブロックチェーン，IoT）の急速な進化を踏まえ，市民の情報の自己決定権を守り，政府を監視できる憲法改正を行う必要があります」が盛り込まれた。

　そして，同年7月は「World SDGs Summit」をテーマに，多様な対象者が参加できるフォーラムやプログラムを用意した大規模な会議「サマーコンファレンス」を横浜市で開催し，過去最多の4万人超が来場した。特に，学生や外部パートナーと設計した「SDGs PARK」は，家族や学生など約3,000名が来場し，60の出展企業団体と来場者の双方向コミュニケーションを可能とするSDGsコミュニティを形成することができたのである。なお，このサマーコンファレンスにおいては，韓国，モンゴル，フィリピン，東ティモール，日本の5カ国間で，上述のSDGsの「目標6」に取り組むパートナーシップ宣言もなされている。

　2019年の日本JCによるSDGsへの取り組みは夏を過ぎても勢いを失うことなく継続され，これまで日本JCとしてほとんど取り組んだことがなかった「ジェンダー平等」[6]にもチャレンジ。HeForSheを推進，10月には早くも成果を

出している。国連が推進する HeForShe の署名活動は，日本 JC が乗り出すことによりわずか 5 カ月で署名数が大きく跳ね上がり，8,000署名から 3 万6,000署名へと著増した。この結果，UN Women ホームページでは，ジェンダー平等への意識が「低い」とされていた日本が，「普通」を通り越して，「意識が高い」へとランクアップし，世界からの評価を変えることとなったのである。

　以下は，2019年10月11日付の共同リリースである。

　共同リリース
　UN Women（国連女性機関）日本事務所
　公益社団法人日本青年会議所

　本日，UN Women（国連女性機関）（日本事務所：東京都文京区，所長：石川雅恵）と公益社団法人日本青年会議所（東京都千代田区，第68代会頭：鎌田長明）は同会議所の第68回全国大会富山大会において，日本国内の更なるジェンダー平等の推進を目指すべく，HeForShe 連帯運動や持続可能な開発目標（SDGs）を通じたジェンダー平等推進に関する協力の覚書を交わしました。UN Women と公益社団法人の覚書締結は国内初となります。

　この覚書は，両組織が協力し，ジェンダー平等実現に向けたグローバルな連帯運動「HeForShe」や SDGs を通じて，日本国内のジェンダー平等意識を向上させ，2030年までに SDGs 5 「ジェンダーの平等を達成し，すべての女性と女児のエンパワーメントを図る」の実現を目指すことを目的にしています。

　【UN Women 日本事務所　所長　石川雅恵のコメント】
　日本青年会議所は，47の都道府県にある約700の会議所・協議会に所属する約30,000人の若手経済人から成り，地元コミュニティに根差したネットワークを有していること，また，SDGs 実現に向けた活動に尽力し，特に SDGs 5 「ジェ

6　日本 JC は全国 3 万5,000人の40歳以下の青年経済人で構成されているが，会員の女性比率は全体の 7 ％といった状況であり，ジェンダー平等への意識が低いとされる日本において，まずは自らが率先垂範すべき状況にあった。

ンダーの平等を達成し，すべての女性と女児のエンパワーメントを図る』の達成に向けた UN Women との連携の実績を踏まえて，そのリーチ力及び波及効果の可能性を基に覚書を締結しました。大都市のみならず，市町村レベルでのHeForShe の広がりやジェンダー意識の向上に期待しています。

【公益社団法人日本青年会議所　第68代会頭　鎌田長明のコメント】
　日本青年会議所は本年のアクションプランの 3 つのターゲットの一つとして「個人」を掲げ，その取り組みとして HeForShe を推進しました。推進開始当初の日本の HeForShe 賛同者数約8,000名から 9 月半ばには30,000名に増え，日本は世界の中でも HeForShe の活動が「少ない国」から「多い国」に変わりました。この推進運動を双方協力の上，今年だけでなく来年さらにその先へと続け発展させていくため，締結をするに至りました。

　この間，2019年の日本 JC は，社会的包摂の推進にも挑戦した。

　全国各地で様々な境遇に立つ社会的弱者に対する対応をみると，支援の動きは様々あるものの，それらが地域内の一部の領域でのみ実施され，支援の取り組みそのものや，支援の出口となる就労の機会の創出において壁にぶつかっているケースが少なくないなど，多くの課題が横たわっているのが実情である。

　こうした現状を踏まえ，日本 JC は誰もが活躍できる地域社会実現のためには，(1)関係者相互に地域課題を共有し，(2)支援を行う団体や就労の受け口となる企業，地域活動を行う NPO などが相互理解を深め，課題解決に向けて支え合える協議会を作り，(3) JC が分野横断的に横串を刺し，中小企業のネットワークを駆使したハブの存在としてコーディネートする，といった体制づくりが求められているとの問題意識を持つに至る。

　これを受けて日本 JC は，このコーディネーション担当組織として「社会的包摂推進会議」の創設を全国各地に推進することとした。その背景には JC の強み，(1)中小企業者のネットワーク，(2)地域への精通，(3)リーダー育成，という点があり，これらを活かし，JC がハブとなって支援の連携を生み出し，支援の出口を作る牽引役を引受ける取り組みを推進しようとしたのである。

5　九州経済人会議2019から始まった「ＳＤＧｓ金融」への本格的な取り組み

　2019年における日本 JC の地方における具体的な取り組みの１つとして，全国主要都市での「経済人会議」の開催が挙げられる。

　このうち，日本 JC 九州地区協議会では，九州におけるベンチャー企業活動が近年活発になっている状況に鑑み，今回は特に「SDGs と金融」に焦点をあて，(1)基調講演，(2)パネルディスカッションおよび追加企画としての(3)ワークショップからなる「九州経済人会議 2019：九州発の SDGs 金融を日本の地域再生の柱とするために－SDGs Innovation HUB 金融分野への取り組み始動記念シンポジウム－」を 9 月に開催した[7]。

　同会議は，九州経済連合会，公共政策調査機構，福岡証券取引所，福岡財務支局などが後援し，福岡市中央区のエルガーラホールで開催され，九州各地の日本 JC メンバーに加えて，金融機関役職員，金融官庁関係者，報道関係者など多数が集まった。

　第 1 部は 3 名の講演者による基調講演で構成され，【基調講演 1】「SDGs 実現に資する金融エコシステムの構築に向けて」を筆者（池田）が行い，世界的な SDGs 金融の潮流や CSV（社会的・経済的な共有価値）創出のための企業活動の在り方，投資家側，投資を受ける企業側双方にとっての拠り所（スチュワードシップ・コードおよびコーポレートガバナンス・コード）などの位置づけや，JC 組織が SDGs 金融エコシステム構築に取り組むことの意義について論点整理を行った。続く【基調講演 2】は，「持続可能な金融エコシステムにおけるファイナンスの役割と展望 1：リスクマネーの供給と地方創生について－新たな SDGs Innovation HUB に期待されるインパクト」をテーマに村井毅・日本証券業協会常任監事が講演し，その後の【基調講演 3】は，「持続可能な金融エコシステムにおけるファイナンスの役割と展望 2：多様化するエクイティ・ファイナンス，企業経営，その資金調達と証券取引所－投資する側，投資される側

　7　九州経済人会議2019の概要は下記 URL を参照。
　　https://www.youtube.com/watch?v=usULsvh6u_c

双方に必要な SDGs の視点が，地域イノベーションにつながる予兆」と題して勝尾修・東京証券取引所上場推進部課長が担当した。

第1部の3本の基調講演を受けて第2部では，「九州発の SDGs 金融－SDGs Innovation HUB 金融分野への取り組み－を日本の地域再生の柱とするために」をテーマにパネルディスカッションを実施。筆者（池田）のファシリテートにより，第1部の講演者にさらに2名のパネリスト（御友重希，中島土[8]）が加わり，さらに日本 JC 九州地区協議会を構成する各ブロック協議会の会長も参画して，活発な議論が展開された。

以上の基調講演とパネルディスカッションをもって，当初予定のプログラム本体は終了したが，追加企画として「SDGs Innovation HUB プロジェクト　自己・相互評価ワークショップ」（講師：廣水乃生）を行い，JC メンバーが自身の会社において SDGs 推進を計画する際に，現状を適切に判断し具体的な対策を講ずる際に有用な，マトリックス表を用いた論点整理の手法を学んだ。

今回の「九州経済人会議2019」の20日後（9月30日），日本 JC は大分県に本店を置く地方銀行である豊和銀行との間で「SDGs 推進連携協力協定」を締結した[9]。これは同行が，同年10月1日から販売を開始する「ほうわ SDGs 私募債」の発売に先立って行われたもので，寄付型私募債である「ほうわ SDGs 私募債」の発行額の0.2％相当額が日本 JC に寄付され，九州にある日本 JC に関連する団体が，その寄付をもとに SDGs 推進のための運動を実施することが可能となるものである。日本 JC にとって金融機関との間での初の連携協定の締結となった。席上，豊和銀行の権藤頭取からは「金融の面からの SDGs の推進として，地域のあらゆる企業が SDGs を推進したくなるような仕組みをつくりたい」との思いが披歴された。

わが国の金融サービスにおいても，すでに寄付型私募債や SDGs 関連融資などの商品は様々に出現しているが，本件のように JC への寄付という形での SDGs へのアプローチは斬新であり，SDGs 志向の金融エコシステム構築に向けた第一歩となったことは間違いなかろう。

8　日本 JC 常任理事 九州地区協議会会長
9　同日，豊和銀行 権藤淳・取締役頭取と日本 JC 鎌田 長明会頭との間で協定の締結式が実施された。

6　これからの JC 運動と SDGs

　ここまで述べてきたように，これまでの日本 JC の SDGs への取り組みは，単年度制のデメリット克服に挑みながら年々加速を続け，2019年に推進のモメンタムが拡大し一挙に本格化したといえよう。

　2020年度においてもこの運動は継続されることとなっており，日本 JC の石田全史会頭は，2020年 1 月16日，京都経済センターにおいて記者会見を開き，2020年度も外務省および野村総合研究所など外部組織と緊密に連携・協働し SDGs へのチャレンジを継続していくことを表明したのである（筆者（池田）も日本 JC アドバイザーとして同席）。

　無論，これまで JC 運動に多年度の視点が存在しなかったわけではない。これまでの日本 JC は10年ごとに「運動指針」をきちんと策定し，これを踏まえて各年度の事業計画を柔軟に見直しつつ立案し，運動推進を行ってきたのである。事実，筆者は「2010年代運動指針」の策定に際してもアドバイザーを担当し，当時のメンバーらと共に2010年からの10年間に日本が直面するであろう課題を予測し，それを解決するための運動論を活発に議論したものである。

　しかし，世の中の動きは当初想定していたよりも遙かに速く，2020年を迎えるに際し，10年スパンで適格に課題を予測し対応策を提示することは，些か無謀ともいえる状況になってしまった。無論，何が何でも仮説を立てて前に進めることは不可能ではあるまい。しかし，前例を無理に踏襲するよりも，現実を踏まえたプランニングを行うほうが有益かつ合理的であることを知る彼らは直ちに軌道修正を行い，ちょうど SDGs の推進機関と重なる2020〜24年までの 5 年間の計画を立てることとしたのである。その過程で，今回も筆者に要請があったので，彼らのアドバイザリーボードに加わることとなった。

　こうして 1 年という時間をかけて日本 JC のメンバーが様々な検討を行い，最終的に2019年12月，日本 JC から「2020-2024戦略計画」[10]が公表された。

　これは，2020年からの 5 年間を対象とするいわば日本 JC の「中期経営計画」

10　完全版は，日本 JC 公式ホームページを参照。
　　https://www.jaycee.or.jp/2020/honkai/wp/wp-content/uploads/2019/12/strategicplan_design.pdf

と呼ぶべきものであり，全体が「SDGs達成を強く志向する思想」に貫かれたものとなっている。

　以下は，その冒頭部分である。

地域に根差し，国を想い，世界を変えよう

今も社会から取り残されている人がいる。

私たちに何ができるだろう。

私たちに，国を変える，ましてや世界を変えるなんて，

できるのだろうか。

そう思う人がほとんどの中，できると信じる人がいる。

それが私たち Jaycee です。

日本JCは，1951年の創立以来，ずっと信じてきたのです。

日本JCにしかできないこと，

LOMのためにできることがまだまだある。

あなたにしかできないことも，たくさんある。

地域に根ざし，国を想い，世界を変えよう

戦略計画とは，日本JCがこれからどのように社会をより良くするのかを示す航海図のような役割を果たすためのものである。日本JCは連絡総合調整機関としてLOMを支援するとともに，あらゆるパートナーと協働し，この計画を実行する。

　5年間の計画にあたり，その年を縛ることや可能性を失うものであってはならない。本計画は日本JCらしく果敢に挑戦していくための計画であり，その道標となって，その方向性を指し示していくものが戦略マップである。

なお，この戦略計画策定にあたり，「JCIストラテジックプラン2019−2023」「JCIアクティブ・シチズン・フレームワーク」「持続可能な開発のための2030アジェンダ」を参考文献とした。

　以上，限られた紙幅の中で日本 JC の特性について触れ，彼らの社会開発運動がどのように変遷し，近年ではどのように SDGs への取り組みが始まって2019年の大規模な運動へとつながったのか，その中身はどのようなものであったか，などについて概観してきた。

　青年会議所を構成する20〜40歳の青年経済人は，働き盛りで，家庭を持ち，子どもを産み育て，また自己研鑽をしてさらに成長できる貴重な存在である。

　その彼らが「今だけ，金だけ，自分だけ」の思想が蔓延するなかにあって，世界や日本の置かれた現状を踏まえ，敢えて「持続可能性」のために SDGs に果敢にチャレンジしていこうというのは，まことに頼もしく感じる。

　今後，日本がどのような困難に直面しようとも，彼らが常に問題意識を持ち，高い志で社会開発運動を担ってくれることを心から念じている。

（池田健三郎¹¹）

4-2　国際（プレ）ハッカソンに向けた　　ワークシート・アンケート支援新システム　　SDGs Innovation HUB の共創する未来

1　「SDGs と Innovation の主体 JC 若き経済人の取組実態　アンケート調査」

⑴　本調査のねらい

　野村総合研究所（野村総研）が日本 JC アドバイザーである 4-1 の（特非）公共政策調査機構を経由し，日本 JC 会員1,000名超をサンプルとして，SDGs

---

11　筆者はかつて，32歳で神奈川県大和市にある大和青年会議所に入会し 8 年間在籍した。このうちの 5 年間は，大和市での地域活動に加えて，日本青年会議所の委員として全県的・全国的な活動にも参画（出向）し，40歳を迎えた2008年末をもって「卒業」。OB（JCI セネター）となった後は2010年度から2015年度まで日本青年会議所アドバイザーをお引き受けした。近年では2019年から再度，公共政策調査機構理事長としてアドバイザーに就任し SDGs へのチャレンジを中心に，若き経済人たちの社会活動をサポートしている。
　　本稿は，こうした経緯から寄稿するもので，文中の意見にわたる部分はすべて筆者の個人的見解である。

やそのツボと捉えた Innovation 活動の取り組みの実態をワークシート・アンケートの形で調査した[12]。クロス集計などの分析は，専修大学商学部神原理教授に専門的な支援をいただき，総合的な分析を行った。

　事業所承継問題を解決している全国の優良・老舗中小企業に対し，今まで実態調査がほとんど行われてこなかった。野村総研と日本 JC は，同企業の20〜30代の次世代経営者に，本業，副業もしくは二次創業などに取り組む新規事業のキーワードを SDGs として考え，地域や世界の課題やその解決，夢やその実現に対して，どのような意識をもっているかを調査分析し，大多数が非上場企業の IR 情報などの実態調査と分析ができた。今後も継続調査が情報発信をすることができる。

　日本 JC にとっては，本調査で，SDGs 推進事業の取り組みを「見える化」し，定量的な評価を行うこと，ワークシート・アンケート作成を通して課題を特定すること，地域ごとの特性を把握し事業構築における根拠とすること，自身のビジネスにおいて定量化するツールとなること，そして国際（プレ）ハッカソンに参加し，SDGs 時代のベストな国際テーマやチームが見つかることができた。今後も，自身/自社の強みを可視化するとともに，ビジネス，ファイナンスと，エコシステムや制度金融の評価基準を地域や世界と共創していくことができる。

(2)　本調査の分析方法

　野村総研　未来創発センター　制度戦略研究所において，筆者（御友）と，神原理[13]との間で行われた。単純集計分析，自由回答分析，クロス集計分析などを行うことで，日本 JC 会員を中心として20〜30代の若き企業家・経済人の取り組みの実態を多角的な視点から分析している。

(3)　分析結果

　SDGs の認知度向上や活動啓発にとって，日本 JC 活動が大きな役割を果た

12　実務は共同ピーアール総合研究所が同機構に協力して担当
13　数理的 AI データ分析を委託した専修大学商学部教授

している事実が有意に出ており，日本 JC 活動によって恵まれたパートナーが奉仕・ボランティア活動としても，本業・ビジネスマッチング活動としても見つかるという結果が出ている。

SDGs についてはパートナーシップの重要性が認識されており，地域社会において顧客と従業員に思いを馳せ，「働きがい」や「住み続けられるまち」を指向し，分野としても「まちづくり」や「つくる責任・つかう責任」において責任を果たそうという意思が有意に働いている。

誰のために，何故ビジネスを行っているかという「偉人伝（本章4‐2の4(4)にて記述）」をアウトプットにする自由記述に対しては，ほぼ出版できるレベルで熱心に書き込んでいる回答もある。そうした回答者の自社の社会に対するミッション・バリューは，回答前後で大きく異なる現象が見られており，自らの生き方の「見える化」が若き企業家・経済人にとって経営上のミッション・バリューの特定に有効に働く可能性を示唆している。熱心に回答していない回答者も，地域や世界の人とのつながりを求める傾向が強く表れている。

ステップ4の地域連携・サプライチェーン連携，ステップ5の広域連携・展開の設問に熱心に回答している回答者は，既に地域の会員・非会員と連携して，新結合イノベーションを起こしている可能性が高い。また，シート1，2の回答も非常に具体的になっているとの特徴が数理的分析にも表れている。

連携したい分野は，学術や医療分野が多い。産学連携は，中小企業の多種多様な職種においても非常に有効と考えている経営者が多いことが分かった。大学側にも，より専門的な分野と専門的な技術や人材のいる中小企業を直接マッチングさせることで，大学発のベンチャー起業をするか，連携している中小企業でテストベットやマーケティングを行うか，といった選択肢が産学ともに広がる可能性が示唆されている。

広域連携では，市町村内または日本 JC の10地区の商圏に特化する方向性，逆に世界に広がる方向性の意識の二極化が有意に出ていた。行政が中小企業・個人事業主の海外進出支援を行う際には，この二極化の実態をとらえ，まずは対外指向の高い中小企業の積極支援と特化指向の中小企業とインバウンド・アウトバウンド制度金融の活用などで，その顧客拡大による経済活性化策が有効である可能性が見て取れる。

　IT 情報化については，メールや電話が多用され，SNS が多く使われているのが世代の差として出ているが，大企業と比べても有意な差がなく，日本は残念ながら企業規模に関係なく IT 化は遅れている可能性が示唆されている。

　ファイナンスについては，やはり銀行融資に対する信頼が大きく，この点，直接金融のみでなく，地方銀行や信金信組など間接金融が，SDGs などの地域の社会課題や Innovation など経済課題の解決支援で連携したときの付加価値の大きさを示唆している。

　経営の相談相手として，創業者である父母や従業員，顧問税理士などの回答が多い中，ここに地域金融機関が入る余地がある可能性が示唆されている。

　クロス集計の分析の結果，統計的に以下の概要が有意となった。

　①　年商とデジタル環境

　年商3,000万円以上の事業者は，社内でのデジタル技術の活用に積極的のようである。これには，デジタル技術を活用できるだけの資金力も要因の１つになっていえると考えられる。

　②　職種・業種とデジタル環境

　現在の社内でのデジタル環境は，建設業と卸売業・小売業で高く，情報管理統合システムは，卸売業・小売業とサービス業で高くなっている。情報管理統合システムについては，上記業種の特性を反映しているものと思われる。

　５年後の情報管理統合システムへの意欲については，卸売業・小売業やサービス業とともに，農林水産業で比較的高い数値がみられた。ただし，どれも40〜50％台の数値なので，決して高いとはいえない。

　③　顧客の地理的範囲と５年後の情報管理統合システム

　顧客の地理的範囲としては，全国や海外の顧客を対象としている事業者の方が，５年後の情報管理統合システムへの意向が高いようだ。

　④　居住地（地域）と情報管理統合システム

　居住地（都道府県）を７つの地域に統合して，情報管理統合システムとのクロス集計を行ったところ，関東（栃木，茨城，群馬）と首都圏（千葉，東京，埼玉，神奈川）の事業者に情報管理統合システムを活用しているところが多くなっているが，どれも30％に満たない数値である。

⑤　居住地（地域）と SDGs への意識

SDGs に関する地域間での意識差を調べてみたところ，首都圏と九州・沖縄が総じて高い数値となっている。

⑥　顧客の地理的範囲と SDGs への意識・取り組み

顧客の地理的範囲が全国から海外へと広範になるほど，SDGs への意識や取り組みのレベルが高まっているようである。

上記の結果の詳細や最新の状況については，SDGs Innovation HUB project のホームページ（https://www.cepic.earth/）を参照されたい。

2　JCI 世界会議での国際（プレ）ハッカソン

⑴　国際（プレ）ハッカソン開催までの経緯

日本 JC は，2019年12月20日，総理官邸にて「ジャパン SDGs アワード」特別賞（パートナーシップ賞）を授与し，本事業などで，今後はもう一歩進んだレベルの高い中小企業，各地の行政を巻き込んだ仕組みをつくっていく予定だ。また国際（プレ）ハッカソンは，1度限りのイベントではなく，10年間以上，継続して開催する事業化が目標である。

2020年11月3～7日の5日間，新型コロナウイルス感染症との戦いの状況に応じ，サイバーに加えてパシフィコ横浜および，その周辺施設で開催される「JCI 世界会議（JCI World Congress 2020)」で，中小企業やスタートアップ企業，金融機関や大企業などが「SDGs ビジネス×ファイナンスのツボ」となる9＋αのテーマ（と世界の先行企業・事業）に基づき，世界の先進 SMEs の若手経済人達と連携・共創する国際（プレ）ハッカソンをサイバー・リアルで実施する。地域や世界での「共創」「新結合イノベーション」ビジネスと，これらを持続可能にするファイナンスを創出すること，そして，ファイナンス支援制度や市場・エコシステムやその拠点 HUB を構築することを目的としている。

「ハッカソン」とは「ハッカー（プログラマー等）のマラソン」，ソフトウェアのエンジニアリングを指す「ハック（hack）」とマラソン（marathon）を組み合わせた米 IT 業界発祥の造語である。もともとはプログラマーやデザイナーなどで構成した参加チームが，マラソンのように数時間から数日間の与えられ

た時間を徹してプログラミングに没頭し，ビジネス・アイデアや成果・ファイナンスを競い合う開発イベントだ。近年はIT業界以外の分野の企業や各種団体にも拡大しており，国や地域，組織，世代，立場の壁を超え，従業員，顧客，外部人財であれ優れた発想を取り込み，新しい商品やサービスの創出につなげるオープン・イノベーションの手法の1つとして，日本国内でも様々な企業が活用し始めている。

　日本JCからも多数参加した昨年エストニアでの国際青年会議所JCI世界会議（JCI World Congress 2019）においても，Digital Innovation Daysの48h Hackathonとして，プログラマー，デザイナー，JCIほかビジネス経済人，ファイナンス金融機関を集めて開催された。日本JCからの参加者によると，世界の若き経済人が集まり大変盛り上がったが，その後は地元で既に組成されていたビジネスを除き，世界と連携してファイナンスを伴う持続可能な国際エコシステムは育たなかった。

　そこで，野村総合研究所と日本JC IT部会は，SDGsビジネス×ファイナンスのツボとなる共創テーマに基づく地域×国際連携チームを9以上結成することを目指し，2019年11月より国際（プレ）ハッカソンのワークシートともなるアンケート調査を2020年2月まで実施した。まずは，日本JCの本業や二次創業などで行うSDGs達成に資するビジネスについての事業評価と社会インパクト評価などを行い，2月のJCI金沢会議でのSDGsピッチコンテストを皮切りに，サイバー開催を基本としつつ，全国各地・各地区で国際（プレ）ハッカソンやワークショップを予定している。5月のオンラインのプレハッカソンを経て「SDGsビジネスのツボ」となる共創テーマや日本側のチームメンバーを世界

［図表4−1］　国際（プレ）ハッカソンのスケジュール

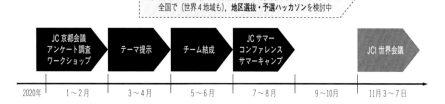

に提示し，8月のオンライン予選を経て国際チームを結成。チームごとのサイバー，リアルのサマーキャンプなどを経て，人類が新型コロナウイルス感染症との戦いに勝利していればリアルで11月4〜6日に世界会議で共創テーマごとにチームでハッカソンを実施し，ピッチや優勝者などのステージ発表をサイバー・リアルで行う予定となっている（**図表4−1**）。

(2)　国際（プレ）ハッカソン参加要領と全国・世界からの反響

　SDGsに上げられているようなパブリックな目標・問題を，パブリックセクターだけで達成・解決できなくなった困難極まる時代，未来や次世代の国際秩序形成力を担っていくのは，これまでどおり「国家や企業」か，それとも，SDGsなどの地域や世界の共通の目標・問題を掲げ，ビジネスやファイナンスのツボを押さえて，これまでのように公的資金のみに頼らない持続可能なエコシステムでつながる個人，「つながる個人」なのではないだろうか。

　世界第2のIT・経済大国中国はじめアジア各国の若き人的資本，株主利益第一主義を転換した米国企業，Brexitさえ国富の持続的成長に利用しようとする英国SMEs，EUなどの産官学民の総活躍に見られるように，これまで日本や世界を主導してきた大企業や大国・大型自治体の学歴・職歴ある中高年男性だけでなく，SMEsや小国・地域，学校・家族等で日々仕事し生活する老若男女，世代や国境を越えた多様なステークホルダーを巻き込み変態する，つながる個人，全く新しい次世代リーダーが求められている。

　日本で生活や仕事をする「つながる個人」は，「つながる日本力」ともいうべき，そもそも日本古来の地球と共生する価値観・文化と世界トップの環境技術力・ものづくり力を再編集（Re-Creation）する力を，一人でなく，人と人とが集い，つながってこそ人間，国境や世代を超えた様々な人財が，日本の地でつながって発揮されるものではないか，国際（プレ）ハッカソン準備を進めながら，日本JCやその仲間，連携する小中高代の生徒・学生，先生方と盛り上がっている。こうしたつながりを事前にサイバー・リアルに醸成して今年の国際（プレ）ハッカソンを行い，来年に紡ぎつないでいく。そのようなハッカソンを目指している。

⑶　国際（プレ）ハッカソン参加に向けた SDGs Innovation HUB projects と
　　ワークシート・アンケート概要

　第3章3-1・3-2で述べたように，大/中小企業・スタートアップ・個人・
学生など，SDGs を目指すマルチ・ステークホルダーが無理なく楽しく参加し，
サイバー・リアルに共創していくのが SDGs Innovation HUB である。第3章
3-3で藤原洋氏が議論した「地銀・中小企業の Fintech/デジタル化が開く新金
融・新市場の未来」を目指し，企業などのデジタル化と SDGs Innovation ビジ
ネスを創出するデジタル変革（DX）を進める。また，第3章3-4で小林孝明氏
が議論した「SDGs・サステナブル金融の動向と大/中小企業・金融機関の能力
向上」や，落合千華氏や伏見崇宏氏が紹介している自治体と連携した「SDGs×
評価×金融の流れ」や「地域活性化のための SDGs 追求型コミュニティ開発金
融プログラム」などの先端事例を参考に，世界の先進 SMEs の若手経済人を地
域で創出し，地域・広域・世界で連携して展開し，エコシステムやその拠点 SDGs
Innovation HUB を構築する。それにより，大企業の新規事業，中小企業の二
次創業などを促進し，個人，学生，従業員などの起業家精神を支援・連携し，
結果，国際（プレ）ハッカソン 9 ＋α テーマで SDGs 評価を若手経済人達と共
創し世界に発信する。

⑷　内閣府地方創生事務局「地方創生 SDGs 金融フレームワーク」との連携

　SDGs 達成のための国家戦略である SDGs 実施指針が3年ぶりに改定された。
また，SDGs の浸透と地域課題解決を目指す地方創生 SDGs が，2020年度からの
第2期「まち・ひと・しごと創生総合戦略」に明記された。SDGs に取り組む自
治体の割合を60％とする2024年度目標に向けて，SDGs 未来都市・自治体モデル
事業，地方創生 SDGs 官民連携プラットフォームに加えて，新たに地方創生
SDGs 金融フレームワークの構築が始まる。

　日本 JC は，こうした国や自治体の動きと呼応して，地域の企業家として顧
客・従業員をはじめとした住民・自治体・地域の金融機関を巻き込んだ動きを，
ワークシート・アンケートなどで見える化し，加速させようとしている。

⑸　日本 JC と連携した中小企業・スタートアップ連携プラットフォーム構築

　国際（プレ）ハッカソンなどに活用するワークシート・アンケートは，これを全国・世界に展開することにより，参加する個人・法人のプライバシーだけでなくアイディアの著作権を（いずれブロックチェーン化することで）守りつつ，各者の利益になる調査分析や評価，金融支援などを条件に，その世界的にも希少な，ビッグデータを最大限活用した「中小企業・スタートアップ連携プラットフォーム」（第 3 章 3‐1 の 2 ⑴）を構築することにつながるのである。

⑹　SDGs Innovation HUB・国際（プレ）ハッカソン参加者メリットと読者有志へ

　読者有志として参加者/社/行・団体となられる皆さんは，2020年始動の国際（プレ）ハッカソンと各地・国で計画中の国際プレハッカソンにより，SDGs 時代のベストな国際テーマやチームとの接点を見出すことが期待できる。また，SDGs 評価をつくり，自らの強みを可視化することができるだろう。さらに，何よりも「ビジネス×ファイナンス」のエコシステムを共創できる可能性がある。具体的には，次のような可能性が挙げられる。

- ●SDGs 時代のベストな国際テーマやチームが見つかる
- ●SDGs 評価をつくり自身/自社の強みを可視化できる
- ●ビジネス×ファイナンスのエコシステムを共創できる

　下記に挙げたような国内外の先行企業（貴社含む）やテーマのご推薦・各種ご協賛・ご参加，JCI 国際（プレ）ハッカソンなどのご参加やワークシート・アンケートへのご回答とご案内を活用し（本書第 2 部第 3 〜 4 章を参考にされたい）地域や世界に生まれる全く新しい次世代リーダーの挑戦を応援いただければ幸甚である[14]。

- ●国内外にある先行企業（貴社含む）やテーマのご推薦
- ●ハッカソン会場・参加社/者ご提供はじめ，各種協賛
- ●参加などに必要なワークシート・アンケート（公式ホームページでのご回答・ご依頼）（https://sdgs-innovationhub.com）

14　詳しくは SDGs Innovation HUB projects（https://www.cepic.earth/）参照

3　好循環を起こす中小企業によるSDGs Innovationビジネス×ファイナンス支援制度構築

⑴　2020年度日本JC SDGs推進会議の実施事業

　2019年1月，外務省と日本JCは，第4章4-1で池田健三郎氏が述べたように，「SDGs推進におけるタイアップ宣言」を締結，「SDGs推進宣言」を行うなど，日本JCは，初年度3,100社以上へ認知・周知，そして，1,700以上の事業を実施した。

　2年目となる2020年度は，「中小企業に対するSDGsの啓発・普及」，「次世代の子供達に対するSDGsの啓発・普及」を目的とし，SDGsの認知・周知に加え，SDGsに取り組む中小企業・次世代を拡大する活動を推進する（**図表4-2，4-3**）。具体的な活動としては，SDGsに取り組む中小企業向け金融支援策の策定（実施事業①），中小企業・次世代向けとしてSDGs取組事例を集約したオープンプラットフォームを開設（実施事業②）し，SDGsに取り組んでいない企業への取組推進を行うとともに，既にSDGsに取り組まれている企業につ

[図表4-2]　2020年度の実施事業①

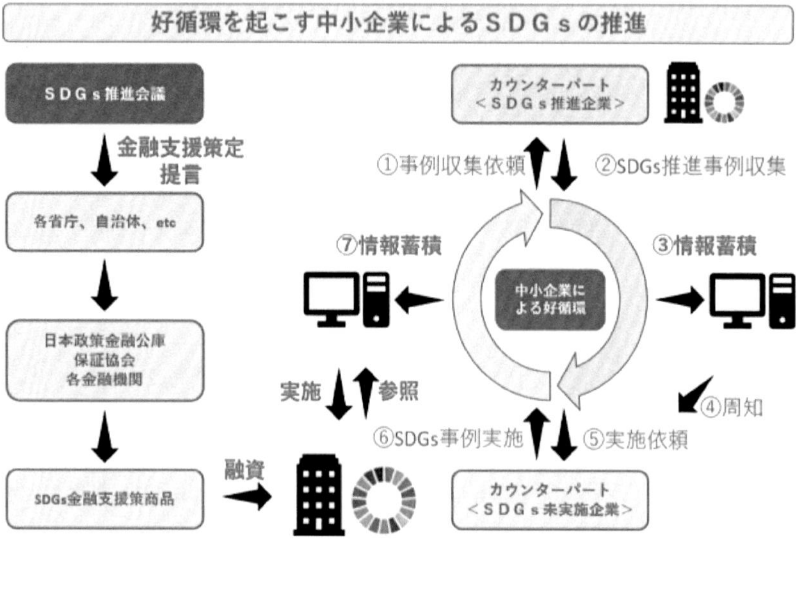

[図表4-3]　2020年度の実施事業②

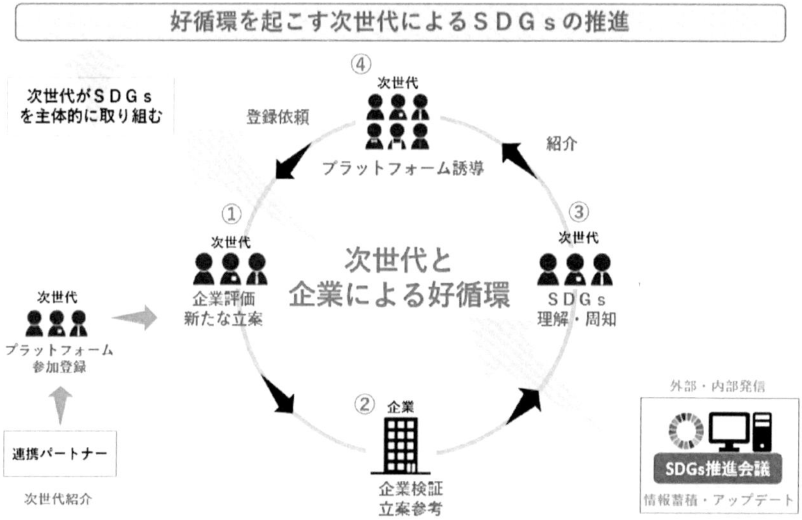

いても，次世代が評価，企画，立案することでイノベーションを起こし，さらなるSDGs推進運動へつなげる。

　課題としては金融制度を開発するには，制度利用における審査のための指標（取り組みの見える化）が必要だ。野村総研が実施する「SDGs＝若き企業事業者の取組実態調査」アンケートを活用しSDGs評価・指標を作成している。

(2)　さらなるSDGsの普及に向けての問題点

　国内企業の約359万社の内99％以上が中小企業（内小規模事業者は約85％）という現状で，SDGsに関する全国の認知度は約30％（内中小企業認知度15.8％（2018年）），取り組んでいる中小企業は年々増加傾向にあるものでわずか2％（2018年）という結果もでており，既存事業におけるSDGs取り組み企業を増加させる事はもとより，新たなビジネスにおけるSDGsの可能性を追求していかなくてはならない。合わせて中小企業数の減少の問題もある。特に事業承継においては後継者難等の要因もあるものの，経営者が60歳以上で承継準備ができていない中小企業が過半数以上（2016年）と高い数値を推移しており，新たなビジネスにおけるSDGsの可能性という点では次世代経営者が多く輩出される

環境が必要であり，2030年に向けて持続可能な社会を実現していくためには，中小企業の取り組みが鍵を握っていると言っても過言ではない。

⑶　SDGs 推進事業計画基金策定について

　日本 JC の SDGs 推進会議では，より多くの中小企業が社会課題解決につながる新たなビジネスの創出において SDGs を取り入れる環境を整備するための制度策定を目指す。

　2030年，SDGs のゴール達成に向けて，既存事業における SDGs の取り組みに加え，産官学金労言士問わず他者との融合による新たなビジネスの創出，そして新結合（イノベーション）を興し，多角的に SDGs のゴール達成を目指すことが必要と考える。これらの取り組みを後押しする施策として，SDGs 推進事業計画基金を策定し支援する。当制度は国の重点施策である SDGs に取り組む中小企業を金融面から支援し，更なる SDGs の普及のために策定を目指すものであり，所管する省庁が計画を審査することにより一層の結果が期待できる。今後進んでいく事業承継において次代を担う中小企業経営者に対し社会課題に挑戦する環境を整えていく必要がある。

　経済が社会を良くしてきた時代から，社会を良くすることで経済を良くする時代へ，事業の社会的インパクトが評価されることを加味した融資制度は，ビジネスを通した社会課題の解決，SDGs 推進を加速度的に推進することにつながるものである。

⑷　SDGs パートナーシップ基金策定について

　より多くの中小企業が，新たな社会課題解決ビジネスにパートナーシップ（連携）を取り入れる環境を整備するための融資制度策定を目指す。

　SDGs を推進するためには，何よりも他者とのパートナーシップが重要である。2030年の SDGs ゴール達成に向けて，既存事業における SDGs の取り組みに加え，産官学金労言士問わず他者との融合による新たなビジネスの創出，そして新結合（イノベーション）を興し多角的に SDGs 達成を目指すことが必要と考える。このことから他者とのパートナーシップを後押しする施策として，事業承継を契機に若者や女性経営者の第二創業を対象として支援する。現在，

各SDGsのゴールに紐づけされる融資制度は存在するものの，横断的な制度は存在しない。当制度は特定のSDGsのゴールによらない，更なるSDGsの普及のために策定を目指すものであり，今後進んでいく事業承継において次代を担う中小企業経営者に対し社会課題に挑戦する環境を整えていく必要がある。

　地域や世界の個人事業者や中小企業経営者が，世代や国境を越えてパートナーシップを結び，SDGs達成に向け最大限インパクトを産み出すビジネスを共創し，内外のサステナブル金融などの新金融や新市場のファイナンスの支援を受け，サイバー・リアルな共創の場であるSDGs Innovation HUBやSDGs事業の社会的インパクトを加味した支援制度を構築していくことは，ビジネス×ファイナンスを通した社会課題の解決，SDGs達成を加速度的に進めることにつながるものである。

⑸　**経済産業省・環境省・内閣SDGs推進本部・外務省・内閣府地方創生事務**
　　局・財務省・金融庁などとの連携

　「日本再興戦略改定2015」において，「グローバル・ベンチャーサミット」が東京オリンピック・パラリンピック開催年に開催されると明記されており，1年延期になる中でも，担当の経済産業省新規産業室と本書のJCI国際（プレ）ハッカソンは，関連イベントに位置付けられる方向で調整している。

　また，「第5次環境基本計画」において関係他省庁とともに「地域循環共生圏」が定められ，環境省とそのプラットフォームづくり，さらに内閣SDGs推進本部「SDGsアクションプラン2020」にも掲載されている，内閣府地方創生事務局の「地方創生SDGs金融プラットフォーム」づくりにも上記①の事業として協力・参画して行く予定である。

　金融庁・財務省との関係では，日本政策金融公庫など財政投融資機関の効率的な運用，中小企業とともに地銀のデジタル化と地域イノベーションでの連携を上記①の事業及び国際（プレ）ハッカソン事業で連携している。

4　ワークシート・アンケート回答方法とその意味・活用法

　本章4-2の2⑶「国際（プレ）ハッカソン参加に向けたSDGs Innovation HUB projectsとワークシート・アンケート概要」について，本節では，参加・

回答者が実際に回答する際のポイントや意味などを，その作成者が解説する。

⑴　小中高大の青少年の総合教育用 SDGs Innovation HUB. edu

　筆者ら（柳沢・木村）は，現在，企業に眠る資産を学習資産として活用できるよう，企業と学校をつなげるプロジェクトを積極的に提供し，SDGs をきっかけに新たなプロジェクトを生み出す環境構築支援も継続的に行っている。

　グローバルな社会変革が求められている現代，社会が一丸となって，SDGs という解決の難しい課題に挑戦し続ける姿勢が必要である。まずは知ること，次に計画すること，そしてアクションを起こすこと。そのような挑戦をする学習者を支援するというミッションのもと，学習者が積極的に参加できるプロジェクトを企業・自治体などの社会が支援する世界を目指す。

　今般，野村総合研究所の御友主席研究員と協力して作成した，本節 3-2 の 5 での，3 層構造による「自主研修ワークシート」の中で筆者らが担当した，「小中高大の青少年の総合教育用 SDGs Innovation HUB. edu」は 4 つのパートで構成されている。それぞれのワークシートに回答を入力していくことにより，学習者と支援者は以下のことを確認できる。

- ●edu 1 ．SDGs 学習者の学習環境（デジタル環境・支援者等）および SDGs の理解と行動に対する意識
- ●edu 2 ．SDGs 学習者のバリュー（大切にしている価値観），ビジョン（将来像），ミッション（やるべきこと）
- ●edu 3 ．SDGs 学習者が取り組んでいる（取り組もうとしている）プロジェクト憲章（チーム名，プロジェクト名，目的，目標，スケジュールの概要，予算の概要，前提条件・制約条件），およびプロジェクトを成功に導く 9 つのツボ（第 3 章 3-2 ）についての現状・課題・協力者
- ●edu 4 ．SDGs 学習者が伝えたい，地域や人への想い（自由記述）

　　各パートの問いに回答していくことで自ずとプロジェクトが立ち上がり，回答後は相互共有してマッチングすることで企業・自治体等の社会人も含めたチーム・ビルディングができあがっていく仕掛けになっている。

　　ワークシートのプラットフォームは，内外の主要大学・中高が導入している。世界で最も普及し，産官学民の研修・教育等で使われている教育・

評価システムである「moodle」を使用する。教育機関として参加するメリットとして，次のようなことが挙げられる。

- 学習者の SDGs 取り組みについて「見える化」，定量的な評価を行うことができる
- シート作成を通して SDGs を推進する上で課題を特定するアプローチになる
- 多様なパートナーと連携するためベストな国際テーマやチームが見つかる

この「小中高大の青少年の総合教育用 SDGs Innovation HUB. edu」を起点として，「投資・起業教育・実践用 SDGs Innovation HUB. stu」や「企業家・経済人用 SDGs Innovation HUB」へと連携していくことで，小中高大社の連携による「SDGs 時代の人財育成」の環境構築を目指している。

（柳沢富夫・木村京子）

⑵　投資・起業教育・実践用 SDGs Innovation HUB. stu

　筆者（廣水）は，現在，ビジネス・コミュニティ（国・自治体・地域）・教育の分野に焦点を当てて，Sustainability（持続可能性）を実現する活動を推進している。ビジネス分野では，国連の環境に関する最高賞である地球賞を，2019年に受賞したアパレルメーカー「Patagonia」の日本支社戦略策定に唯一の外部ファシリテーターとして10年間関わってきた。その経験から導き出したビジネスモデルと，その移行方法をまとめた『Sustainability を実現する Business Transformation[15]』のセミナー研修やコンサルティングなど，業界問わず想いでつながる企業に導入している。また，大手企業とパートナーシップを組み，Sustainability を実現するビジネスのインパクトをより加速するために，取引企業へのコンサルティングを可能にする ESG 金融の審査基準をかねたシステム開発にもアドバイザーとして取り組んでいる。教育では，私立学校や教育事業の企業と協働しながら「Sustainability 教育」を形にするプロジェクトも立ち

15　経済産業省『SDGs 経営ガイド』でも指摘されているように「ラベル貼り」の SDGs 実践ではなく，本業としての「統合的 SDGs 経営」に実際に転換したい企業を対象とした，『Sustainality Innovation Model』（後述）に基づく，コストを抑え収益を上げながら本業を段階的に変えていく方法である。

上げている。ADS 株式会社として，こうした Sustainability コンサルティング事業などでコミュニティソリューションを提供している。

　前章にあった「国際（プレ）ハッカソン 9 ＋a テーマ」に参加できる自主研修ワークシートの全体（3 層構造）は，筆者が『Sustainability を実現する Business Transformation』のために開発した『Sustainability 実現度評価シート』をもとに野村総研の御友主席研究員と協力して作成した。自主研修ワークシート（アンケート）の中の「投資・起業教育・実践用 SDGs Innovation HUB. stu」は，以下の 5 つのステップで構成されている。

　　　ステップ 1 ．自社の事業評価やミッション・バリューを明らかにする。
　　　ステップ 2 ．自社で各人の「偉人伝」を作成し，ゼロベースで見直す。
　　　ステップ 3 ．Sustainability 実現度について現在を評価する。
　　　ステップ 4 ．地域・サプライチェーン連携などにより 5 年後を考える。
　　　ステップ 5 ．広域連携・展開などする 5 年後の自社の状況を明確にする。
　　　　　　　　　（これは，企業家・経済人用 SDGs Innovation HUB で連携「経営」として展開。）

　この構成の目的は，Sustainability 実現度評価を行うことで，SDGs Innovation においてするべき視点を獲得し，それを自社のミッション・バリューと結びつけて， 5 年後の自社のビジネスの状況を可視化することである。これらは，企業戦略の枠組みステップを質問によって行おうとするものである。

　次に， ステップ 2・3 に関わる『Sustainability 実現度評価シート 1 』を詳しく解説していく。また，このシートの枠組みは，「企業家・経済人用 SDGs Innovation HUB」や国際（プレ）ハッカソンの「プロジェクトを成功に導く 9 つのツボ」にも応用されている。

⑶　企業家・経済人用 SDGs Innovation HUB

　国際（プレ）ハッカソンに参加するためのワークシート・アンケートは，「小中高大の青少年の総合教育用 SDGs Innovation HUB. edu」「投資・起業教育・実践用 SDGs Innovation HUB. stu」「企業家・経済人用 SDGs Innovation HUB」の三層構造[16]になっている。「企業家・経済人用 SDGs Innovation HUB」のワークシート・アンケートは，地域連携や広域連携を生み出すために有効で

ある。「地域連携」とは，従来のサプライチェーンや関係している近隣地域の事業者などのステークホルダーとの連携を指し，「広域連携」とは，企業の大小に関わらずオープン・イノベーションとして日本国内外，これまで取引のなかったような事業者同士がパートナーシップを組むような連携を指している。

・地域連携

　地域連携としてサプライチェーンでの連携を生み出すためのワークシートが『Sustainability 実現度評価シート2』である。

・広域連携

　広域連携においても『Sustainability 実現度評価シート2』は有効であり，「Sustainability を実現するビジネスの条件」となっている。

（廣水乃生）

⑷　感謝を伝える新しい仕組み「偉人伝」～持続可能な社会と仕事観

　筆者（黒沢）が，ここで提案したいことの1つが「偉人伝」である。「偉人伝」とは，手帳やスマホなどの一言メッセージが書けるものに，人や地域，事象などに対して感謝を綴り，様々な人から感謝のメッセージを集め，そうして1つの塊となったメッセージを後世に伝えていこうとする仕組みのことだ。この偉人伝における"偉人"という言葉についてだが，世の中で素晴らしいことを成し遂げた人々のことではなく，自分自身が感謝を伝えたいと思えた人，地域，事象などを"偉人"と定義しているというところが1つの核となる。持続可能な社会を維持する上で，「感謝を伝えることこそが大事なのではないか」という仮説から立ち上がったのが，「偉人伝」なのである。

　普段，我々は何気ないことへの感謝を忘れがちではないだろうか。当たり前

16　ステップ1には，小中高大の青少年の総合教育用 SDGs Innovation HUB. edu 1 ～ 3，投資・起業教育・実践用 SDGs Innovation HUB. stu 1 ～ 3，企業家・経済人用 SDGs Innovation HUB 1 ～ 3 が含まれる。ステップ2は，本章4-2の⑷⑷で解説いただく「偉人伝」で，SDGs Innovation HUB. edu 4，SDGs Innovation HUB. stu 4，SDGs Innovation HUB 4，ステップ3は，Sustainability 実現シート1で，SDGs Innovation HUB. stu 5，SDGs Innovation HUB 5，ステップ4は，地域連携・サプライチェーン連携シート2で，SDGs Innovation HUB. stu 6，SDGs Innovation HUB 6，ステップ5は，広域連携・展開シート2で，SDGs Innovation HUB. stu 7，SDGs Innovation HUB 7 が含まれる。

なことを当たり前としないような感覚を持つことは，SDGsを知っていく上でも重要なポイントだと考える。

① 貧困，虐待，中卒，転職50回からのSDGs

SDGsについて筆者が語る上で，まずは私自身の話をしておきたい。

私は父が複数人おり，継父からの虐待を受けていた。小学校4年生の頃に2番目の父が亡くなり，半年もたたない頃に3番目の父となる人があらわれた。その父は2番目の父の友人であったため，以前からの顔見知りであったためびっくりしたことを今でも覚えている。この3番目の父は飲んで暴れて仕事をしない人であった。そのため，家の中のお金が急速になくなっていき，気付けば電気，ガス，水道が止まるという状況になった。こうした影響から，高校に行くことはできず，中学校卒業が私の最終学歴となった。

その後，家庭を支えるために複数の仕事を掛け持ちしながら生活し，50社以上の転職経験を経て，キャリアコンサルタントを取得した。2007年に若者に対して就職支援のための「NPO法人若者就職支援協会」を設立し，その3年後には定時制高校をメインにしたキャリア教育活動もはじめた。また，過去のネガティブ体験をポジティブな体験に捉える思考法を編み出し，ネガポジメソッドとして体系化。このネガポジメソッドを，企業研修やキャリア教育などに活かし，最近ではネガポジ先生と呼ばれる機会も増えてきた。特に，最近力を入れている領域が，相談する文化を日本に根付かせるための「一般社団法人キャリアコンサルタント実践協会」である。

② 相談する文化の欠如と人に迷惑をかけてはいけない日本社会

ここ数年，相談する文化というものが根付いていないことを，NPO法人若者就職支援協会の運営の中で強く感じている。若者だけではなく，上の世代においても相談する相手がいないという現実を目にする機会が増えてきた。小さいときから人に迷惑をかけてはいけないと教えられてきた私達。その影響からか，次のような少しおかしな構図ができあがっているように感じる。

【人に相談する＝人に迷惑をかける　→　独りで解決しようとする】

果たして，このような状況が持続可能な日本社会をつくれるというのであろうか。一人でできることには限界がある。人の助けがあり，人を助ける流れが共助の精神となって温かい社会を形づくり，その上に持続可能な社会があるの

だと私は考える。自分勝手な振る舞いや孤独で生きていくことが持続可能かといえば，そうではないだろう。どのような人でもどこかで人とつながっており，影響を与え，影響を受けている。しかし，人はその原理原則ともいうべきことを忘れがちだ。特に日本においてはそれが顕著であり，親の影響からか，迷惑をかけない精神が強いのではないだろうか。そうした中で，私はこれらに対して強い危機意識が芽生えた。最近ではSDGsを意識する時間が増え，この現状を打破するためにさまざまなところで活動を実施している。

　キャリアコンサルタントは，人から悩み相談を受け，人が悩みから解放される時間をつくる仕事である。私がキャリアコンサルタントをする上で学んだ理論の中に，「役割」という言葉がある。人にはそれぞれ，さまざまな役割がある。スーパーという理論家は「『役割』は多ければ多いほど豊かな生活を送ることができる」と述べている。仕事をする中で，地球規模といわずとも地域の中でどんな「役割」があるのかを考えてみることも大切ではないだろうか。今担っている役割を意識し，新しい役割に挑戦することもあるだろう。ぜひ，自分の役割を今一度見つめ直し，誰のための仕事かということを再構築してもらいたい。

　③　教育現場にもSDGsと感謝の連鎖を

　高校生と触れ合うたびに感じることは，素直な性格の子が多いこと。また，多様な生徒（発達障害・外国籍・不登校・貧困）もいるという現実に直面することである。今は，ほぼ義務教育のような状況下で高校へ入学している時代。悲しい話ではあるが，職業観はあまり発達していない状態で高校生活を終えることが大半だと考える。親との関わり方の変化や共働き世代の増加などが影響しているのか，自分には関係のない危険な話や厳しい話だ，といった無関心層の増加も感じている。良くいえば親の言うことをとても大事にしている世代だが，それにより，疑問をもつ事が少なく，考えることを奪われた世代なのではないだろうか。その結果，与えられることが当たり前となり，感謝の機会を奪っているのではないだろうか。

　先生は，とにかくやることが多い。そんな状況化で，生徒に対して丁寧な関わりや，成長するための学びの時間，そして，大事な休息をとることはできるのだろうか。現に，先生の精神疾患による休職者数は，平成29年度では5,000人

前後にものぼる[17]。

このような教育現場に対し，SDGsの考えは必要だと強く感じ，そこに偉人伝の活用はあるのではないかと考える。親や先生への感謝，地域への感謝などを偉人伝として形に残すことで，生徒が自分の存在意義を感じる瞬間や新しい仕事観・人間観などを獲得するのではないだろうか。また，日々がんばっている先生へ感謝の言葉を届ければ，心の栄養にもなるのではないだろうか。

④　偉人伝が目指す方向性と未来

偉人伝をもっと気軽に，様々な人が書き綴るような社会がきてほしい。

将来的には，ブロックチェーンを使ったシステムを作りたいと考えている。感謝の連鎖を紡ぎ続け，後世に残すことで，知らない人を知ってもらう機会になり，地域の新しい価値を知ることにもつながる。偉人伝というツールを使うことで，思い思いの言葉がそこに連なり，感謝を可視化し残していきたい。

それには偉人伝という言葉が独り歩きせずに，偉人伝を通じて「感謝の連鎖を紡ぐ」ための仕組みや社会が後世に残るようにしていきたい。感謝とは，価値への感謝であり，感謝を貰える人になれば価値ある人ともいえるのではないだろうか。仕事をする中で価値ある事をし，価値ある日々を残し，また，価値ある人に出会い，価値ある事に出会う。価値には感謝を伝えるべきである。日々の生活を送れることが価値あることであり，感謝を伝えるべきことなのかもしれない。水や太陽，パートナーへの感謝など，価値ある人や事柄はすぐそばにたくさんある。日々を大切に，感謝の気持ちをもって生きていきたい。

⑤　偉人伝と国際（プレ）ハッカソンとの関係について

本書刊行に際し，特別に「偉人伝への出版」，「SDGsポイント獲得」，「メンタリング」などを用意した。国際（プレ）ハッカソンに参加するためのワークシート・アンケートに回答することで，こられの特典を得ることができる。アンケート回答のステップ3の質問が偉人伝に関する内容だが，15問程度の質問数となる。誰のためにビジネスをし，生きているか，ということを問う内容である。

偉人伝の目的である「感謝を伝え次世代に紡ぐこと」を踏まえ，ビジネスをする観点で考えた場合に，感謝を伝えたい人や事，場所を今一度振り返ってい

17　文科省より引用　https://www.mext.go.jp/a_menu/shotou/jinji/1411820.htm

ただこう。その過程で自身の強み・ビジネス・自身を可視化する流れとなるのがこのアンケートフォームの仕組みである。回答いただいたアンケートを基に，「偉人伝」へ書き込み，1冊の本として形にする。感謝を伝えるキカッケとして活用いただき，持続可能な社会を創る仕組みとして，「偉人伝」を活用いただくことになれば幸いである。

(黒沢一樹)

2030年のありたい姿・社会の実現に向けて

第**5**章

SDGsとサステナビリティを
実現・達成していくために

　SDGsの「世界共通の目標・言語」や「ビジネス×ファイナンスのツボ」の側面から，これらを駆使して未来の社会を支え創発する全ての「次世代リーダー」に向けて，SDGsの教育の流れと実際の取り組みについて見ていく。特に，SDGs人材の育成，国際（プレ）ハッカソンを通じて教育界・産業界の人財をグローバルにつなぐツールの活用や，地方創生など，SDGsを実現・達成していくために大切な分野をより詳しく論じたい。また，地方のサステナビリティの視点から，ジャパンSDGsアワードで表彰された北海道下川町，鹿児島県大崎町の取り組みを紹介する。

　そして，地域や世界の内部の「分断」と克服すべき痛点「ツボ」を切り口に「SDGsの本質と企業家と金融によるサステナビリティの追及」についてまとめ，同じくジャパンSDGsアワードでパートナーシップ賞（特別賞）を表彰した日本JC IT部会，国連公認で世界最大の国際青年会議所やUNDPなどの国際機関，経済産業省などの政府機関，金融機関，各種経済団体の協力を得て始動している国際（プレ）ハッカソンの取り組みへの期待を述べる。

5-1　SDGs人材の育成

1　SDGsにおける次世代の位置づけ

　「2030アジェンダ」には，「持続可能な開発目標（SDGs）が目指すのは，"子ど

もたちに投資し，すべての子どもが暴力や搾取から解放される世界"（パラグラフ 8）」であり，「子どもは，守られるべき "脆弱な人々"（パラグラフ23）」であると同時に，「変化のための重要な担い手（critical agents of change，パラグラフ51）」と掲げられている。すなわち SDGs において，次世代はゴールそのものであるだけではなく，ゴールを実現する担い手でもあるのだ。日本政府も「2030アジェンダ」の採択に合わせ，『平和と成長のための学びの戦略～学び合いを通じた質の高い教育の実現～』を策定した。その冒頭で，教育は一人ひとりが自らの才能と能力を開花させ，運命を切り開いていくことを可能にすると同時に，それぞれの国の持続可能な開発の実現に重要な役割を果たすことを掲げている。また，第 1 章の 1‐2 で見たとおり，日本の「SDGs モデル」の 3 本柱のひとつに「次世代」を掲げ，国内実施と国際協力の両面で教育を重視するとともに，SDGs 人材の育成に注力している。

　では，SDGs 人材とはどのような人材でいかに育成すべきなのか。ユネスコは, SDGs の各ゴールに関する学びを深めるとともに，あらゆる SDGs の推進で鍵となる横断的な能力として，①システムとして思考する力，②予測する力，③規範を設定する力，④戦略性，⑤協働する力，⑥批判的に分析する力，⑦自己を認識する力，そして⑧統合的に問題を解決する力を，身に着けるべきとしている[1]。これら能力を育成する上でとりわけ注目に値するのは，教育に関するゴール 4 とイノベーションに関するゴール 9 にも掲げられた「持続可能な開発のための教育（ESD）」（ターゲット4.7），科学技術イノベーション教育（ターゲット4.4，9.5），そして乳幼児教育（ターゲット4.2）だ。

　ESD は，『ESD 国内実施計画』（2016年 3 月 ESD 関係省庁連絡会議決定）によると，「人類の開発活動に起因する現代社会における様々な問題を，各人が自らの問題として主体的に捉え，身近なところから取り組むことで，それらの問題の解決につながる新たな価値観や行動等の変容をもたらし，もって持続可能な社会を実現していくことを目指して行う学習・教育活動」とされている[2]。

---

[1]　UNESCO (2017) "Education for Sustainable Development Goals Learning Objectives," https://unesdoc.unesco.org/ark:/48223/pf0000247444

[2]　文部科学省・日本ユネスコ国内委員会『ユネスコスクールで目指す SDGs 持続可能な開発のための教育』http://www.esd-jpnatcom.mext.go.jp/about/pdf/pamphlet_01.pdf（2018年11月改定）

　2017年，国連総会決議（A/RES/72/222）において，ESDが質の高い教育に関する目標の一部であるとともに，他のSDGsを実現する鍵でもあるとの認識が示された。2018年12月には，ブリュッセルで各国教育大臣をはじめとする政府関係者，国際機関，市民社会，教育関係者，次世代，そして民間セクターが一堂に会し，「Global Education Meeting 2018」が開催され，その宣言文書において，持続可能な開発のための教育を強化することがコミットされた[3]。

　科学技術イノベーション（STI）は，近代化の中で自然と向き合いつつ社会課題を解決しながら経済を発展させ，生活を豊かにするために大きな役割を果たしてきた。第1章の1-2で述べたとおり，グローバル化の中で「2030アジェンダ」に掲げられた容易に実現できない未来ビジョンに向けて，STIに寄せられる期待は大きい。それを支える人材の育成も不可欠であり，2017年5月，科学技術外交推進会議（座長は岸輝雄外務大臣科学技術顧問）が取りまとめた『未来への提言〜科学技術イノベーションの「橋を架ける力」でグローバル課題の解決を〜』においても，4つのアクションの1つとして重視されている[4]。具体的には，途上国自身のサステナビリティを高める形での技術の普及・浸透に不可欠な人材育成は日本の「お家芸」であり，今後も国内外で「SDGsのためのSTI」人材の育成を施策の主要な柱としていくべきとされている。

　乳幼児教育については，近年，国際社会の首脳レベルで幼児期における非認知能力の向上が人の一生に与える影響を強調しており，改訂『保育所保育指針』の「幼児期の終わりまでに育ってほしい姿」にも掲げられている[5]。幼児期の早期から持続可能な未来づくりについて身近に考え，グローバルな価値と行動を学ぶことが一層重要になっているのだ。

　2019年6月，大阪で開催したG20サミットは，これらの教育分野をはじめSDGs人材の育成に大きな機運をもたらした。これまでもG20は，国際経済協調

3　UNESCO (2018) "The Global Education Meeting (GEM 2018)," https://en.unesco.org/events/global-education-meeting

4　科学技術外交推進委員会『未来への提言（科学技術イノベーションの「橋を架ける力」でグローバル課題の解決を：SDGs実施に向けた科学技術外交の4つのアクション）』，https://www.mofa.go.jp/mofaj/press/release/press4_004595.html，2017年5月

5　厚生労働省「幼児期の終わりまでに育ってほしい姿」，改定『保育所保育指針』，https://www.mhlw.go.jp/web/t_doc?dataId=00010450&dataType=0&pageNo=1，2017年3月31日

の第一のフォーラムとして教育を含む人的資本の開発に注力してきており，特に2017年のハンブルグ・サミットでは，主に途上国の男女間に存在するデジタル・ディバイドへの対処を目的とした「G20 #eSkills4Girls Initiative」や，2018年のブエノスアイレス・サミットでは乳幼児教育の推進に向けた「G20 Initiative for Early Childhood Development」が打ち出されている。これらも踏まえつつ，G20大阪サミットでは『首脳宣言』の附属文書として，『G20 持続可能な開発のための人的資本投資イニシアティブ〜包摂的で強靱かつ革新的な社会を創造するための質の高い教育〜』に合意した[6]。

　その中で教育は「SDGsの横断的な推進力」としつつ，①持続可能な開発と包摂的な成長を実現するための質の高い教育，②イノベーションを生み出す教育，③強靱で包摂的な未来をつくる教育を3本柱として，質の高い教育に投資するための具体的な行動を打ち出した。特に①に関連して，ESDを教育に関するゴール4の不可欠な要素かつ他のすべての目標を達成するための重要な原動力として主流化するよう努めることと，乳幼児期の発達（ECD）が子どもの権利と能力を完全に実現するための重要な基盤であることを再確認し，乳幼児養育のあらゆる分野において，適切で公平かつ効率的な国内および国際投資を促進することの重要性が認識された。また，②に関連して，人々がより大きなイノベーションを推進できるようにするため，科学，技術，工学および数学（STEM）教育の強化を含め，第4次産業革命に関連した教育と訓練のための国際協力を推進することもコミットされた。G20大阪サミットの開催直前に開かれたSDGs推進本部第7回会合で，G20議長国としての独自の支援として「持続可能な未来実現のための『教育×イノベーション』イニシアティブ」[7]が打ち出されている。

2　国内における SDGs 人材の育成

　これら国際的な潮流を踏まえ，国内における SDGs 人材の育成の現状と今後

6　外務省『G20 持続可能な開発のための人的資本投資イニシアティブ〜包摂的で強靱かつ革新的な社会を創造するための質の高い教育〜』，https://www.mofa.go.jp/mofaj/gaiko/oda/sdgs/pdf/humancapitalinvestmentforsustainabledevelopment.pdf，2019年6月28日

7　SDGs 推進本部『拡大版 SDGs アクションプラン2019』，http://www.kantei.go.jp/jp/singi/sdgs/dai7/siryou1.pdf，2019年6月21日

の方向性について見ていきたい。

　新学習指導要領等の策定過程において，2016年12月に発表された中央教育審議会の答申『幼稚園，小学校，中学校，高等学校及び特別支援学校の学習指導要領等の改善及び必要な方策等について』では，ESDは「次期学習指導要領改訂の全体において基盤となる理念である」とされた[8]。この答申に基づき策定，及び2017年3月に公示された小・中学校学習指導要領においては，その前文と総則で「持続可能な社会の創り手」の育成が掲げられており，各教科においても関連する内容が盛り込まれている。

　具体的には，まず，ユネスコスクールについてそのネットワークを活性化することだ。ユネスコスクールは，平和や相互理解の促進といったユネスコの理念を実現する観点から，ユネスコ本部が平和や国際的な連携を実践する学校を認定しているものであり，「国連ESDの10年」の開始にあたり，日本はユネスコスクールをESDの推進拠点と位置付けた。政府が教育界と連携して加盟校増加に取り組んだ結果，2005年の19校から現在1,000校を超えている。さらには，政府の補助事業等を通じて優れたESDの取り組みを推進していくことも重要だ[9]。

　ESDの事例として，SDGs推進本部が優れた取り組みを行う団体を表彰する「ジャパンSDGsアワード」の受賞校を紹介したい。第1回特別賞（2017年12月）を受賞した国立大学法人岡山大学は，学長のリーダーシップのもとでSDGs達成の観点を取り入れた大学運営を全学的に進め，大学の教育研究活動と社会貢献・交流事業等によるSDGs関連分野に学術的な寄与を行うとともに，地域と国際社会とのより一体的なパートナーシップを構築している。また，10年余のユネスコチェアとESD推進による人材育成の実績を踏まえ，広くSDGsの達成への貢献と大学運営を共鳴させた活動[10]も展開し，社会課題を発見・解決する

8　日本ユネスコ国内委員会教育小委員会『今日よりいいアースへの学び　持続可能な開発のための教育（ESD）の更なる推進に向けて～学校等でESDを実践されている皆様へ　日本ユネスコ国内委員会教育小委員会からのメッセージ～』，http://www.esd-jpnatcom.mext.go.jp/about/pdf/message_01.pdf

9　SDGs推進本部『SDGsアクションプラン2020』，https://www.kantei.go.jp/jp/singi/SDGs/dai8/siryou1.pdf，2019年12月20日

10　同大学は，「SDGsに関する行動指針」，「SDGs達成に向けた取組事例集」も作成している。

実践力を持つグローバル人材を育成している。同じく，第1回特別賞を受賞した江東区立八名川小学校は，持続可能な世界の実現に向けて「環境・人権・文化理解」という3つの視点から「教科等横断的なカリキュラム・マネジメント」を工夫し，各学年における「ESDカレンダー」と年間指導計画を作成するとともに，主体的で対話的な学習指導方法などを推進している。第3回特別賞（2019年12月）を受賞した福岡県大牟田市教育委員会は，市内全ての公立小・中・特別支援学校がESDを推進しており，一斉にユネスコスクールに加盟しつつ各学校でSDGsの重点化を図り，それを地図に表した「SDGsおおむたマップ」も作成している。

　科学技術イノベーション教育に関連する事例については，前出の岡山大学も活発に行っているが，第1回SDGs推進副本部長賞を受賞した金沢工業大学は，3つのキャンパス（扇が丘・白山麓・虎ノ門）にSDGs推進拠点を設置するとともに，SDGsに特化した通年カリキュラムも提供しており，SDGsの推進のための学部・学科を超えた全学体制を構築している。その上で，社会実装型の研究・教育を実践するために，全学共通の必修科目として技術者倫理，プロジェクトデザイン（PD）教育を推進し，SDGs達成に貢献する次世代リーダー育成と具体的な成果の創出に取り組んでいる[11]。なお，幼児教育における事例として，第3回特別賞を受賞した鹿児島県鹿児島市の「そらのまちほいくえん」は，総菜店と併設した保育園をつくり，就学前の園児でも取り組める様々な活動を推進することで，子育て世代をはじめ地域住民との関係を構築し，商店街の活性化を図るとともに，町の美化や防災への住民の意識向上とSDGsの認知・理解促進に貢献している。

　この他にも，文部科学省のホームページで紹介されているとおり，各地の小学校から大学まで教育現場におけるSDGsの達成に資する取り組みは拡大・発展している[12]。課題解決能力を備えたSDGs人材を育成していく上では，学校教

11　金沢工業大学によれば，受賞前年度の2016年度は，1,632名が地域課題の解決に貢献し，障害者スポーツ支援のための機器・装置の開発，モザンビーク無電化村での小規模電化と生活向上，災害に強い建築物のための素材の開発・普及等で成果を挙げている。

12　文部科学省『教育現場におけるSDGsの達成に資する取組　好事例集』，https://www.mext.go.jp/unesco/SDGs_koujireisyu_education/index.htm

育の現場自体もこれまで以上に実社会との「つながり」を構築し，課題解決に直接向き合うプラットフォームへと変革していくことが求められている。

　文部科学省は，国際的・マクロな的なトップダウン型のアプローチで既存の事業・研究領域を越えた創造的な取り組みを構想・実現できる人材と，地域的・実践的なボトムアップ型のアプローチで各地域における身近な課題についての解決策を生み出す人材の双方が必要であるとし，補助事業としてこうした人材の育成・輩出に向けた取り組みを実施している。具体的には，企業などから派遣されたSDGsを担うユースが，SDGsを原動力とした地域創生・地域再生プロジェクトに参画すると同時に，地域のSDGs達成を担う生徒・学生が，同プロジェクトを活用したPBL（問題解決型学習・探求学習）を実践している。

　後者のPBLが目指すのは，特定の地域のことを学び，この地域のみに貢献するということに留まらない。地方は，人口減少や少子高齢化，それに伴う保健・医療の対応や産業の育成など，いずれ日本や世界の未来にも起きる課題の縮図でもあるのだ。課題先進地域でSDGsを実践することを通じて，どの社会に行っても自ら未来を切り開き，持続可能な未来づくりに貢献する力を身につけていくことが可能なのではないだろうか。

3　SDGs人材育成のこれから

　第1章の1-2で述べたとおり，これから一層重要になるのはコミットメントからインパクトへ，宣言から行動への移行であり，そのためにも次世代がもつSDGs人材の潜在性を開花させていくことが急がれる。

　「2030アジェンダ」は，SDGsを列挙するにあたって次の言葉で結んでいる。「人類と地球の未来は我々の手の中にある。そしてまた，それは未来の世代にたいまつを受け渡す今日の若い世代の手の中にもある。（パラグラフ53）」。今日の若い世代が，果たしてたいまつを受け渡すことができるかは，世界と未来を変えるSDGs人材の育成にかかっていることを胸に，我々自身が育成についても行動していく必要がある。

（原　琴乃）

4 SDGs を学びながら PBL を

SDGs アクションプランの1つの柱に「次世代のエンパワーメント」が挙げられている。そこで大きな効果が期待できるものの1つが社会課題起点の PBL（問題解決型学習・探求学習）だ。

金沢市役所の SDGs のプログラムとして，石川県立金沢西高校で行われている SDGs をテーマにしたアクティブラーニングの授業が行われている。基本的な組み立ては筆者（横田）および大学生のほか，金沢青年会議所，日立製作所の協力を得て実施した。

2019年度においてのプログラムは，「私と私の街の未来について考えたい10のこと」として社会課題を設定，好きなテーマを選んでグループで発表してもらった。「快適でここちよい街づくり」「教育の機会が公平」「ダイバーシティ」「環境」「生涯にわたって活躍」「AI 時代に活躍できる人材」「コミュニティ」「文化を守り発展」「多文化共生」などが挙げられ，大学生や社会人のメンターから意見を聞きながら進めていった。実際に高齢者に会って話を聞き，LGBT のセミナーに自主的に参加したグループもいた。フリースクールを見学したグループは，学校外での教育の重要性についてプレゼンをした。

また，毎年2泊3日，東京在住の高校生を岩手県釜石市に招き，様々な体験をしてもらっている。釜石市役所の協力のもと，関係人口を重視するオープンシティ政策を聞き，被災経験のある大学生や，釜石市のボランティア訪問をきっかけに移住して活動している人，津波にあった旅館の女将などの話を聞き，最後に釜石市役所の担当者に東京の高校生ができることをプレゼンして帰る。

参加した高校生は，この体験を通じて「自分は釜石に対して何かできることはないか」と共感することが多い。共感とは2つの側面があり，他者の内面について想像や推測をする認知的側面と，他者の感情状態を同じように理解する感情的側面だ。そして共感をすると，その人に対して援助行動をする，自分は何もできないと罪悪感をもつ，社会的課題を解決するための行動そのものに向かったりする。援助活動をする，あるいは人や社会のために無心で行う向社会的行動は，まさに PBL（プロジェクトベースドラーニング）である。社会的課題を学び，触れることで，自らの行動に結びつく可能性は大きい。共感からも

内発的動機は生まれる。これにより行動したことは，結果に結びつくのだ。そして社会課題起点で物事を考え，行動できる人材を育てることにつながる。

　学生の中には将来のキャリアを考え始める人もいる。ボランティアをきっかけに釜石市に移住した東京出身の人の話を聞いて「なぜこの人は東京出身なのに釜石で暮らしているのか」という疑問から，「自分はどう生きていくのか」という重要なテーマにたどり着く。SDGsを学び，共通言語になることで，学生たちは大人とも対等な議論ができるようになる。SDGsを活用した教育とは，社会課題起点から発想し，行動し，共創できる人材を育成することが目的だ。

(1)　個人もバックキャスティングでキャリアを考えよう

　大学生を対象に将来のビジョンを発表し，そこから今年の行動を考えるということを筆者は行っている。

　まず，30分の自己紹介を行う。これは，なるべくコンプレックスを話す。自慢話ではない。親や家族との確執やいじめ，中学や高校の先生との確執などで上手くいかず，苦しんだ経験を話す。コンプレックスを話すことにより，そのあとのコミュニティでは，最初から本音の議論ができる。発言1つひとつについて誇張したり，必要以上に説明する必要がないのだ。

［写真 5 － 1］　SDGs をテーマにした PBL 授業を展開
（石川県立金沢西高等学校）

　そして40歳，あるいは50歳の時に，自分がどのような姿になっていたいかを発表する。人生100年時代。夢は２つ，３つあってもよい。そのために今年１年何をするかを考え，発表する。ここが重要なのである。

　起業したいという学生は，インターンをして起業のプランを練る。政治家になりたいという学生は，ファーストキャリアを何にするか悩む。本業は会社員で，副業としてNPO経営をしたいという学生もいる。そしてそのための１年のプランを立て，それを１年後に再点検する。そうすると，多くの学生は，成功したあと，社会貢献を，と言う学生が多い。教育に携わりたいであるとか，自分の地元の地方創生に関わりたいなどである。これはSDGsそのものだ。彼ら彼女らのキャリアプランに自然とSDGsが組み込まれているのだ。

　このようなキャリアプランを考える授業を，中学３年生や高校生に対して行っている。キャリアを考えるきっかけは早いほうがよい。なんとなく良い大学に入って良い会社に入れば上手くいく時代は終わった。キャリアに王道や正解がなくなったのだ。これからは，何ができるか，自分で考え行動できるか，どのような仲間がいるのか，そして何をすれば幸せかを考え，自己決定していく時代だ。それを考えるためには，バックキャスティングから考えることは有効だ。もちろん，そのままのプランで人生を送ることができる人は少数かもしれない。しかし，それを自分の頭で考え，自分で選択し，いまそのために努力することは幸福感や満足感を得るために重要なのだ。

　こういった「SDGsネイティブ世代」の登場は社会を変えていく。

（横田浩一）

5　「引き出す」次世代・リカレント教育を

　本節１〜３で原氏が指摘しているように，SDGsにおいて，次世代はゴールの対象であるだけではなく，ゴールを実現する「変化のための重要な担い手（critical agents of change，パラグラフ51）」でもある。日本政府も「2030アジェンダ」の採択に合わせ，『平和と成長のための学びの戦略〜学び合いを通じた質の高い教育の実現〜』を策定。冒頭で，教育は一人ひとりが自らの才能と能力を開花させ，運命を切り開いていくことを可能にすると同時に，それぞれの国の持続可能な開発の実現に重要な役割を果たすことを掲げた。また，日本の

「SDGsモデル」の3本柱の1つに「次世代」を掲げ，国内実施と国際協力の両面で教育を重視するとともに，SDGsグローバル・リーダー人財を重点的に育成し始めている。そのためには，第1章1-1でSDGsの本質を論じた際に指摘したように，明治以降に行われてきた舶来ものの先進的な考え方を「人間に他から意図を持って働きかけ，望ましい姿に変化させ，価値を実現する活動」（広辞苑）としての教育では充分ではない。教育（Educate）の語源であるラテン語の「EDUCATUS」は，「外へ」を意味する接頭語「E」と，「導く」を意味する「DUCERE」で構成されており，「能力を導き出す，引き出す」という意味を持つ。SDGsは世界共通の先進的な考え方だが，決して新しい舶来ものではなく，日本社会が古くから，江戸・明治の産業革命後も大切に育み語り継いできた自然環境と調和・共生する社会や，経済を尊ぶ価値観・文化そのものである。よって，両親や教師など大人たちが，これから通用しなくなる可能性が高い，これまでの成功体験に基づき，編著者である横田氏のいう「SDGsネイティブ」な子どもたちを「望ましい姿に変化させ，価値を実現する」のではなく，「能力を導き出す，引き出す」本来の教育が求められる。さらに，次世代の子どもたちはゴールを実現する「変化のための重要な担い手（critical agents of change, パラグラフ51）」でもあることから，新指導要領における「持続可能な社会の創り手」として，生徒や学生などが，若き仲間との共創を引き出すだけでなく，祖父母など家族や地域のお年寄りから，先生や両親を巻き込んで，日本古来の自然環境と調和・共生する社会や経済を尊ぶ価値観・文化を「引き出し」学びつつ，ICTやSDGsを持たなかった時代を生きてきた世代が経験してこなかった，無理なく楽しく面白い，全く新しい方法や手段を教えるだけでなく，新しい未来ビジョンやプロジェクトを提案し新しい時代をリードする教育が始まろうとしている。子どもと大人が「引き出し」学び合う，教育の本質を捉えた教育だ。

　ユネスコは，あらゆるSDGsの推進において鍵となる横断的な能力として，①システムとして思考する力，②予測する力，③規範を設定する力，④戦略性，⑤協働する力，⑥批判的に分析する力，⑦自己を認識する力，そして⑧統合的に問題を解決する力を挙げ，これら能力を育成する上で，とりわけ注目に値するのは，教育に関するゴール4とイノベーションに関するゴール9にも掲げら

れた「持続可能な開発のための教育（ESD）」（ターゲット4.7），科学技術イノベーション教育（ターゲット4.4，9.5），そして乳幼児教育（ターゲット4.2）としている。第1章1-1で議論したように，SDGsの前のMDGsはアジアの一等国，世界の先進国をつくりあげてきたわれわれ自身の問題ではなく開発途上国の問題であって，後にSDGsが17の世界共通目標としてそれらを克服することを列挙した世界共通課題・問題は，われわれ自身の問題ではなく次世代の問題であって，ESDで次世代を「教育」すれば解決するかのように考えていた節があったが，SDGsが国家だけでなく企業や個人を巻き込んで採択される時代，世界や社会の直面する危機は，他人事では解決できないほど根深く大きい。

　したがって，SDGsの本質を捉えて一過性の流行で終わらないサステナブルなイノベーションを生む真の次世代リーダーは，次世代＝若者，われわれより年齢的に若い人達だけではない，世代や国境を越えた老若男女，SDGsが「誰一人取り残さない」われわれ自身なのである。ライフ・シフトの時代，リカレント教育が求められる時代，小中高大の生徒や学生の両親や祖父母の世代となる我々自身も，ICTやSDGsを持たなかった時代の成功体験や常識に縛られない若い世代に教えられながら，ともに潜在力を引き出し合って行動し，個人・法人がそれぞれの未来ビジョンや産み育てたいバリューを描いて，それらがつながった会社や社会の未来ビジョンを価値共創，ゴールへの道のり，方法や手段として描き，各層のミッションや役割を明確にして，具体的な共創テーマに基づくプロジェクトを地域や世界と共創し，無理なく楽しく面白く皆で実行していく時代がやってきている。

　PBLについては，本節4で横田氏が挙げたような学習や教育だが，家庭や地域，会社や役所などの大人たちの人生の大切な時間を使って協力し，子どもたちが本気になって取り組み生まれたプロジェクトを「何でも勉強だから」と使い捨てては「もったいない」。本書でも繰り返し指摘してきた喫緊の課題や危機に直面し，生み捨て，使い捨てしている猶予もなく，本気で共創した子供たちや大人たちに失礼である。第3章，第4章で挙げた20〜30代の若き企業家が集う青年会議所が地域や世界で活かす，そんなプロジェクトが全国の青年会議所，日本青年会議所（日本JC），世界のスタートアップ含むSMEsの団体の国際青年会議所（JCI）とIT部会と野村総合研究所，SDGs Point研究所が共同して，

SDGsで教育界・産業界の人財をグローバルにつなぐ教育・起業・経営のInnovation HUB，SDGs Innovation HUBと10年は続く持続可能な国際エコシステムに育てようとJCI国際（プレ）ハッカソンが始動したのである。

（御友重希）

5-2　JCI国際（プレ）ハッカソンを通じて，教育界・産業界の人財をグローバルにつなぐツールの活用を考える

　ここでは，情報社会の未来図である情報社会論について論じたい。

　お金が信用を基盤とする情報だと仮定すると，新たな世代が体験する世界にはどのような金融経済が展開されているのであろうか。また，われわれにその準備は整っているのであろうか。

　GAFA[13]などの巨大企業が個人情報を活用し，さらにビジネスを拡大しようとしている。ヨーロッパでは2018年に個人情報保護法を運用し始め，いち早く取り入れた。また，SDGsを社会課題として捉え，その課題を解決するビジネスをレバレッジとして世界の基盤を再構築しようとする国際的な動きもようやく本格的に動き始めている。日本では特に，大手企業が各事業体のビジネスについて，SDGsのテーマに沿ってマッピングを行い，そこから新たなビジネス開発を共創する動きが見え始めている。教育の現場では，少子化という大きな社会問題があることから，SDGsに対するプロジェクト・ベースド・ラーニングに本気で取り組み始めている団体も見え始めた。さらに，現代の子どもたちの意識にも変化が起きているのを実感するほどの活動が芽生えようとしている。

　国家が主体となり，巨大科学ベースで自然現象などが中心のデータを扱う時代には，国家威信を価値観として実際には宇宙開発競争などが起きた。経営ベースで経済成長を目標とした効率追求型の時代には，国民総生産が指標とされた。さらに社会ベースで社会課題に対して課題解決型のデータが活用される時代や，

　13　Google・Amazon・Facebook・Apple（およびMicrosoft）の4/5つの主要IT企業のことである。

個人ベースで自己実現や知的創造型のデータが活用される時代という，4 つの発展段階が，日本でも1960年代から情報社会を捉える動きの中で示唆されている。

　現状を鑑みると，このレイヤーは順序だって発展していくのではなく，ほぼ入り混じった状態で，各主体のパワーバランスにより社会が支えられているかのように見える。新たな情報社会はこうした時代に突入しているのではないか。

　では，私たちは新たな世代が体験する情報社会に向けて，どのように準備を整えるべきだろうか。昨今，個人が出す情報にも責任が生まれ，社会にも影響を与える時代に突入している。情報の価値を生み出す可能性が社会や個人にまで出てきているのだとすれば，そのコントロールをする経験をしておく必要がある。そうしたニーズは新たなビジネスモデルを構築する手法にも反映されてくるであろう。

　先に SDGs の動きで大手企業と教育の現場に触れたが，ここをつなぐのが中小企業や地域のコミュニティである。教育現場を起点とした小さなムーブメントが，地域や中小企業さらには大手企業や国を巻き込む形で，スパイラル的に発展していくことを期待している。

1　「地域ポイントを使った社会課題解決」の学習における　アクティブ・ラーニング（AL）支援活動

　2017年度，筆者ら（柳沢・木村）は，産学連携の学習環境における「地域ポイントを使った社会課題解決」学習を企画，愛媛県教育委員会を通じて提案し，愛媛県立西条高等学校と愛媛県立松山商業高等学校に対し，AL の形態にて実施した。

　この学習の中核部分は，高校生たちが Web アプリ上での地域ポイント取引の活用による地域活性化の実証実験を企画および実施したことである。筆者らは，生徒がブロックチェーンという新しい技術の知識とプロジェクト・マネジメント（PM）のスキルを学習活動に適用できるように導入ワークショップを行い，その後は遠隔支援にて，生徒が学習記録アプリで入力する活動記録をフォローしながら学習環境 SNS で生徒と専門家とのコミュニケーションの促進を図った。

　生徒は，最先端の技術の仕組みと効果を専門家から直に学び，ワークショップで習得した PM のスキルを地域活動の場で実践することで，学校教育だけでは触れる機会の少ないマネジメントを経験し，社会に出る前にマネジメントの視点を持つことができる。生徒が将来，企画力・実践力を備え，地域産業を担うスペシャリストとなるための基礎能力を身につける機会を提供するものだ。

　最終的には，生徒たちが自主的に動き，周囲の大人たちと関わり，彼らの熱意が市長らを動かして自治体がプレスリリースを出すという成果に至った。学習効果の側面でも，ルーブリック評価の実施によって有効性を立証できた。

(1) 研究の目的

　文部科学省は2017年 3 月31日，次期学習指導要領「生きる力」を公示し，第 4 次産業革命時代の予測不能な変化に対して柔軟に対応できる「生き抜く力」を育むため，具体的に「生きて働く “知識・技能” の習得」，「未知の状況にも対応できる “思考力・判断力・表現力” などの育成」，「学びを人生や社会に活かそうとする “学びに向かう力・人間性” の育成」を 3 本の柱として挙げた。次代を担う子どもたちが，これからの社会で必要となる「生きる力」を育むためには，学校だけではなく，家庭や地域など社会全体で子どもたちの教育に取り組むことが期待されていると考えた。

　さまざまな立場の人が産学連携プロジェクトに関わることで，生徒にとっては次のような学習効果が得られる。(a)専門的で抽象的な概念(地域通貨，ブロックチェーン，など) の社会における有用性について，体験的で具体的な「生きた知識」が身につく。(b) PM の手法を理解し，ツールとして活用しながら計画を進めることで，計画力・実践力・チームワークが身につく。(c)自分たちのプロジェクトについて説明し，協力を求めることで，プレゼンテーション力・コミュニケーション力が身につく。産学連携で社会課題を解決していくプロジェクトは，次代を「生き抜く力」を持つ人材育成を補完するものと考えた。

　カリキュラムを開発する際には，少ない回数で効果的に基本的な知識とスキルが身につくこと，ワークショップで得た知見を踏まえて生徒たちが自主的に実践していけることを念頭においた。学習の開始時と終結時に同じルーブリックを実施し，生徒たちは自己評価を行うことで，現時点での自己レベルや目標

レベルまでの距離，何が足りないかを客観的に把握し，その後の学習の目的が明確になり，効率的に学ぶことができると考えた。

(2)　「地域ポイントを使った社会課題解決」プロジェクトの概要

BitCoin をはじめとする仮想電子通貨の流通が広がり，その流通を支える要素技術である「ブロックチェーン技術」の，他分野での応用展開に期待が集まっている。一方，法定通貨に代わる地域通貨の効果や可能性が，地方創生を助けるツールになるのではと見直されてきている。

新しい社会課題ソリューションの仮説を実証するために，愛媛県立西条高等学校の商業科・国際文理科，愛媛県立松山商業高等学校の地域ビジネス科（地学地就の人材育成を目的とする学科）と連携し，生徒が行う地域活性化の活動の一部に，Web アプリ上での地域ポイント取引を組み込み，地域コミュニティ強化と，その流通を安心・安全に支える技術としてブロックチェーン技術の有用性の検証に取り組んだ。

中心となる9〜11月の活動を，生徒たちがほぼ自主的に実践し，日々の活動記録（学習ログ）を共有し，筆者らは SNS を利用して遠隔支援を行った点が大きな特徴である。

全体を通じての学習目標としては，(a)地域ポイントを使い，地域の活動の活性化に貢献，(b) PM 手法を使い，チームで運営，を掲げた。

慶應義塾大学 SFC 研究所から専門家を招き，高校生に地域通貨を体験しながら学んでもらう「地域通貨ワークショップ」に続いて，PM の手法を高校生に体験しながら学んでもらう「PM ワークショップ」を筆者らが行い，本番を迎えた。

西条高校においては，市や保育園など市内5つの認証機関で地域イベントや貢献活動に参加するとポイントが付与され，協力商店6店舗で使用できる仕組みを高校生が企画・運営。松山商業高校においては，地元商店街活性化のため市内で開催される「お城下マルシェ」に参加し，子ども向けイベントを高校生が企画して集客に貢献，各店舗の手伝いも提供してポイントを入手，ポイントを活用して各店舗から商品を購入して売上に貢献した。両校とも振り返り会を行い，西条高校においては学内の課題研究発表会で発表も行った。

(3) ルーブリック分析

　西条高校においては，生徒による自己評価の平均値で学習開始時から終結時までにレベルが上がったと認識された能力は実践力であった。高校2年生ではほぼ生徒が自立して動いていたので，自信がついたと思われる。一方で，計画力が下がった理由については，実際にやってみたら思ったより難しかった，生徒自身が課題を発見した，と捉えられる。

　松山商業高校においては，「全ての活動に参加した生徒」「地域通貨とPMのワークショップまで参加した生徒」「地域通貨のワークショップのみ参加した生徒」の3グループに分けて集計した。興味深いのは，知識や理解といった分野においても，ワークショップのみに参加した生徒より，実践的な活動に参加した生徒の方が，レベルが上がったと認識していたことである（**図表5−1**）。

　本活動は，産学連携による地方創生プロジェクトを通して高校生が地域の課題についての知識・理解を深め，自ら課題解決に向けて目標を定め，計画し，チームワークを取りながら実践していく力を育むALであった。その後，日本の学校教育において求められることとなる学習の形態で，その先行事例となった。

[図表5−1]　松山商業高校ルーブリック

愛媛県立松山商業高校ルーブリック（2017）
プロジェクト開始時/終結時の平均レベル比較
全ての活動に参加した生徒

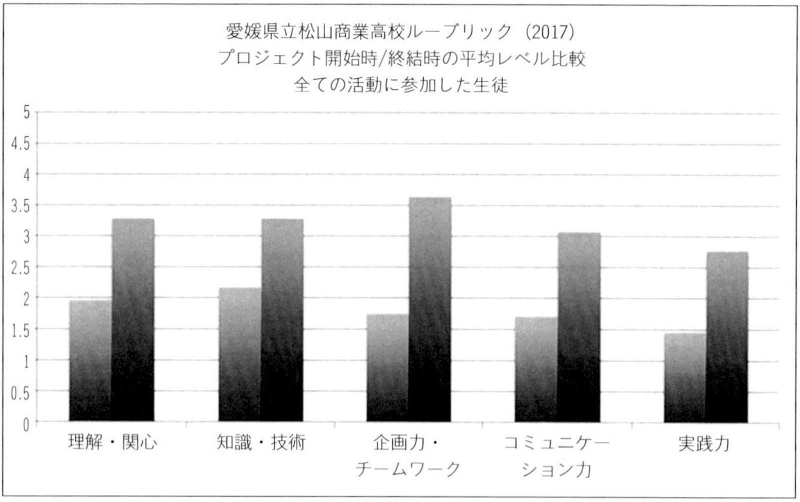

出所：ラウンドテーブルコム

2　SDGs Point の誕生

　前節の AL 支援活動において活用された地域ポイントの基本システムは，2018年度，品川区「社会貢献製品支援事業」対象商品に認定された。品川区が区内中小企業の優れた自社技術・製品・サービスで社会に寄与するものを認定するもので，認定製品は，品川区などで積極的に試験導入されるなど区が支援する。認定にともない，ローカルの活動からスタートしてグローバルな課題である SDGs（持続可能な開発目標）に貢献するという意味づけを SDGs Point という言葉で表現した。SDGs Point は，「社会貢献」を可視化/価値化するという社会のニーズから誕生したともいえる。

　SDGs を品川区内の生徒・学生から広めようという活動の中で，ミッションは動くきっかけを提供することであった。品川区内の中学校などで SDGs のワークショップを実施，「SDGs とは何か」から，それぞれの課題を解決するための計画を考えてもらうところまで導いてきた。最終的には，自分たちが何かアクションを起こすところまでサポートしていく（図表5－2）。こちらから指示をするのではなく，自分たちが何をできるのかを，無理のない範囲で考え，自発的なアクションを起こすのがベストであると考える。

　SDGs を知ると，「何のために勉強をしているのか」が見えてくる。そして，

[図表5－2]　品川区立日野学園向け SDGs 学習グランドデザイン

	知る	考える	行動する
初級	教科書(資料)，新聞，動画などで知る。ゲームを通して，与えられた課題について考える。	限定的な知識を活用して課題を考える。	プロジェクトを立てて，クラス内活動としてできるアクションを考え実施する。(発表なども含む)
中級	インターネットなどを活用してデータを集めてまとめる。	データを中心として科学的に考える。ラフなプロジェクト計画を立てる。	プロジェクトを立てて，親御さん地域の支援者なども交えて，アクションを考え実施する。
上級	集めたデータを分析して比較し，課題を見直す。複数で話し合って，理解度を深める。	課題解決に対して，論理的に考える。プロジェクトを管理するプロジェクト書類を揃える。(プロジェクト・マネジメントの知識)	プロジェクトを立てて，広く，一般企業や社会に対しても呼びかけたアクションを考え実施する。

出所：ラウンドテーブルコム

世界の動きを知り，積極的に見に行くことが肝要である。課題を認識した上で，日々のアクションにつなげていく。実際に体験した子どもから「SDGsは僕らのパスポート」という言葉が出てきているのは収穫である。

この SDGs Point の導入を品川区で進め，教育や福祉などの社会貢献プロジェクトに参加した住民にポイントを付与。企業や商店街，公共施設などのSDGsに向けた取り組みを行っている場所で，ポイントを使ったサービス提供を受けられるという状態を目指している。企業がどんな事業や社会貢献をして世の中の役に立っているのかということに関心を持っている子どもたちと，SDGsに向けた取り組みを社外にアピールしたい企業を上手くマッチングできれば有益なはずだ。SDGs Point を媒体に，学校と企業をつないでいきたい。

今後日本 JC のアンケート調査を拡大して，

① SDGs Innovation HUB. edu（消費者・職業等総合教育）
② SDGs Innovation HUB. stu（投資・起業家教育・実践）
③ SDGs Innovation HUB（企業家・経済人地域/広域連携）

という各階層において，問いに回答していくことで自ずとプロジェクトが立ち上がり，回答後は相互共有してマッチングすることでチーム・ビルディングができあがっていくというワークシートの開発と，参加者への SDGs Point 付与制度の導入をする。

ワークシートのプラットフォームは，世界で最も普及している教育・評価システムである「moodle」を使用することにより，参加のメリットとして，ベストな国際テーマやチームが見つかる。そして，SDGs Point により SDGs 達成などの未来を創発する「評価をつくる」一員になり，自身の強みが見つかるだろう。ビジョンとしては，国や自治体・国連など国際機関とビジネス×ファイナンスのエコシステムを共創できるまでを視野に入れている。

なお，JCI 会員の中小企業・スタートアップがイノベーションの主体となってローンチする，教育・企業・経営の3層の「SDGs Innovation HUB」は，「moodle」やそれに SNS 機能等加えた「canvas」を活かし，「インタレスト/リスペクト」という相互評価の仕組みの搭載が検討されている。語源は英語の interest/respect であり，学習者にとってモチベーションとなる「興味・関心/尊敬・感謝」，ビジネスのモチベーションとなる「利子・利息/評価・尊重」の双方に通

じるイメージである。ゆくゆくは SDGs Point と連携の可能性も大いに有り得るであろう。

（柳沢富夫・木村京子）

5-3　地域のサステナビリティとは

1　経済・環境・社会に統合的にアプローチ
　　＜ケース＞北海道下川町

(1)　人口減少緩和を実現

　2017年12月，「第1回　ジャパンSDGsアワード」において，北海道下川町は最高賞である「SDGs推進本部長賞」を唯一受賞した。下川町は，SDGsの基本コンセプトである経済・環境・社会の統合的な解決に約20年間取り組んできた地域である。下川町の面積の約88%は森林となっており，「森林資源を余すことなく使う」ことが特徴である。2001年に産業クラスター研究会と命名した森林資源の活用方法などを検討する研究会を立ち上げ，「経済・社会・環境の調和による持続可能な地域づくり」がスタート。森林資源をはじめとして，さまざまな資源を活用して，持続可能性の高い地域をつくるにはどうしたらよいのかを検討・実践し続けてきた。

　そして2007年には，自治体の最上位の条例である「下川町自治基本条例」において「持続可能な地域社会の実現」を位置付けた。2008年には，経済×環境の相乗効果を促す「環境モデル都市」に認定，さらに2011年には，経済×環境×社会の相乗効果を促す「環境未来都市」として認定され，さらなる活動を持続的に行ってきている。

　より具体的にいうと，下川町では，①森林総合産業の構築（経済）②地域エネルギー自給と低炭素化（環境）③超高齢化対応社会の創造（社会）——が相互に影響し合い，好循環を促すように統合的に取り組んできている。

　その結果，人口減少の緩和や森林バイオマスエネルギーによる地域熱自給率向上などの好傾向が実現している。さらに，2018年度にSDGsの発想を織り込んだ将来ビジョンとなる「2030年におけるありたい姿」を策定，2030年ビジョ

ンを将来像とする自治体の最上位の計画として，2030年までの12年間を見据えた総合計画を策定し，その具現化のためのプロジェクトを多様な主体と共に実行していくとしている。

　1970年台から80年台に人口は激減。1980年の下川町の人口減少率は，北海道で第1位，全国では第4位となった。現在，全国各地で問題となっている人口減少社会に，下川町は先に直面していた。

　下川町民はそういった急激な人口減少に危機感を持ち，知恵・工夫・行動で，さまざまな地域活性化に行政と共に取り組んできたという。例えば，下川町には万里長城がある。これは，観光名所のない下川町で，農地造成で出てきた大量の石を活用して，1985年頃から町民が自発的に活動をし始め，役場の職員も知恵と工夫と行動を提供して2000年に全長2,000メートルの万里長城を自分たちで創ったものである。また，北海道各地で行われている，バケツに水をためて氷を作ったランプシェードの中にロウソクを灯す「アイスキャンドル」を始めたのも下川町である。さまざまな危機や困難に挑戦していくことを，地元では「下川イズム」と呼んでいる。

　下川町は，①経済②環境③社会の，3つの領域で相互に影響し合うようにシステムづくりを行い，その課題を統合的に解決することに取り組んでいる。その中核となるのは森林を中心とした産業群（クラスター）を形成する「①経済」である。森林資源を余すことなく使うという発想から，生産（林業）×加工（林産業）×需要（森林バイオマス産業など）の一体化を行った，持続可能な「森林総合産業」のクラスターを構築している。その中核は「循環型森林経営システム」であり，伐採した後，植林，育成してまた伐採という約60年の長期にわたる植林と伐採のサイクルである。

　下川町の木材生産は，FSC認証を受けており，森林の環境保全に配慮し，地域社会の利益にかない，経済的にも継続可能な形で生産された木材として与えられている。また，町有林のカーボンオフセットクレジット制度も実施。さらに，廃棄物をできるだけ排出しない「ゼロ・エミッション」の木材加工を地域全体で行うことや，森林を活かした森林環境教育，そして健康や癒やしといった森林セルフケアなどを提供する「森林サービス業」にも取り組む。森林環境教育としては，下川町では3歳から15年間のプログラムがある。森を歩くこと

から木炭生産や林業作業など，多角的な学習活動に取り組んでいるという。

　未利用の林地残材などを町内のバイオマス原料製造施設において木質チップにし，それを原料とした木質バイオマスボイラーに活用。エネルギー自給率を向上させているのも下川町の特徴である。木質バイオマスボイラー11基から，公共温泉，幼児センター，育苗施設，役場周辺施設，高齢者複合施設，小学校・病院地域熱供給などの30施設に熱を供給。町の公共施設の熱需要の約64％を自給している。現状では，年間1900万円の削減効果があり，将来的なボイラー更新費用に用いたり子育て支援に活用したりしているという。

　さらに，100％エネルギーを自給した場合には，経済効果として地域GDP（域内総生産）215億円をさらに28億円（13％）高めるという試算をし，将来には電熱の完全自給の実現を目指している。

　町全体の成果としては，まず，経済×環境×社会の相乗効果がある「持続可能を実現する力」を，約半世紀の取り組みを通じて地域を挙げて高めてきたことから，根幹となる循環型森林経営のシステムが確立したことが挙げられる。

　また，人口動態ではさまざまなアプローチで「人を引き寄せる力」を高めてきたことから，人口減少が緩和し，2012年以降は社会動態がほぼプラスになっている。下川町は移住者に対しての距離の取り方が絶妙といわれており，これも移住者が定着し，集落が復活した一因といえる。

　地域の熱エネルギー自給率も年々増加。2016年は49％，域外流出額を約2.1億円も内部化できた計算になる。個人住民税は2009年と比較すると，2016年では約16％も増加し，これは住民の所得の向上が進んでいることを意味する。

　下川町では，持続可能な未来に向けてSDGsを取り入れたまちづくりを進めている。2018年度には，SDGsが目指す2030年のタイミングを念頭に「2030年における下川町のありたい姿」を策定。そこからのバックキャスティング（目標からの逆算）の考え方により，総合計画やSDGs未来都市計画を作り事業を実施していくこととした。このまま何も対策を取らずに2030年になると，生産年齢人口は約30％減少。地域経済と雇用は縮小し，事業者の後継者不足による廃業，サービス業の減少に伴う住民生活基盤の縮小が進む。また，高齢化が進み，高齢者人口は20％に増えて年少人口は41％も減る。介護費用は11％も増え，空き家は大量発生することが予想される。

　この予想に対して下川町は「ありたい姿」を考えた。そのポイントとしては，挑戦や寛容性など「下川らしさ」を重視すること。誰ひとり取り残されないこと（包摂性）や，脱炭素社会，SDGs 実現への寄与を位置付けること。そして，それを指標化し，「ありたい姿」と SDGs の両面から達成状況を把握可能にすることとしている。

　そのため，2017年 9 月から下川町総合計画審議会に SDGs 未来都市部会を設置。経営者，NPO 代表，主婦，教員など30〜40代の民間委員10人と行政の中堅職員10人で，目前の課題解決だけの視点ではなく，未来世代や社会情勢の変化などを予測しつつ下川町の「ありたい姿」や「誰ひとり取り残されない」をテーマに誰ひとり取り残されず，しなやかに強く，幸せに暮らせる持続可能なまちを実現することを協議してきている。このようなことを繰り返し議論していくことで，下川町らしい SDGs への取り組みの成熟度がアップされていくことが期待できる。

　下川町の蓑島豪氏は，SDGs を活かして検討するメリットを「SDGs の17の目標からバックキャスティング型で住民と役場職員が共に地域を見直すことで，地域課題の発見をしやすくなる。また，未来の『ありたい姿』から考えて，手を打っていくことで，良質なまちづくりにつながる。逆に（現在を起点とした）フォアキャストだと，現状でできることを考えがちで道を間違える可能性もある。また，SDGs が共通言語となって，さまざまな人たちとの連携による新たなまちづくりもしやすくなる。東京などの企業の方などに，SDGs を用いて町の状況や将来を説明すると，企業の方々の問題意識とも合致して反応もよい。企業との連携や起業希望者，移住者などを呼び込むキッカケになる実感がある。町の魅力や将来性を SDGs の枠組みを使って国内外へ発信し，ブランド力を高めることなど，さまざまなことに活用できる」と説明した。

　町の将来に対する危機感と，挑戦と寛容性といった住民力を資産に，危機に立ち向かう下川イズムを活かして SDGs に積極的に取り組んでいることが，経済×環境×社会の相乗効果とさらなる持続可能な地域社会を実現する好循環を生み出している。

（玉村雅敏・横田浩一）

2　＜ケース＞鹿児島県大崎町

　鹿児島県大崎町は大隅半島に位置する人口1万3,000人の町である。政府主催の第2回ジャパンSDGsアワードを受賞した。

　そもそも，大崎町と隣接市である志布志市が，1990年に建設した曽於南部厚生事務組合の管理型埋立処分場は，計画より大幅に埋立ごみが増加したことにより，残余年数の逼迫（ひっぱく）という課題を抱えた。厳しい財政状況の中，多額の投資及び維持費を必要とする焼却処分場の建設は難しく，さらに1995年に容器包装リサイクル法が施行される中，大崎町はこれまでのごみ処理方法を大きく転換し埋立処分から徹底した分別収集へと舵を切ることで，最終処分である埋立処分量の削減に踏み切り，埋立処分場の延命化をはかることとなった。

　多品目の分別収集には，住民の協力が不可欠であり，導入には相当の困難が予想されたが「ごみ処理は自分ごとであること。新たな埋立処分場の建設問題は他人ごとではなく，自分ごとであること」など，町役場と集落のリーダーたちとの共催により約5,000世帯を対象に，約3カ月かけて，合計450回の説明会を実施。結果，町民の理解を得ることとなり，2000年から16品目の分別収集が開始された。

　現在では，27品目に分けて住民がごみを出しており，リサイクル事業（以下，大崎システム）につながっている。コミュニティを軸に，「ごみ分別」という特定の新たな課題に取り組む「衛生自治会」という150からなる組織を構築し，収集日における立ち合いや，分別指導などについて取り組んでいる。

(1)　日本一のリサイクル率と国際展開

　その結果，2018年にリサイクル率82％を達成し，12年連続で資源ごみリサイクル率日本一を達成。2011年からはJICAとの草の根技術協力事業によりインドネシア国デポック市，2016年からバリ州への大崎システムの国際展開を開始し，現在ではJICA中小企業支援事業にて，大崎町内の民間のリサイクルセンターである「そおリサイクルセンター」が，人口約1,000万人のジャカルタ特別州にジャカルタリサイクルセンターの設置事業に取り組んでいる。

　JICA事業を始めた際，人口規模の違いから大崎システムが展開できるかと

いう課題があったが，数100万人規模の処理施設を整備するのではなく，大崎システムのように10〜15万人規模の処理施設を横展開していくことで克服できると考えており，インドネシアにおける渋滞が慢性化している交通状況下での収集運搬体制の効率化にも資すると思われる。また大崎システムにおける衛生自治会の相互扶助の役割に見られるように，技術伝承だけでなく人と人とのつながりを示していくことでより効果を向上させる。

(2)　SDGs型リサイクル地域の推進

大崎システムは，一般ごみリサイクル率や処理施設の延命化といった環境面の効果だけではない。経済面は，そおりサイクルセンターによる約40名の新規雇用，生ごみから作られる有機堆肥の販売とその堆肥から作られる菜の花による菜種油の事業化により，農林水産省「フード・アクション・ニッポン・アワード2015」にて商品部門最優秀賞を受賞し知名度が向上した。SDGsの枠組みを通じて改めて効果を見直した社会面では，ごみ分別を主導する女性が活躍する自治会での定期的な清掃ボランティアによるジェンダー面や，2018年からはリサイクルによる益金を原資に，町外に進学した学生が就職等で町内に戻ってきた際，奨学金の返済金全額を補填する「リサイクル未来創生奨学金」を信用金庫，大学と共に創設。年間20名の高校卒業生に対する奨学金を開始し，教育面での効果がある。

(3)　2030年のあるべき姿

町民のSDGs宣言を集め，総論「2030年大崎町のあるべき姿」と各論「三側面での2030年ビジョン」案を策定。2019年1月より，大崎町では慶應義塾大学SFC研究所や鹿児島相互信用金庫と連携し，役場職員と町民と地域外の外部人材と共に講義やカードゲームを通じてSDGsについての理解を深め，2030年の大崎町と自分について考えたビジョンを宣言するSDGsワークショップを複数回実施。2018年度までに役場職員140名の内，約40名と町民20名が参加し，各自で2030年の大崎町と自分のありかたを宣言（以下，My SDGs宣言）した。ワークショップ中の議論や60名分のMy SDGs宣言データをもとに，大崎町役場内SDGs専門部署と地域ステークホルダー（他地域からの移住者，大学，企業等）

にて構成される総合戦略策定委員会事務局にて，「2030年大崎町のあるべき姿」と「三側面での2030ビジョン」案を策定。2019年3月議会の施政方針にてSDGs推進を表明し，「大崎町持続可能なまちづくり推進条例（SDGs条例）」が可決された。今年度は総合戦略策定委員会にて，多くのステークホルダーと共に素案をもとに議論を重ねて，最終策定を目指す。

⑷　「2030年大崎町のあるべき姿」を実現する

「世界の人口一万人地域で応用可能な循環型地域経営モデル確立」

　2030年の大崎町は，以下の3つの面からの強みを発現し，リサイクルの価値を研修などの経済価値に返還させる。また，地域の関係人口を増加させることにより，得られた価値を地域の教育への転換・循環させるなど，リサイクルを起点とした環境・経済・社会のサーキュレーション・パブリックマネジメントモデルを構築し，「世界の人口一万人地域で応用可能な循環型地域経営モデル確立」を目指す。

　1つ目は，持続可能な資源を循環型活用する地域経営モデルだ。具体的には，食料自給率400％の大崎町において，高齢化と少子化による産業の担い手不足を多文化共生社会の実現とICTの活用により解消。2030年も400％の食糧自給率の維持と域外のエネルギーへの依存を脱却するため，未利用資源としての，し尿を活用し，メタン発酵ガスを利用した再生エネルギー事業を実施。エネルギーの地産地消を目指す。

　2つ目は，自ら課題解決するコミュニティによる地域経営モデルを目指す。行政と民間の共同事業による人材育成事業によって高等教育と産業人材育成や起業支援機会が増大し，大崎町内に地域発の課題解決ビジネスモデルが生まれる。このコミュニティビジネスの主体はSDGsを推進する民間の事業体であり，教育事業や福祉事業など，これまで行政が担ってきた地域課題を，自己資金で解決できる企業体への成長を目指す。

　そして3つ目は，低コストで住民参加型が強みの世界に応用可能な，地域経営モデルだ。埋立処分場の延命化を目的に始まった住民主導によるごみ分別事業により，廃棄物処理にかかる一人当たりの行政コストは全国平均の半分以下となっており，今後リサイクル事業に関連する新規の雇用を創出する。加えて，

ゼロ・ウェイスト（埋立ごみゼロ）の実現により，埋立処分場は閉鎖。低コストで住民参加型のゼロ・ウェイストが可能な大崎システムは，住民の大崎システムへの理解と実践のみで汎用可能であるため，焼却炉を持たない世界中の地域で応用可能となる。

廃棄物分野のソーシャルインパクトボンド事業実現を目指した成果連動型リサイクルモデル案の検討により，廃棄物管理にかかる行政コストがさらに削減されるとともに，外部から地域内の廃棄物処理を行う企業に対して民間の投資を呼び込むことにより，地域内経済が活性化する。2019年3月議会において，大崎町のまちづくりについて「持続可能性」を今後の指針として取り込むことを明記した「大崎町持続可能なまちづくり推進条例」が議決され，同条例において，行政の責務を明確にすることにより，実施体制を確保。総合計画や総合戦略にSDGsを盛り込んでいく。

大崎町は，うなぎを中心としたふるさと納税でも有名だ。SDGsアワードの受賞を機に，リサイクルを中心とした町づくりを目指す[14]。

このように，住民の「ちから」をベースに，下川町はエネルギーなどの地産地消によって地域を活性化，大崎町はリサイクルという切り口を使ってサステナビリティ向上と活性化を成し遂げている。

（玉村雅敏・森田晃世・横田浩一）

5-4 SDGsの本質と企業家と金融による サステナビリティの追求

1 SDGsの本質を再度考える

SDGsの本質として，第1章1-1で述べたように，1つ目は「異なる社会のつながり」から生まれる「つながる個人」発の「変革（Transformation）」で，MDGsより先進国である日本で仕事し生活する我々にとって「自分ごと」であることを論じた。ICTをはじめとする急速な技術革新により，国家・企業・個

---

14 大崎町SDGs未来都市計画 鹿児島県大崎町

人の既存の発展段階や富や地位に関係なく，自由市場・資本主義経済の国家か社会主義・共産主義国家に属するかに関係なく，産官学民金言労士などセクターに関係なく，老若男女に関係なく，情報はあらゆる「分断」をつなぎ，国境やセクター，世代を超えて安価かつ高速に複製・共有され，誰でも簡単に情報発信や起業などができるようになった。第4章で述べた青年会議所が，金融とSDGsのツボを捉えてサステナビリティを追求する主体はIT部会であり，そのパートナーこそがDXデジタル変革を推進する野村総合研究所やSDGs Point研究所である。

　また，SDGsの本質の基本はビジネスのベースにある自由な市場経済では解決できないパブリックな目標である。一過性の流行で終わらないサステナブルなイノベーションを生む主体は，日本や世界を主導してきた大企業や大国・大規模自治体の学歴・職歴ある中高年男性だけでなく，中小企業や小国・小規模自治体，地域コミュニティや家庭等で日々働き生活する老若男女一人ひとりが主役である。そして，SDGsを世界共通目標・言語として，国境・地位・世代・性別等を越えて個人と法人，企業家と金融がつながり，それぞれが未来ビジョンを描き，議論し，発信し，無関心の壁を打破し，行動することによって，SDGs誕生のアジェンダ「世界の変革（Transforming our world）」を実現することができるのである。SDGsによる「つながる国家」，「つながる個人」，そして「つながる企業」が社会資本となり，持続可能な未来に向けた新たな国際秩序を形成し，先進国，開発途上国，政府，企業，異なる行政，社会，アクターがつながることでSDGsという共通の目標を解決することこそが変革だ。

　SDGsの本質の2つ目が，ありたい未来からの「バックキャスティング」と実現のため連携・克服すべき「具体的な制約条件」だ。2030年におけるありたい姿を考え，そこから現在の戦略を練る。企業も，バックキャスティングで考えることこそ新たな価値やイノベーションを生み出すチャンスなのである。また，地方自治体をはじめとする行政も，総合計画等の策定においてバックキャスティングの視点を取り入れ始めている。高齢化が進み，人々の価値観が変わる時代において，サステナビリティの高い街を考えるにはバックキャスティングは必須だ。前節5-3で横田氏は，地域のサステナビリティを考える際にも2030年のあるべき姿を考えたバックキャスティングの考え方があると述べた。また，

第3章3-3では藤原氏が論じた，全産業デジタル化時代における日本の社会課題である，首都圏への一極集中と地方経済の衰退，地方に存在する多くの「分断」をSDGsによって克服することが求められる。地方創生を真に担うのは，産業のデジタル化に取り組む地銀と中小企業だ。

　SDGsの3つ目の本質は，「自分ごと」として捉え，自ら行動することだ。第1章1-1の1で述べたSDGsの「世界共通目標・言語」，3で述べた「つながる日本力」，4で述べた「ビジネス×ファイナンスのツボ」も，SDGsを「自分ごと」と捉えて初めて使える本質的特長であり，5で述べた，これらを駆使する「次世代リーダーたち」となれるか否かは，国家や地方自治体，企業，市民社会，そしてそこに属する個人一人ひとり（インディビジュアル）がどう考え，共感する仲間とつながり，ともに行動するかにかかっている。そもそも日本という国や，そこに属する自治体，企業や団体，そして個人には，古来より続く自然環境と調和・共生する価値観・文化が，今も多様な形で息づいている。サステナビリティを始めとするSDGsの思想が，日本に長寿企業が多く「三方よし」といった経営理念に表れているのもこのためだ。同時に，日本は公害・省エネ対策を通じて，他国に例のない環境に対応する技術力を様々な分野で培ってきた。わたしたち個人，その属する企業や団体，国や自治体などが直面する地球規模の課題を解決するためや，新興国や開発途上国における経済発展と環境や社会における公共の福祉の維持・向上を両立させるためにも，今こそ，日本の価値感，文化力と技術力を融合した「新しい日本力」，「つながる日本力」を認識し，自分個人のミッション，家族・学校・地域などのコミュニティのミッション，そして社会や世界を自分ごととしたミッションを掲げて，新たな行動を起こすことが，結果としてイノベーションにつながっていくのである。

2　地域や世界の内部の「分断」と克服すべき痛点「ツボ」

　18世紀半ばから19世紀にかけてイギリスから始まった産業革命は，世界を大きく変え，そして，現在，第4次産業革命の時代を迎えている。産業革命によってもたらされた巨万の富は，産業資本を上回るまでに金融資本を巨大化させ，地球規模の様々な格差と，環境問題を産んでいる。また，現代の技術革新の根幹をなすデジタル技術は，その富の偏在を加速している。第3章3-3で藤原氏

は，全産業デジタル化時代をこのように描き，そこにおける日本の社会課題である首都圏への一極集中と地方経済の衰退をテーマに，如何にしてこの社会課題に立ち向かうのかについて述べ，地方に存在する多くの「分断」を SDGs によって克服することが求められており，地方創生を真に担うのは，産業のデジタル化に取り組む地銀と青年会議所の会員はじめ中小企業なのであると結論づけられている。その中で，SDGs で特に重要な概念は，地球上の誰一人として取り残さないことであり，世界に存在する様々な「分断」を解決するゴールベースの行動指針であるとされ，2014年からはじまった地方創生活動でもなかなか成果をあげられない理由として，特定非営利活動法人イシュープラスデザイン[15]の活動によって，地域内に次に示す 6 つの「分断」，①「官民の分断」，②「縦割り組織の分断」，③「現在と未来の分断」，④「地域間の分断」，⑤「世代の分断」，⑥「ジェンダーの分断」を挙げ，この「分断」の解決策こそが SDGs なのであると明快に喝破されている。

　「分断」という，SDGs における17の克服目標の対象となる世界史的な諸課題の根本原因は，デジタル化時代に ICT などで見える化され，地域内だけでなく国家内や国際社会内，学校内の子ども同士や，子どもと大人の間，究極的には家庭内の親子・家族の間にも存在することが明らかになってきている。これらの「分断」は，SDGs が「誰一人取り残さない」目標の対象となる人の人権，安全保障，心身の健康やレジリエンスなど，人と人との間にあって生きる人間という生きものとしての根本と，それによって初めて持続可能になる個々人のアイデンティティをバラバラにし，危機に陥れようとしている。

　こうした危機から家庭や地域，世界の個々人を救う，日々の「SDGs ビジネス×ファイナンスのツボ」を押さえたイノベーションをリードすべく，第 3 章 3‐2 で，企業家の新結合イノベーションとサステナブル金融の共創テーマへの取り組みと実践として，SDGs Innovation HUB や国際（プレ）ハッカソンで今後全国・世界展開する具体的な共創テーマを挙げている。

　「環境」関係の課題解決や新産業共創に関係する共創テーマは，人間と自然や，母なる地球（Mother Earth, Gaia）との「分断」の克服をツボ（Pain Point,

---

15　https://sdgslocal.jp/local-sdgs/

痛点）とし，ゼロ・エミッション（新型コロナウイルス感染症も人のエミッションとして，それをゼロにすることも目指す），ゼロ・ウェイスト，再生可能エネルギー100％はじめ，森の恵～みんなの地球公園，Smile by Quality Water，Islands（島々も日本も地球も離島），アリストテレス四元素（火・風・水・土）循環など，人間と自然との呼吸やコミュニケーションを密としている。「経済」的には，サステナブルブランドなどでその克服を加速させようとしている。これに対し，「社会」関係の共創テーマは，人間と人間の「分断」と，それにより誘発する人間内部の「分断」の克服をツボとし，「経済」活動に関わる個々人としての「生きがい」となるディーセントワーク，ライフ・シフトを「経済」的に異能ベーターなどで加速させようとしているのに加え，「社会」活動というより人間存在や人生そのものである，天災・人災である戦争（国と国）・紛争（子ども・大人・団体その他同士），飢餓・貧困など経済面，障害・非包摂・排除などの社会面でのゼロ・ロンリネスとして挙げ，Family Reunion，スクールバディー，そして偉人伝，プロスポーツ，レジリエンス，新交通，人財マイニング，100年人生ユートピア桃源郷など，人間と人間のコミュニケーションを密にし，「経済」的にはトークンエコノミーなどでそれを加速させようとしている。

DX デジタル変革は，ICT が「数字」が世界をつなぐ変革で，SDGs ビジネス×ファイナンスのツボを押さえることで多様な「分断」を克服するが，「偉人伝」は SDGs のツボを押さえた，人間のもう１つの重要な創造的表現手段である「言葉」が ICT や AI の自動翻訳で，伝統的な「バベルの塔」の言語の違いによる「分断」を克服することで世界をつなぐ試みである。Family Reunion では，第３章３-２の２⑵で取り上げたように，日本の家庭裁判所が家庭や家族・親子を破壊している運用の問題から，「誰一人取り残さない」個人が内外でつながり，ビジネス×ファイナンスの痛点「ツボ」を捉え，この恥ずべき現状の日本を愛し日本で生活・仕事する全ての家族や次世代の子どもたちの危機の克服を目指したい。そして日本古来にはあった「つながり」の機能不全が社会課題となり，共感の連鎖が「つながり」を生み，会社も社会も付加価値を高め，経営評価も高めることでファイナンスがつき持続可能性も高まってくるのである。

また，トークンエコノミーでは，第３章３-３で藤原氏が描かれた全産業デジタル化時代，FinTech を進め，仮想資産など分散型意思決定システムで価値を

交換・移転する手段を産んだ，特に AI やブロックチェーン技術で諸々の「分断」を克服しようとの試みがある。

　筆者(御友)が第3章3‐2の3(3)でも詳しく述べているように，インターネットは，機械であるコンピューター間の情報通信から SNS へと変化したことで東西冷戦の壁や資本主義と社会主義の「分断」を取り払い，より人間の個々人の自由に基づく社会構築に貢献してきた。仮想資産やブロックチェーン，AI なども同様に，資本主義の根幹である通貨や企業とともに国家の「分断」を超え，全く新しい通貨や資本主義など，日々の身近で個人的な価値を決定する評価軸としての挑戦がはじまっている。社会や会社などの DX デジタル変革が「分断」を克服する可能性の追求である。

　SDGs も，同じく多様なステークホルダー間の「分断」を取り払い，誰一人取り残さない社会を目指す「手段」として，インターネットとその役割を同じくしている。SDGs Innovation HUB や国際（プレ）ハッカソンでは，全く新しい仮想資産 SDGs Point を，通貨と同じくらいの普遍性があり，同時に通貨の弱い身近な日々の情報や価値まで細かくとらえ，評価を行うしくみをつくっていくことをテーマとして，世界のブロックチェーンや AI などの技術者，SDGs 評価を試みる市場関係者，当局，金融機関や大企業などの幅広いステークホルダーを含むチームを募って共創することを目指している。

3　企業家と金融による「つながる個人」とサステナビリティの追求

　世界史の流れで見ると，筆者が第1章1‐3で論じたように，国際秩序形成力ある主体が「つながる国家」から「つながる企業」へ，そして DX デジタル変革で，その体験が鍵となる従業員や顧客である「つながる個人」へ急速にシフトしている。世界のスタートアップを含む，SMEs の20～30代の企業家・経済人の，唯一，国連と連携して国連ロゴ使用が認められた世界最大の団体である国際青年会議所と日本で加盟している日本青年会議所は，まさに地域や世界でSMEs の「つながる企業・個人」の団体そのものである。そこで DX を推進している若き IT 部会と野村総合研究所，SDGs Point 研究所などがリードして，原氏，横田氏ほか，寄稿者たちが紹介した，UNDP など国際機関や政府などが表彰した地域や世界のベストプラクティスをつないで，地域の商工会議所の青

年部・女子部，商工会をはじめ，他の様々な「つながる企業・個人」の団体，地方公共団体，国や国際機関の地方支分部局，地域事務所などが「つながる国家・国際機関・パブリック」から，自ら SDGs のツボを捉えた Innovation の HUB となって「つながり」，具体的なビジネスのプロジェクトとしてファイナンスとともに「つくり」，地域や世界の未来を無理なく楽しく面白く持続可能に変革していく台風の目となり得るのである。

（御友重希）

おわりに

　本書を作成している途中に新型コロナウイルス感染症（COVID-19）が発生・拡大した。自宅に長くいることで，コミュニティやいままでの日常生活の重要性を感じ，社会や企業，個人のサステナビリティとは何かについて考えた人も多かったのではないだろうか。ESG で言えば，S＝社会，特に雇用や人権，働き方に対して注目が集まり，今後の変化が加速したと感じている。企業も組織も個人も，パーパスが問われる時代に進化した。それぞれの存在価値とは何か，本質的な SDGs や ESG とは何かについて再度考える良い機会となり，よりサステナビリティを追求していくことになる時代が訪れたのだ。つながりを大切にした，誰一人取り残さない社会であってほしいし，それを実現するためのアクションや努力が必要だ。本書がそれを考え，行動する一助になれば望外の喜びである。

　本書の作成にあたり，たいへん多くの方からのご支援をいただいた。特筆して，下記の方々には，取材，校正などでご協力を賜り，編著者を代表して厚く御礼申し上げる。

野村俊介，春田博己，吉橋明日香（外務省），代島裕世（サラヤ株式会社），増田典生（株式会社日立製作所），平尾佳淑（オムロン株式会社），嶋田浩生，土方美希（東京海上日動火災保険株式会社），蓑島豪（北海道下川町），松元昭二（鹿児島県大崎町），株式会社丸井グループ，矢吹真由佳（慶應義塾大学），大本真希（株式会社横田アソシエイツ）

（敬称略，順不同）

2020年（令和 2 年）5 月

横田浩一

■編著者紹介

御友　重希（みとも　しげき）

……………………………第 I 章 I-1，I-3，第 3 章，第 4 章，第 5 章（監修）

野村総合研究所　未来創発センター　主席研究員（財務省より官民交流），CePiC メンター共同代表（SDGs Innovation HUB projects 担当）

1995年大蔵省（現財務省）入省。証券局，主税局，在伊日本大使館を経て，国際局でG7/20・IMF，主計局で総務省・外務省等予算，理財局で財政投融資担当。内閣官房副長官秘書官，英国王立国際問題研究所（チャタムハウス）客員研究員，大臣官房信用機構課を経て，環境省に出向しG7富山・伊勢志摩等担当。その際設立した一般社団法人CePiCのメンター共同代表。

大臣官房秘書課企画官，金融庁では証券取引等監視委員会，総務企画局市場業務室，総合政策局国際政策管理官でG20福岡・大阪等担当。2019年8月より現職。主著に『日本復活を本物に－チャタムハウスから世界へ』（きんざい）等。

横田　浩一（よこた　こういち）……第 I 章 I-1，第 2 章，第 5 章 5-1，5-3

横田アソシエイツ代表取締役，慶應義塾大学大学院政策・メディア研究科特任教授

日本経済新聞社を経て2011年より横田アソシエイツ代表取締役。2015年より慶應義塾大学大学院特任教授。ブランディング，マーケティング，SDGs などのコンサルタントや研修を務める。日経ビジネススクール，MUFG ビジネススクール，みずほセミナー講師。岩手県釜石市アドバイザー。セブン銀行SDGsアドバイザー。共著に『デジタル・ワークシフト』（産学社），『ソーシャル・インパクト』（産学社），『明日はビジョンで拓かれる』（碩学舎），『愛される会社のつくり方』（碩学舎）等。

原　琴乃（はら　ことの）………………………第 I 章 I-1，I-2，第 5 章 5-1

外務省　国際協力局　国際保健政策室　国際保健政策調整官

2005年外務省入省。発展途上国のODAプロジェクトや東京五輪招致活動，欧州外交，伊勢志摩サミットを含むG7/G20サミットなどを担当。2017年夏から2年間，国際協力局地球規模課題総括課首席事務官等の立場で，SDGs推進本部をはじめ，政府による国内外のSDGs推進に関する企画・立案に取り組む。03年仏パリ第1大学・第9大学でMBA，08年英ケンブリッジ大学で開発学修士号，11年大阪大学国際公共政策研究科博士号取得。主著に，絵本『わたしがかわる　みらいがかわる　SDGsはじめのいっぽ』（汐文社）等。

本書における見解は個人の見解であり，所属組織の見解を示すものではない。

■執筆者紹介 （執筆順）

藤原　洋（ふじわら　ひろし）……………………………………………第3章3-3

株式会社ブロードバンドタワー代表取締役会長兼社長 CEO，一般財団法人インターネット協会理事長，SBI 大学院大学副学長・金融研究所長

1977年3月京都大学理学部卒業。東京大学工学博士（電子情報工学）日本アイ・ビー・エム，日立エンジニアリング，アスキーを経て，1996年12月，インターネット総合研究所を設立。同社代表取締役所長に就任，2012年4月，ブロードバンドタワー代表取締役会長兼社長 CEO に就任。SBI 大学院大学副学長，東京大学大学院数理科学研究科連携客員教授等を兼務。公職として㈶インターネット協会理事長，2016年10月総務省新世代モバイル通信システム委員会構成員，2020年1月〜同省 Beyond 5 G 推進戦略懇談会構成員他多数。

小林　孝明（こばやし　たかあき）……………………………………第3章3-4

野村総合研究所 上級研究員，金融 SDGs 研究会理事，CIA/CISA/CAMS

トーマツコンサルティング，日本オラクル等を経て，2006年金融庁入庁（監督局総務課バーゼル担当課長補佐），現在 NRI にて金融規制動向調査分析，金融×サステナブル研究等が専門。経産省 ISO/TC322 Sustainable Finance 審議委員，日本リアルオプション学会副会長理事。共著に『オペレーショナル・リスク管理高度化への挑戦』（きんざい），『金融機関のための管理会計マネジメント』（同文館），『バーゼルⅡと銀行監督』（東洋経済新報社）等。

落合　千華（おちあい　ちか）……………………………………………第3章3-5

ケイスリー株式会社 取締役 Chief Knowledge Officer，慶應義塾大学政策・メディア研究科研究員

社会的・環境的成果の可視化，組織や事業のマネジメント支援を専門に取り組む。特に文化芸術を通した子ども支援，コミュニティ活性の研究・支援に従事。官民連携支援を含む各中央省庁の事業，地方行政，企業等のコンサルティング事業に参画経験多数。外資系メーカーR&D，経営コンサルタントを経て，ケイスリーに参画。慶應義塾大学政策・メディア研究科後期博士課程在学中。

伏見　崇宏（ふしみ　たかひろ）……………………………………第3章3-6

C4：Capital for New Commons Executive Director

C4の事務局長として革新的な金融（Innovative Finance）構造や社会的インパクト投資についての講義，啓蒙活動を行うと同時に東北地域の社会的事業を応援し，民間資本が地域コミュニティ活性化に更に活用されるよう，自治体・インキュベーション施設・地域企業等の幅広いパートナーと社会的インパクト投資のエコシステム構築に向けて協働。慶應義塾大学法学部法律学科を2014年3月に卒業後 General Electric の FMP プログラムを経て，C4と EVOLUTION FINANCIAL GROUP に参画。第49回サンガレンシンポジウム（スイス）にて Leader of Tomorrow として選出。GSG 国内諮問委員会会員。Social Impact Management Initiative 運営。

池田　健三郎（いけだ　けんざぶろう）…………………………………第4章4-1

公共政策調査機構理事長，共同ピーアール総合研究所長，関西学院大学大学院経営戦略研究科客員教授

1992年日本銀行入行。調査統計局，国際局，金融市場局などを経て1999年央以降は民間シンクタンクへ。公共政策を中心とした評論・執筆・講演，プロデュース活動，さらには企業・団体の役員等として，ガバナンス及びリスク管理強化に注力。経済分野のテレビ・コメンテーターとして出演実績多数。国際青年会議所（JCI）セネターおよび日本青年会議所アドバイザーも務める。

主著に『郵政亡国論』（ワニブックス PLUS），『金融政策プロセス論』（日本公法）。

柳沢　富夫（やなぎさわ　とみお）…………第4章4-2の1〜4(1)，第5章5-2

有限会社ラウンドテーブルコム SDGs ポイント研究所＠ジャパン 代表

1995年から ICT と教育の分野で活動。データに根差した学習環境の構築支援（学習ログなどの教育ビックデータの活用）。究極のアダプティブラーニングの実現。優れた協働学習としてプロジェクト・ベースド・ラーニングの普及に努める。教育現場で起きる SDGs プロジェクトの記録を残す SDGs アクティブローカルポイントシステム「L-TanQ」を開発・提供中。地域連携，自治体連携，国際連携プロジェクトを支援している。

木村　京子（きむら　きょうこ）……………第4章4-2の1〜4(1)，第5章5-2

有限会社ラウンドテーブルコム SDGs ポイント研究所＠ジャパン

エシカル・コンシェルジュ（一般社団法人日本エシカル協会認定）として「エシカルな（倫理的な）」考え方を暮らしの中で実践中。デジタル・アーキビスト（NPO 法人日本デジタル・アーキビスト資格認定機構認定）。

廣水　乃生 （ひろみず　のりお）……………………………第4章 4-2の4(2)，4(3)
　ADS 株式会社　代表取締役
　一般社団法人サステイナビリティトランスフォーメーション推進協会　代表理事
　最適解を生み出す『コンセンサス型意思決定』を導入し，国連地球賞を受賞した Patagonia
　の日本支社戦略策定に唯一の外部ファシリテーターとして10年間関わる。その経験から，ビ
　ジネス・コミュニティ（国・自治体・地域）・教育の分野に焦点を当てて，Sustainability（持
　続可能性）を実現する活動を推進。

黒沢　一樹 （くろさわ　かずき）……………………………第4章 4-2の4(4)
　NPO 法人若者就職支援協会　創業者，一般社団法人キャリアコンサルタント実践協会　代表
　理事
　複雑な家庭環境の中，虐待や極貧生活により最終学歴は中卒。50社を超える転職経験をも
　つ。自らの不幸経験をもとに編み出した「ネガポジ思考法」をメソッド化し，ネガポジ先生
　としてカウンセリングや研修，キャリア教育に応用。2015年度から都立高校のプログラムと
　して本格的に導入される。
　主著に『最悪から学ぶ 世渡りの強化書』（日経新聞出版社），『ネガポジ就活術』（鉄人社）
　等。

玉村　雅敏 （たむら　まさとし）……………………………第5章 5-3の1，2
　慶應義塾大学総合政策学部教授，慶應義塾大学 SFC 研究所所長
　慶應義塾大学総合政策学部卒業。同大学院政策・メディア研究科博士課程，千葉商科大学助
　教授を経て現職。博士（政策・メディア）。
　地域活性化伝道師（内閣府），JICA 業績評価アドバイザー，地域力創造アドバイザー（総務
　省），天草市・鈴鹿市・市原市・長島町・大崎町・大山町・東川町・壱岐市・鹿児島相互信
　金庫などのアドバイザーを兼務。専門分野はソーシャルマーケティング，公共経営など。

森田　晃世 （もりた　あきよ）……………………………第5章 5-3の2
　大崎町役場　総合戦略推進監
　JICA に入構後，本部，ラオス事務所を経て，JICA に勤務しながら，慶應義塾大学大学院後
　期博士課程にて自治体経営を研究。2019年4月，研究活動として，大崎町役場総合戦略推進
　監に就任し，SDGs 版総合戦略策定に関わる。

SDGs の本質
企業家と金融によるサステナビリティの追求

2020年7月20日　第1版第1刷発行
2023年4月10日　第1版第4刷発行

編著者　御横原　友田　重浩琴　希一乃
発行者　山　本　　継
発行所　㈱中央経済社
発売元　㈱中央経済グループパブリッシング

〒101-0051　東京都千代田区神田神保町1-31-2
電話　03 (3293) 3371 (編集代表)
03 (3293) 3381 (営業代表)
https://www.chuokeizai.co.jp
印刷／昭和情報プロセス㈱
製本／侑 井 上 製 本 所

© 2020
Printed in Japan

＊頁の「欠落」や「順序違い」などがありましたらお取り替えいた
しますので発売元までご送付ください。(送料小社負担)
ISBN978-4-502-35391-8　C3034